AF343474

LA VIE

ET LES OEUVRES SOCIALES

DE

L'ABBÉ CAMILLE RAMBAUD

DE LYON

L'ABBÉ

Camille RAMBAUD

DE LYON

Sa Vie, ses Œuvres sociales

par Joseph BUCHE

Préface d'Ed. AYNARD

SIX PHOTOTYPIES
HORS TEXTE

LYON

CUMIN & MASSON, Éditeurs

1907

L'Abbé C. RAMBAUD a 73 ans
(1895)

L'Abbé C. RAMBAUD a 73 ans
(1895)

LA VIE

ET LES OEUVRES SOCIALES

DE

L'ABBÉ CAMILLE RAMBAUD

DE LYON

par Joseph BUCHE

Préface d'Ed. AYNARD

AVEC SIX PHOTOTYPIES HORS TEXTE

LYON

CUMIN & MASSON, ÉDITEURS

1907

PRÉFACE

C'est un signe des temps où nous vivons, en lesquels la liberté de penser s'allie rarement à l'indépendance de l'esprit, qu'il faille louer l'auteur de ce livre d'avoir le courage de le publier. M. Joseph Buche, l'un des professeurs de haut mérite du Lycée de Lyon, a été l'élève de l'abbé Rambaud. Il a cédé au simple élan d'un cœur qui se souvient, en racontant la vie et en retraçant les œuvres de son vénérable maître.

Il a voulu, au moment où les préjugés les plus solides sévissent, montrer comment un prêtre irréprochable pouvait vivre ardemment de la vie de son temps, participer à ses progrès et exercer une véritable autorité morale. Le livre de M. Joseph Buche est de ceux qui attachent, comme jaillissant du cœur sans jamais sacrifier la vérité. Respectueusement penché sur son modèle, en un style précis, sobre et clair, l'auteur nous retrace l'humble et passionnante his-

toire de l'abbé Rambaud avec la plus scrupuleuse
exactitude ; il ne néglige aucun trait de cette
belle figure, il note, peut-être par trop de scrupule, les moindres détails de cette vie si agissante ;
il analyse la nature morale et les œuvres avec une
délicate pénétration. Son livre n'a rien d'un
panégyrique, car il lui suffit de montrer ce
qu'était l'homme pour le faire connaître et pour
émouvoir ; il ne loue qu'avec mesure, il met les
choses à leur place, montrant qu'en l'abbé Rambaud l'écrivain passe après l'homme de l'action et
des œuvres pratiques. Le livre de M. Buche
restera parmi ces belles histoires d'âmes affamées
de l'amour de Dieu et de l'amour des hommes,
qui, au dernier siècle, ont voulu montrer comment le christianisme se conciliait avec la liberté
et contenait d'éléments d'amélioration sociale.
C'est un bienfait que M. Buche apporte à ceux
qui ont connu l'abbé Rambaud et qu'il fait
revivre à leurs yeux ; pour eux, comme pour
ceux auxquels il le révèle, la lecture de ce petit
livre apportera, en des moments d'angoisse, le
rafraîchissement d'une heure de paix et d'espérance.

Celui qui écrit cette préface a connu, aimé et
vénéré l'abbé Rambaud pendant plus de trente

ans ; il tient à témoigner de la vérité conscien-
cieuse qui a constamment guidé M. Joseph Buche,
qui possède un autre mérite : c'est de parler à son
heure. Car c'est maintenant que son livre doit
être lu. Si l'abbé Rambaud doit être proposé en
exemple, c'est à ce moment de trouble profond,
où, en France, l'Eglise séparée de l'Etat doit chercher de nouvelles sources de vie et d'action.

Figure attachante, vivante et captivante, et,
en un mot, bien originale, que celle de ce
prêtre. Il était de Lyon ; on retrouvait en lui les
grands contrastes de l'ancienne âme lyonnaise à
la fois contemplative et avide d'agir, s'abîmant
dans le rêve et se ressaisissant dans la réalité ; mais
il avait, sur nos mélancoliques compatriotes, la
supériorité de tout faire dans la joie. Son esprit
aussi était de formation lyonnaise ; il se rattachait
à ce grand mouvement chrétien, libéral et social,
qui avait soulevé chez nous tant de cœurs ardents
peu après la Révolution de 1830, jusqu'à celle de
1848. L'abbé Rambaud était très épris de Lacordaire et de Montalembert, mais il s'est trouvé plus
directement influencé par l'optimisme de notre
doux Ballanche, par la philosophie haute, vatici-
nante et fumeuse de Blanc Saint-Bonnet, dont il
restera au moins un livre vraiment admirable sur

la beauté et la nécessité de la *Douleur* (1). Il procède de Frédéric Ozanam qui ressentit si profondément la nécessité de l'adaptation, pour ainsi dire, du catholicisme à la nouvelle société démocratique par la séparation irrévocable de la religion et de la politique, par le principe de liberté et par les œuvres d'une charité plus ample et plus efficace (2). Enfin l'abbé Rambaud, éducateur d'enfants, a beaucoup recueilli de la méthode du célèbre professeur qui enseignait de son temps la philosophie au lycée de Lyon, l'abbé Noirot.

Après la redoutable épreuve d'études théologiques faites à Rome, l'abbé Rambaud a reçu la prêtrise à trente-neuf ans, en pleine maturité, poussé non par un élan subit ou l'une de ces exaltations de sentiment auxquelles cède la jeunesse, mais à la suite de longues réflexions et d'émotions de conscience, et aussi après avoir longtemps connu le monde, l'industrie, la fortune. Une volonté raffermie pour toujours le conduisait ainsi au sacerdoce. Ces précédents, cette expérience pratique, ce stage mondain, expliquent à la fois son carac-

(1) *La Douleur*, par Blanc Saint-Bonnet, édition de la Bonne Presse.

(2) Voir la *Correspondance de Frédéric Ozanam* (Victor Lecoffre, édit., Paris) et *Joseph Pagnon*, par Clair Tisseur (Félix Giraud, éditeur).

tère et la carrière qu'il a poursuivie. Le prêtre en
lui est resté d'une inaltérable et intacte ortho-
doxie; il existait, pour ainsi dire, une cloison
étanche entre les parties dogmatiques de son esprit
et celles, cependant tournées vers le but religieux,
qui s'employaient à suivre la marche des affaires
humaines. Il avait du bon prêtre la douceur et
l'humilité poussées jusqu'aux limites extrêmes; il
pratiquait sur un pauvre corps, réduit à sa plus
plus simple expression, les mortifications rigou-
reuses. Est-il besoin d'ajouter qu'il s'était dé-
pouillé de tous ses biens, et au delà (1), pour pratiquer la charité matérielle, à laquelle s'alliait la
charité morale la plus tendre et la plus généreuse,
charité s'étendant du riche (car le riche a grand
besoin de charité) au pauvre, du catholique à l'hérétique comme à l'incrédule, charité débordante
sur toutes les douleurs qui passaient à sa portée.
L'abbé Rambaud a suivi en 1870 nos pauvres soldats de Metz prisonniers en Allemagne; il a partagé
leur captivité, relevant leur courage à force de

(1) L'abbé Rambaud a vécu dans les dettes contractées pour
la marche de ses œuvres; lorsqu'on lui annonça qu'il venait
d'être honoré de la plus haute récompense dont dispose
l'Académie des sciences morales et politiques, le prix Audiffred de la valeur de quinze mille francs, il se borna à répondre : « Quelle chance pour mes créanciers ! ».

bonne humeur, occupant leurs âmes et aussi leurs corps en leur apprenant des métiers, forçant l'admiration et le respect des généraux prussiens.

Il allait pleurer avec tous ses frères dans la foi, qui étaient dans l'affliction; il allait aussi pleurer le premier avec M. le Pasteur Monod au lit de mort d'un fils tragiquement enlevé; il écrivait à Burdeau pour le consoler des calomnies qui l'atteignaient; il disait, en l'embrassant, à un très charitable et distingué pasteur protestant de notre ville, M. J. Æschimann, « qu'il était de l'âme de l'Eglise »; et, au moment où paraissait le triste livre de Drumont, *la Fin d'un monde*, l'abbé Rambaud s'élevait en une lettre publique d'une énergie admirable contre l'antisémitisme et prévoyait ses funestes conséquences. Aussi, au jour de la mort de l'abbé Rambaud, on vit ce touchant spectacle que, depuis les dévots politiques, jusqu'au socialiste révolutionnaire Sébastien Faure, tous s'inclinèrent et louèrent avec émotion le prêtre humble et doux dont l'un des derniers archevêques de Lyon, le cardinal Foulon, disait à un ami : « Allez voir l'abbé Rambaud, c'est un homme qui a créé des merveilles dans notre ville de Lyon, sans être en règle avec l'Académie, ni avec la Préfecture, ni même avec l'Archevêché, mais c'est un saint ».

Il ne nous appartient pas d'insister davantage sur ce que fut le prêtre; il était impossible de ne pas l'indiquer, ne serait-ce que pour montrer ensuite ce que peut une foi inébranlable et agissante, résolument mêlée au mouvement du monde. Quelques clairs principes, invariablement appliqués, ont été les guides de cette vie d'action.

On peut les résumer facilement :

La religion doit renoncer absolument et sans retour à la direction politique ou matérielle du monde; l'obéissance et le respect le plus absolu sont dus aux institutions légales d'un pays.

Le bien ne doit être recherché et atteint que dans la liberté : *ubi spiritus Dei ibi libertas*. Ce qu'il traduisait un jour par cette phrase ardente : « Quand on sert par amour, on n'est plus esclave ».

On doit être de son temps, sympathiser avec lui, croire qu'il y aura toujours du nouveau dans le monde, s'en réjouir et se l'approprier en ce qu'il apporte de moral et d'utile.

Il pensait avec Mgr Ireland que « la réaction est le rêve d'hommes qui ne voient ni n'entendent, d'hommes assis aux portes des cimetières, pleurant sur des tombes qui ne se rouvriront pas et oubliant le monde vivant qui les pousse ».

C'est par ces trois moyens, épurés et vivifiés dans le feu de la charité, que l'abbé Rambaud a conçu l'action possible du prêtre dans la vie civile. Il me disait parfois, songeant à ceux qui s'abaissaient au service d'une politique : « Le prêtre ignore la puissance énorme qu'il aurait, s'il ne voulait rester que prêtre ». L'abbé Rambaud a voulu rester aussi associé à son temps et y prendre parti. Il a pris celui de la liberté. L'utopie socialiste l'avait frôlé en 1848 ; grisé comme tant d'autres à ce moment de divagations généreuses, il avait porté la blouse pour mieux se rapprocher du peuple. Mais l'illusion avait été courte et c'est dans la liberté qu'il recherchait invariablement les solutions de cette éternelle question sociale qui grandit au lieu de diminuer avec la fortune croissante du monde. Le travail affranchi et dominé par le spiritualisme, l'âpre poursuite de l'intérêt réglée et apaisée par le christianisme, tel était, à ses yeux, l'état social à établir. Ses œuvres procèdent de l'idée de solidarité dans le devoir librement accompli ; de la responsabilité et de la faculté de travail laissées à ceux mêmes que la charité vient assister ; de la même idée de responsabilité développée chez l'enfant dès les bancs de l'école primaire ; du maintien de la famille considérée

comme pièce maîtresse de l'édifice social, et qu'on
doit, elle aussi, laisser libre, en ne lui enlevant
pas l'épouse et la mère.

Ce que l'abbé Rambaud a fait n'a été que la réalisation de ce qu'il avait pensé. A tout le moins en
ce qui touche l'application, ce pauvre prêtre, dont
la clairvoyance venait du cœur, s'est montré un
homme vraiment avancé en étant le hardi précur-
seur de la mutualité comme base de la retraite
ouvrière, de l'école qui ouvre l'esprit de l'enfant
au lieu de l'étouffer dans la mémoire, de l'hospice
libre et où le vieillard travaille, de la mère hors
de l'usine et restituée au foyer.

En effet, c'est au moment où les sociétés de
secours mutuels, succèdant aux confréries, com-
mençaient à se développer et où les pouvoirs
publics les suspectaient à l'égal des sociétés
secrètes, en 1850, que l'abbé Rambaud comprit
leur grand avenir et l'acte de fraternité qu'elles
impliquent. Il saisit alors la Chambre de commerce de Lyon d'un projet nouveau de mutualité
comportant, outre le secours à la maladie, la création de la retraite ouvrière par la participation
patronale. Par ses sollicitations quasi impérieuses,
il força, pour ainsi dire, la Chambre de commerce
à créer cette belle Société de secours mutuels des

ouvriers en soie, dans laquelle la Chambre, se substituant aux patrons dont elle gère la contribution, opère les versements pour 6 à 7.000 pensions de retraite, à condition que les ouvriers apportent, de leur côté, la cotisation de mutualité pour la maladie. C'est ce système mixte et ingénieux qui fait appel à la fois à l'action collective et à l'action individuelle, librement consenties, qu'on peut appeler celui de la liberté encouragée, qui vient de faire ses preuves en Belgique et qui apparaît encore aujourd'hui comme le seul moyen pratique de constituer les retraites ouvrières.

Aidez-vous et on vous aidera. C'est la politique libérale qui est opposée à celle des socialistes disant : nous vous aiderons en dépouillant les autres et en tarissant les sources du travail.

C'est encore pour bien le préparer à la vie et l'y aider que, dès l'école, l'abbé Rambaud faisait appel chez l'enfant à la réflexion, au raisonnement, à la philosophie même, pour éveiller dès le premier âge le sens de la liberté et de la responsabilité. Il osait, à la stupéfaction des uns et à l'admiration des autres, leur donner des leçons de philosophie, d'économie politique, ne craignait pas d'« accoucher leurs esprits » selon la méthode socratique. Il a imité à un modeste degré dans les

écoles de sa Cité, dont sont sortis des milliers
d'enfants, ce que faisait un peu auparavant l'abbé
Noirot dans sa chaire de philosophie du lycée de
Lyon. On n'a jamais bien su en quoi consistait la
philosophie de l'abbé Noirot ; elle s'y alliait à
l'économie politique, à la poésie, à la connaissance
et à l'examen des mouvements sociaux contemporains ; elle procédait par cette interrogation
incessante qui forçait l'élève à se découvrir à lui-
même son esprit et qui, en un mot, ne s'appliquait
qu'à former des hommes aptes à se connaître et
à connaître la vie de leur époque.

De la classe de l'abbé Noirot sont sortis les
hommes qui ont le plus honoré Lyon depuis un
demi-siècle : et il résulte des renseignements les
plus sûrs que les petits écoliers de l'abbé Rambaud, secoués de bonne heure par la réflexion,
ont, avec une plus forte moralité, trouvé dans
la vie des succès très supérieurs à la moyenne de
ceux chez lesquels a été exercée seulement la
mémoire machinale. Enfin, une autre innovation
dans la pédagogie de l'abbé Rambaud a été que,
dans ses écoles, en dehors de lui, l'enseignement
n'était donné aux jeunes garçons que par des
femmes, formant une sorte d'association religieuse sous sa direction, et non point une congré-

gation. Là encore, l'abbé Rambaud devançait son temps, et peut-être comprendra-t-on bientôt que c'est la douce main de la femme qui doit conduire l'éducation jusqu'à la première jeunesse.

Dans la fondation de la *Cité*, autrefois dite *de l'Enfant Jésus*, et actuellement appelée *Cité Rambaud*(1) où cinq cents vieillards trouvent leurs logements gratuits, les mêmes idées se réalisent : chez l'homme âgé, le logement devient la plus pressante des nécessités, il faut y parer ; la vie de famille n'y sera pas brisée ; mari et femme resteront réunis, finissant leurs jours en travaillant encore, libres de leurs actes, au lieu d'aller s'éteindre, casernés, séparés dans le désœuvrement et dans l'ennui lourd et malsain de l'hospice. C'est encore une des formes de l'assistance à domicile, maintenant plus en faveur, que l'abbé Rambaud mettait en pratique. Il redoutait extrêmement de voir la famille brisée par le séjour à l'hospice ou même à l'hôpital.

(1) L'abbé Rambaud a légué les immeubles et hospices libres de la Cité, qui porte actuellement son nom, à une société civile et laïque, composée de quelques-uns de ses amis; par ces dispositions, l'abbé Rambaud avait voulu marquer que les laïques devaient accomplir, autant qu'ils le pouvaient, leur devoir de bienfaisance directement et non par procuration.

Il admirait par-dessus tout les mères et trouvait des accents d'infinie compassion pour la femme de l'ouvrier. Il plaidait énergiquement sa cause, afin que le travail de l'usine n'enlevât pas la mère à son foyer ; il s'efforçait de démontrer que, parfois, le salaire gagné n'équivalait pas à ce qui était perdu par l'abandon du ménage et que, dans tous les cas, le dommage moral causé par le travail extérieur de la femme ne pouvait être compensé par le gain. Vues hélas qui dépassent le présent, mais qu'il faut poursuivre sans cesse comme l'un des plus magnifiques progrès sociaux qui puissent s'accomplir, et peut-être l'emploi des nouvelles forces motrices à domicile en hâtera-t-il l'heure. Il attachait, au reste, un prix extrême à la bonne tenue de la maison, à la grâce et à la joie qui rayonne d'un foyer riche ou pauvre où la femme règne et gouverne. Il a écrit un petit livre admirable sur *la Mère de famille et la Maîtresse de maison*, qui ne pouvait être que d'un homme ayant passé par le monde. Seul aussi un prêtre ayant vu et observé le dehors pouvait se permettre une fine et pénétrante raillerie sur l'abus du sport chez les jeunes filles, lorsqu'il observe quelque part que, si une Virginie anglo-saxonne avait franchi d'un bond le ruisseau au lieu de se confier aux bras de Paul, elle n'aurait peut-être pas retrouvé Paul de l'autre côté de la rive. Réflexion digne du délicieux et candide journal d'André-Marie Ampère.

De même, son excellent petit *Traité d'économie sociale et politique* à la Franklin ne pouvait être écrit que par quelqu'un ayant vu fonctionner la machine sociale, la mécanique des affaires. Il avait pratiqué l'industrie dans la fabrication des soieries, employé l'ouvrier et vu ce qu'il y a d'inexorable dans la nature des choses ; il échappait ainsi à la vague, facile et dangereuse sensiblerie des oisifs du monde, des intellectuels socialistes de cabinet et des socialistes chrétiens. L'abbé Rambaud aimait les ouvriers avec tendresse ; mais il les connaissait et ne pensait pas que ce fût servir leurs intérêts que de les leurrer de chimères, d'étaler et de débrider leurs plaies, au lieu de les leur panser, comme font les politiques qui créent ainsi de nouvelles souffrances ; ou bien de faire luire à leurs yeux d'autres illusions de communauté chrétienne où se montre le bout de l'oreille du prosélytisme ; toutes choses, en des buts divers, qui font croire à l'ouvrier que le travail manuel que faussement on lui dit origine et maître de tout, reste un

opprimé ou une victime. L'abbé Rambaud ne
donnait raison ni au patron ni à l'ouvrier ;
il voulait que leur liberté réciproque fût respec-
tée et se bornait à rappeler aux uns et aux
autres qu'à côté de ce droit, qu'on invoque
seulement pour soi-même, il y avait le droit du
voisin, le libre devoir et la divine charité. L'abbé
Rambaud était un héros de la charité, mais de
la charité raisonnée ; il repoussait à la fois la
charité forcée sous le masque légal de la solidarité, et cette charité chrétienne qui est détour-
née de son sens et de son but, lorsqu'elle touche
aux principes de liberté de conscience et de
liberté de travail qui tiennent debout les sociétés
humaines.

D'aucuns, habitués à voir un clergé vivant à
part en accomplissant honnêtement des fonctions,
étonnés par un prêtre volontaire dans l'armée du
bien, et n'ayant pas le goût de l'alignement, effa-
rouchés de tant d'indépendance primesautière,
de tant de créations aventureuses issues de cet
enthousiasme, dont cependant l'Eglise catholique
sut si souvent tirer parti (1), appelaient volontiers

(1) « L'Eglise de Rome comprend parfaitement, ce que nulle
autre Eglise n'a jamais compris, comment on manie les en-
thousiastes. » (Macaulay, *Essais politiques et philosophiques.*)

cet homme un prêtre bien moderne, avec le sen
ironique qui s'y attache; il était cependant de
tous les temps et des meilleurs temps. Il était de
ceux qui, selon la parole d'Elisabeth Browning.
trouvent que « la terre est gorgée de ciel » et s'attachent à elle, tout en regardant plus haut. *Le
Poverello* d'Assise était embrasé de l'amour de
Dieu et de toutes ses créatures, y compris les
bêtes; il se fondait dans la vie universelle. C'est
en plein monde que saint Vincent de Paul exer-
çait son héroïsme, et c'est dans la rue qu'il descendait pour se pencher avec son radieux sourire
sur l'enfant abandonné. Leur humble disciple
lyonnais était isolé, réuni par une seule confrater-
nité pieuse avec le très digne abbé du Bourg ; il
n'était ni de la paroisse, ni de la congrégation, il
n'avait pas le don de l'orateur et ses livres étaient
peu lus. Et cependant aucune personne d'Eglise
n'a exercé chez nous une pareille autorité spirituelle, s'étendant aussi bien sur des hommes haut
placés à Lyon et ailleurs, que sur ses pauvres voisins de quartier ou sur les ouvriers sortis de ses
écoles, qui continuaient leurs rapports avec lui.
Quelle action secrète sur les âmes a eue ce pauvre
prêtre par la seule force du sacrifice et de la charité; que de cœurs consolés par lui, que d'esprits

réconciliés et rapprochés dans tant de familles où on lui permettait de pénétrer et d'exercer une magistrature morale ! Il a beaucoup converti quand il pouvait. Mais son large cœur chrétien éprouvait la même tendresse pour ceux qu'il avait pu conserver dans l'Eglise, que pour ceux qui erraient aux alentours. Parmi ses meilleurs amis, plusieurs croyaient avec ferveur, d'autres un peu moins, d'autres enfin ne savaient pas bien où ils en étaient, faisant cohabiter un cœur chrétien avec un esprit incroyant. L'abbé Rambaud entourait les uns et les autres de la même douceur d'affection et conservait avec eux le lien mystérieux des âmes. Que de personnages divers ont passé par cette pauvre chambre de la Cité et en sont sortis apaisés. Je le revois toujours dans cette étroite cellule, éclairée d'un jour avare ; dans un coin, une sorte de lit de camp couvert d'une grossière couverture de bure, deux chaises de paille, un petit bureau sur lequel les livres préférés toujours ouverts et des cahiers criblés des réflexions courantes ; contre les murs à peine blanchis, quelques pieuses images mêlées à des portraits d'amis. Cette tête fine, couverte jusqu'à quatre-vingts ans de cheveux noirs et drus, comme pour indiquer la jeunesse persistante, ces traits profondément dessinés par la maigreur, ce pauvre corps flottant dans une soutane élimée, les pieds chaussés dans des souliers de paysan, nous réapparaissent. Il s'asseyait bien en face du visiteur, une main appuyée sur un bâton fruste de pauvre voyageur, l'autre main polissant sans cesse ce bâton par un geste machinal; sa parole était celle d'un homme de parfaite éducation, fine, entrecoupée, sans détours, car la droiture c'était lui tout entier; souvent quelques saillies d'une malice innocente, des observations pénétrantes. Chaque réflexion s'accompagnait d'un clair et toujours jeune sourire, d'un regard attachant jeté sur l'interlocuteur devant lequel il s'effaçait complètement; toutes les paroles prononcées n'avaient que lui pour objet. Je ne saurais assez revenir sur l'allégresse que respirait cette physionomie d'ascète de bonne humeur. Aucun homme ne goûtait plus de joie constante et ne voulait davantage la faire rayonner autour de lui. Certes, son esprit était grave, mais il se défiait des suggestions de la tristesse et n'aimait pas la vertu en deuil. Vivant de rien, refusant même à ses amis intimes de venir partager avec eux le moindre repas, il leur écrivait pour les féliciter lorsque les rites mondains les obligeaient à donner des dîners ou des bals. Il était comme l'une de ces eaux profondes à la surface desquelles se rit la clarté d'un beau jour.

Quand l'abbé Rambaud devint aveugle, il sembla transfiguré comme par une vision intérieure des choses invisibles ; son allégresse semblait accrue par la terrible épreuve, et c'est alors qu'il fit entendre ces paroles de simple amour : « Je sais ce que c'est que de servir Dieu en y voyant clair. Il m'apprendra ce que c'est que de le servir en aveugle ». Lorsque, dans la misérable cellule, on le voyait levant en haut ses yeux vides comme cherchant une lumière qui ne l'illuminait plus qu'en dedans, il ressemblait dans son fantôme de corps au saint François d'Assise extasié, sculpté par Alonzo Cano, ou bien rappelait le souvenir de ces prisonniers du *Fidelio* de Beethoven, qui passant soudain du cachot à la lumière, chantent le soleil en un chœur sublime. Jusqu'à son dernier jour, l'abbé Rambaud resta lui-même : humble, souriant, optimiste, jeune d'esprit et dévoré de projets. En sa longue dispute avec la mort, il ne m'exprima qu'une fois, dans une lettre (1) qu'il croyait être la dernière, quelque souci d'en finir, par ces paroles chargées de résignation et d'hu-

(I) 17 décembre 1901.

milité : « Ici, on ne veut pas me laisser mourir,
on me torture de soins... *Qu'on me laisse mourir
comme les pauvres gens* » ; mais, dans une autre
lettre, qui fut bien la dernière (1), il m'écrivait,
sur le point de s'éteindre à quatre-vingts ans : « Je
suis d'une faiblesse désespérante, tout m'est d'une
fatigue infinie, et cependant l'âme et le cœur vou-
draient vivre, travailler, *s'intéresser à tout* ».
L'abbé Rambaud s'est résumé en cette suprême parole, il s'est intéressé à tout, excepté à lui-même :
en renonçant au monde, absent à la fois et présent dans le monde, il a vécu de la vie des autres,
il l'a comprise, il l'a aimée, et s'y est sacrifié.

Il sera permis, ne se plaçant qu'au point de vue
du bien général et de la paix, de souhaiter de
pareils prêtres à l'Eglise catholique et d'estimer
que jamais ils ne furent plus nécessaires. L'Eglise
et l'Etat viennent de se séparer en France dans
des conditions qui font redouter des luttes plus
âpres que jamais. De part et d'autre on s'écrie :
ceci tuera cela. Ce sont des fanfaronnades de
parti. L'Eglise catholique peut vivre et prospérer
en France comme elle le fait dans les grands pays
où le protestantisme domine, en Angleterre, en
Allemagne, aux Etats-Unis. Dans deux de ces

(1) 24 janvier 1902.

pays au moins, longtemps on a refusé la liberté
aux catholiques ; on a bien été contraint de la leur
concéder, lorsque la religion, abandonnant toute
visée de domination terrestre, n'a plus été qu'une
grande force morale, qu'il est alors impossible de
vaincre. Par la Séparation, l'Eglise recouvre en
France l'avantage incalculable de pouvoir choisir
librement ses évêques et ses pasteurs, au lieu de
les voir désigner par les pouvoirs incompétents,
changeants et souvent hostiles d'une démocratie
ombrageuse. Au clergé administratif issu du
Concordat napoléonien, succèdera celui qui sortira de l'unique choix de l'Eglise. Il sera composé
peu à peu d'hommes nouveaux qui seront plus
libres de leur mode d'agir; la hiérarchie n'étouffera
plus la volonté. Pour ces hommes, l'exemple du
saint et vaillant prêtre lyonnais ne sera pas inutile.

Ils retrouveront, leur barrant encore la route,
ceux qui ont trop longtemps subordonné la religion
à leurs desseins et ont installé dans le temple leur
boutique politique ; et ceux qui, maîtres de l'heure
passagère, croient que le pouvoir peut servir à la
destruction de toute idée religieuse dans l'âme
d'un peuple, qui veulent supprimer, comme un
obstacle à une félicité purement matérielle, le
divin idéal et l'autorité de conscience sans les-

quels les pauvres foules, plus mécontentes au fur
et à mesure du mieux être, se désespèrent, et
les plus hautes intelligences restent vaines. Si un
grand mouvement religieux s'élève en faisant
abstraction de la politique, si ministres et croyants
tendent les bras à un peuple rendu très défiant par
les souvenirs d'un ancien régime à jamais rejeté
et par les souvenirs trop récents de la religion
employée à lutter contre la volonté du pays ;
si, avec une longue patience, les uns et les autres
pratiquent du fond du cœur ce qui trop souvent
n'est que sur les lèvres et ne montrent que des
exemples de sacrifice et de charité ; si, enfin, dans
le simple et pur esprit de l'Évangile, une compassion ardente jointe à une large intelligence des
temps, se répand sur tous, le peuple comprendra
ce qu'est un christianisme qui est profané lorsqu'il
n'est pas désintéressé. Une incomparable force
sociale pourrait ainsi être rendue à l'esprit religieux, qui répondrait encore une fois par les
paroles de la Résurrection à ceux qui ont cru le
détruire : « O mort, où est ta victoire ? ».

Ed. AYNARD.

Lyon, Octobre 1906.

LA VIE ET LES ŒUVRES SOCIALES

DE

L'ABBÉ CAMILLE RAMBAUD

I

*Dauphinois et Bressan par sa famille, Lyonnais par in-
fluence du milieu. — Son enfance. — Ses études au
Lycée de Lyon. — Associé de M. Potton, 1847. —
Introducteur des soies de Chine à Lyon.*

Camille Rambaud naquit à Lyon, rue Lafond,
n° 26 (1), le 17 mars 1822, de J.-B. Rambaud et de
Catherine-Cécile Geoffray. Les témoins furent son
oncle, Antoine Rambaud, marchand de tulles, de-
meurant quai Bon-Rencontre, n° 63, et Pierre Petit,
marchand de peaux, rue Bonnevaux, n° 15. Pierre
Petit est un cousin et un ami intime du père. On
donna le prénom de Joseph à l'enfant. Mais ce
prénom, je ne sais pour quelle raison, fit place
dans l'usage journalier à celui de Camille.

(1) Cette maison se trouvait sur l'emplacement occupé actuellement par la rue de la République.

L'enfant se rattachait par ses parents à deux souches provinciales dont nous retrouverons en lui les traits bien accusés. Par son père, tulliste, venu à à Lyon du petit village de Sigoyer (Hautes-Alpes), et appartenant à une famille originaire du hameau de Rambaud, situé à quelques kilomètres de Gap, il est Dauphinois et montagnard avec un certain sens positif et calculateur, beaucoup de finesse, une droiture et rigidité et opiniâtreté d'esprit qui va certain jour jusqu'à l'entêtement, et un tempérament républicain (1). Par sa mère Bressane, il a ce don singulier de rêverie indolente et d'imagination puissante et brumeuse, tempéré de je ne sais quel bon sens et allégresse de vivre. On le comprend mieux qu'on ne le définit en lisant les cinquante premières pages de l'*Histoire de mes Idées* d'Edgar Quinet.

Mais pour grande qu'ait été l'influence du Dauphiné, et surtout de la Bresse, car c'est une des lois de la vie que la mère revit surtout en son fils, Camille Rambaud est avant tout et essentiellement un Lyonnais. Nul sol, en effet, plus que ce confluent du Rhône vertigineux et de la Saône nonchalante, avec ses brouillards d'automne et d'hiver et ses brûlants soleils d'été, son âpre bise genevoise et son vent torride d'Afrique, sa rude et pauvre échine granitique et ses plaines d'alluvions fertiles et douces, sa colline mystique de Fourvière et sa

(1) Cf. Stendhal, *Mémoires d'un Touriste*, II, pp. 124-160 *passim*.

colline laborieuse de la Croix-Rousse, dressées front contre front, ne transforme plus rapidement l'homme, de quelque race qu'il soit, et ne lui impose son propre caractère, où tout est contradiction. Ailleurs, dit fort justement M. Edouard Aynard, l'homme est variable, ici « il est plutôt fait de violents contrastes... Tout se heurte en lui. Il est actif et contemplatif ; c'est un mystique intermittent, secoué par le rude travail ; il est mélancolique et crée Guignol, ce maître railleur plus profond que Polichinelle;... de cœur chaud et d'aspect froid, aspirant très haut, osant parfois beaucoup et se résignant facilement à la médiocrité obscure, le Lyonnais entrevoit, rêve les grandes choses, se met en marche pour les atteindre, et s'arrête. C'est un inachevé (1)... » Tel nous apparaîtra, je crois, au cours de cette étude, Camille Rambaud, admirable d'élan, concevant et ébauchant de merveilleux projets, puis les abandonnant par je ne sais quelle défiance de ses forces, ou plutôt quel désenchantement, comme si le rêve seul était intéressant et beau, et que toute réalité fût ennuyeuse et laide.

Le bébé fut très criard. Il mettait en émoi les employés de son père et toute la maison par des pleurs « à faire croire qu'on l'écorchait ». Telles sont les paroles avec lesquelles, plus tard, il conso-

(1) Ed. Aynard. *Lyon en 1889. Introduction au rapport de la section d'Economie sociale*, p. 10. Nous renvoyons à l'analyse profonde et précise de M. Aynard qui, le premier, a déterminé les traits du type lyonnais

lait les mamans qui se plaignaient de leurs enfants insupportables. Il ajoutait même qu'il devait à ces hurlements son excellente poitrine. C'est possible. Mais, arrivé à l'âge des premières études, il préférait son crayon à sa plume et éprouvait plus de plaisir à dessiner qu'à écrire. On le voit d'ailleurs, dans un gracieux tableau, enfant de sept à huit ans, accoudé à sa mère et tenant dans ses petites mains une feuille de dessin et un crayon. Sur la feuille est, à demi dessiné, un oiseau. Camille ressemble étrangement à sa mère : le front haut, les yeux largement ouverts, le nez droit, la bouche aux lèvres fines, le menton volontaire, il a déjà, au milieu de l'enjouement, un certain air d'autorité qui, plus tard, intimidera. Cette aptitude innée au dessin est une des caractéristiques de son esprit. Il a des yeux merveilleux qui voient l'ensemble et le détail avec la précision d'un appareil de photographie. C'en est presque un défaut, car bien souvent il y perd le charme de l'illusion si nécessaire dans les arts. Il contait que Rachel elle-même n'avait pu l'émouvoir pleinement. Dans la belle statue dressée et drapée, il discernait l'effort et l'artifice et il apercevait, avec dépit, à la commissure des lèvres, le léger trait blanc et rose du fard.

Tout ce qui est forme, combinaison de lignes, problème de mécanique, l'intéresse. Ses yeux, par ce don exceptionnel de vision, le destinent à s'occuper tout enfant des sciences physiques et naturelles et le détournent des études proprement classiques. Les livres ne lui disent rien, ses maîtres du Lycée de Lyon l'ennuient. Il n'est pas paresseux, mais comme il ne fait rien à l'heure marquée par le programme, il est bientôt au dernier rang avec son excellent ami Bouchardy (1) et quelques autres. Thèmes latins, versions latines et grecques sont commencés, un quart d'heure avant la classe, dans le passage Ménestrier, sur une large pierre, au-dessus de l'égout du Rhône. Le choix de ce singulier pupitre est fort naturel. L'égout, qui coulait à ciel ouvert, formait une large rigole au courant puissant et assez mal odorant, sur lequel le jeune Camille et ses excellents amis faisaient voguer une flotte de bateaux de bois ou de papier (2).

En réalité, nous avons affaire, tout dans la suite de ce récit le démontrera, à un semi-autodidacte. Il y a dans nos classes deux espèces de traînards que nous avons bien tort de ne pas toujours distinguer : les impuissants, qui sont en réalité peu nombreux, et les attardés parce qu'ils ont reçu en

(1) Plus tard, un des plus honorables notaires de Lyon.
(2) M. Rambaud semble avoir eu dans son enfance beaucoup de turbulence et de gaminerie. Je lis dans une lettre, non datée mais postérieure à 1894, car elle est dictée et adressée au Dʳ Rougier, ces détails caractéristiques : « Je me rappelle que j'ai souvent aimé à tailler des fortifications dans l'ancien bois de la Tête-d'Or. Là, avec des soldats de carton et des canons de bois, on se livrait des batailles... au risque très grand de se crever les yeux, car on avait de la poudre ». Et il ajoute, sans trop de remords, cette considération philosophique sur cette petite guerre : « Ce n'est peut-être pas chose si sotte, car rien de bien ne peut se faire, si l'on ne veut supporter des combats... souvent très douloureux ».

surabondance, jusqu'à la pléthore, le don de penser par eux-mêmes, de travailler tout seuls, à leur fantaisie, hors du cadre, et parce qu'ils n'ont aucune disposition à écouter un maître, à se plier à un enseignement et à suivre. Ces indépendants et ces irréguliers doivent être supportés avec beaucoup de patience. Il y a en eux une réserve importante pour la vie pratique, si nous consentons à leur donner tout ce que nous pouvons de méthode, d'ordre, de connaissances générales et surtout littéraires. Camille était de ce nombre. Quand, par hasard, il écoutait et prenait plaisir à la classe, il ajoutait à l'enseignement du maître tout ce que lui suggérait un esprit déjà très averti et éveillé par ses réflexions et ses expériences personnelles. Il avait de ces lueurs et de ces jets d'esprit qui donnent espoir à l'observateur sagace et qui mettent en fureur l'homme qui ne sait que le rudiment. Certain jour, à l'émoi des condisciples, le proviseur, en faisant la lecture des places en version latine, proclama Rambaud premier, Bouchardy second et deux ou trois amis du même groupe troisième et quatrième. La stupeur était grande. Le proviseur sorti, le terrible M. Carrol s'écria : « Rambaud, je vous flanque à la porte — l'expression était peut-être encore moins littéraire — si vous êtes encore une fois premier ! » Le malheureux se garda bien de récidiver. Le professeur soupçonnait, à tort, quelque tricherie. La vérité était plus simple. Cette version convenait à l'autodidacte, rentrait par certain côté dans

le sens de ses réflexions, aussi une fois l'idée générale devinée, la traduction devait s'ensuivre avec
la netteté, la clarté et la vigueur d'un esprit qui
pensait sa propre pensée. Il n'y avait de répréhensible que la communication trop généreuse aux amis
du dernier banc, qui en avaient plus ou moins intelligemment profité.

Il ne rencontra qu'un homme vraiment bon et
pénétrant, le professeur de troisième. Cet excellent
homme le prenait à son bureau et c'est à côté de lui
qu'il expliqua la *Vie d'Agricola* et les *Mœurs des
Germains* de Tacite. Ce fut sa seule bonne année
et tout son bagage classique se réduisit à entrevoir,
mais avec joie et grand profit, le génie de l'incomparable peintre des Empereurs. Plus tard, quand
il reviendra aux lettres latines, c'est par Tacite
qu'il y aura de nouveau accès et il en reportera,
avec justice, le mérite à la patiente prévoyance
de son ancien maître. Entre temps, il construisait une machine à vapeur et un véritable bateau
dans les greniers de la maison de la rue Lafond. Certain soir, la machine fut mise en pression.
Un boulon sauta, heureusement peut-être, mais en
tout cas, pour le plus grand effroi des voisins troublés dans leur premier sommeil. Cette mésaventure
et les mauvaises notes du Lycée amenèrent M. Rambaud père à la décision grave d'interrompre les
études classiques de Camille à la fin de la seconde
ou de la rhétorique — je n'ai pu avoir sur ce point
de renseignements précis — pour lui faire donner

des leçons (1) de calcul, de comptabilité, d'écriture et lui faire apprendre sa théorie.

Son père possédait, quai de Cuire, une propriété qui allait de la rue du Bois-de-la-Caille à la Saône, occupant tout le flanc du coteau. Au milieu d'un vaste parc se trouvait une grande maison aux toits de tuile, à moitié ferme et villa (2). Comme pour beaucoup de Lyonnais, cette *campagne*, acquise pendant les années prospères, était devenue une cause de gêne, sinon de ruine. Trop grande pour être uniquement propriété d'agrément, elle était trop petite pour qu'on pût en tirer un réel rapport. M. Rambaud père ne sut pas le comprendre. Il acheta un cheptel, installa un fermier ; le résultat fut mauvais. Le fermier partit sans payer. On eut recours à un maître valet et à sa femme, ce fut pis encore. M. Rambaud, qui voulait diriger à la fois la ferme et le commerce, perdit de l'argent des deux côtés. Telle était la situation quand Camille quitta le Lycée. Le projet agité était de vendre à n'importe quel prix ce bien ruineux. Seul, Camille s'y opposait de toutes ses forces et il se résolut à toute une vie d'efforts et de travail pour éviter ce qu'il considérait comme une déchéance.

Notre fantaisiste, le paresseux d'hier, remplit la rude journée du commis en soieries, du *bistôt* de cette époque, de six heures du matin à huit heures

(1) Leçons professées par M. Revel.
(2) Cette propriété est occupée aujourd'hui par un établissement d'hydrothérapie.

du soir, puis, rentré chez lui, il apprend l'anglais,
se perfectionne dans le dessin, s'initie aux mystères
de la comptabilité. Le dimanche soir, à demi-couché
sur le sable du Rhône, il continue l'étude de l'anglais, pendant que son père, passionné pour la pêche
du brochet, suit d'un œil inquiet le bouchon qui
tremble à la surface de l'eau. Il porte dans les affaires une ardeur qui fait oublier son âge. Il veut,
de cette volonté qui triomphe de tous les obstacles,
arriver à la fortune et il ose, en septembre ou octobre 1846, se proposer à M. Potton dont il était l'employé, pour remplacer M. Crozier (1), son associé.
Il avait à peine vingt-quatre ans. M. Potton en fut
tout d'abord étonné et presque interdit. Mais telle
était la supériorité intellectuelle, la netteté fine et
déliée de ce jeune homme de vingt-quatre ans, son
entente du négoce, sa précoce maturité que M. Potton reconnut bien vite tout ce qu'il y avait à espérer de cette infusion de sang nouveau. L'association
fut conclue au commencement de l'année suivante,
1847. L'apport de M. Rambaud était très faible (2) ;
son père, gêné dans ses propres affaires, ne pouvait
guère l'aider que de sa parfaite réputation de commerçant probe, laborieux, avisé et économe.

Nous avons de l'année 1847 ou 1848, au plus tard,
un daguerréotype de Sabattier, au Palais-Royal.

----

(1) On l'appelait, sans trop d'ironie, le *Napoléon de la
Fabrique*. M. Crozier ne protestait qu'à demi contre cette
glorieuse qualification.
(2) 25.000 francs.

Camille, âgé de vingt-cinq ou vingt-six ans,
est représenté de trois quarts. L'ensemble du
visage, d'un ovale très pur, presque antique, est
encadré par des favoris. Mais le sourire du portrait
d'enfant, encore visible ici, s'est voilé décidément
d'une nuance de gravité et d'autorité. On comprend,
devant ce bel adolescent, d'une rare élégance, au
clair regard et pénétrant, l'invincible émotion
d'hommes faits, pleins d'expérience, et habiles aux
affaires. Il a ce don mystérieux de l'autorité, qui
n'est peut-être qu'une résultante de la supériorité
de l'intelligence et de la volonté. Nous connaissons les lacunes de sa formation première, mais il
supplée à tout par ce que rien ne peut remplacer :
la passion de la vie, le sens et le goût de l'action,
l'imagination qui permet de concevoir les grands
projets, le sentiment vif, délicat et sûr du possible,
qui permet de les réaliser.

Nul homme, en effet, n'aime plus complètement
son métier d'homme. Ce lui est une joie sans cesse
nouvelle que le retour du matin. Il l'aime non seulement en poète et en artiste quand, gravissant les
chemins creux qui grimpent au flanc du coteau, il
admire la lente Saône et le Mont-d'Or tachetés de
blanches villas, mais surtout en homme d'action.
La porte refermée sur la rue du Bois-de-la-Caille,
c'est le commerce repris avec les hommes. Lyon
l'attire comme un champ de bataille. Une journée
au comptoir, au milieu des acheteurs, est une journée de fête. Il n'y a peut-être qu'un plaisir plus

profond, c'est celui de rêver d'immenses entreprises, de les préparer et d'en hâter l'exécution. Jamais le rêve ne se sépare de l'action. Il a une confiance sans bornes, non point en lui, mais dans le travail et l'effort, car ni son corps ni son âme n'ont jamais fléchi, si rude que fût la tâche. La difficulté l'aiguillonne ; une situation en apparence inextricable lui cause l'indicible volupté de se sentir maître de lui, capable de la regarder de sang-froid, de refréner en apparence, mais sans le détendre, cet élan de passion qui lui donnera le succès au moment critique. C'est un terrible adversaire qui déconcerte par son sang-froid et son imagination, son flegme et son impétuosité, son don de calcul et d'improvisation.

En quelques mois, la maison Potton-Rambaud reprit sa place sur le marché de Lyon. On avait du premier jour reconnu le maître en cet homme au fond timide et bon, mais qui, une fois résolu, était décidé à tout plutôt que de céder. L'autodidacte, encore une fois, allait refaire la fortune de cette maison et l'agrandir.

Il aimait et a toujours aimé à causer. Pour bien causer et s'y plaire, il faut unir deux qualités : avoir une personnalité assez marquée et une grande faculté d'assimilation ; il faut encore avoir un défaut, si c'en est un, préférer à la méditation solitaire, plus lente, mais plus pénétrante, cet examen rapide et brillant des idées prises un peu de biais, avec le secret désir de plaire et d'être écouté. C'est une des formes de l'amour de la vie. Camille Rambaud le portait partout. Il causait dans un salon, il causait dans son comptoir, non en dilettante, mais en homme d'action. Un vieux fabricant, peu heureux pour avoir été trop entreprenant, venait souvent lui rendre visite. M. Potton s'en irritait légèrement : « Laissez donc ce vieux radoteur ; il vous fera perdre votre temps. » Ce vieux radoteur disait à C. Rambaud qu'il lui semblait possible d'acheter directement les soies de Chine sans passer par l'intermédiaire des Anglais. Ce fut un trait de lumière. Avec un peu d'anglais et un petit dictionnaire, C. Rambaud résolut d'y aller voir. Il noua, à Londres, d'étroites relations avec la maison Morrisson, qui devint leur plus importante cliente, et il aida, dans une limite que je ne suis pas assez compétent pour fixer, à l'introduction des soies de Chine à Lyon.

II

Cette vie toute de travail et de succès semblait
promettre à Camille Rambaud ce qu'un Lyonnais
d'alors considérait comme la plus brillante carrière :
être juge au Tribunal de commerce, vice-président,
président peut-être, et terminer ses jours comme
administrateur des hospices en attachant son nom,
par quelque legs important, à une œuvre d'assistance. C'est un idéal qui n'est pas méprisable, et je
souhaite pour Lyon qu'il soit longtemps rêvé et atteint par les meilleurs de ses enfants. La révolution
de 1848 en décida autrement pour C. Rambaud.

Cette révolution fut en son fond une crise sociale.
La France crut avoir à résoudre l'éternelle question
du paupérisme. Ce problème redoutable se pose,
pour ainsi dire, tous les trente ou quarante ans. On
ne le résout pas, mais dans le domaine matériel,
où tant de progrès sont toujours possibles, on arrive
assez vite à une transaction acceptable, puisqu'elle
est nécessaire pour vivre, entre le capital et le sa-

laire, ces deux formes du travail. De nobles esprits, épouvantés par cette explosion de haines, voulurent en rechercher les causes. Il leur parut insuffisant d'avoir fait leur devoir comme gardes nationaux : il fallait non seulement réprimer l'émeute par la force, mais la désarmer en faisant disparaître les causes raisonnables du conflit. Aussi, C. Rambaud et les deux fils de son associé (1), au milieu même de leur service comme gardes nationaux, alors peut-être que leur bataillon, envoyé pour arrêter la descente des insurgés Croix-Roussiens, fuyait d'un côté, pendant que les Croix-Roussiens, pris d'une égale panique, fuyaient d'un autre, étudiaient ce peuple d'ouvriers, s'étonnaient de misères insoupçonnées et y cherchaient de tout leur cœur ému un remède. Cette enquête, nous le savons, excita une profonde pitié dans ces trois nobles jeunes hommes. C. Rambaud en fut gagné au peuple. Une méditation non datée, mais qui ne peut être, d'après l'écriture, postérieure à 1850, nous donne les raisons qui l'attachent au peuple et le détachent des riches : « Il existe un nombre considérable d'hommes appartenant au peuple et offrant le modèle de toutes les vertus... Ce sont eux qui peuplent les églises, la sœur de charité sort de leurs rangs, d'eux viennent les soldats, ce sont eux qui sont prêts pour le dévouement... » L'éloge se prolonge avec une chaleur de conviction qui me laisse soupçonner les profondes sympathies de C. Rambaud pour la révolution de

(1) Louis et Ferdinand Potton.

1848. Il se sent et se veut peuple, malgré son élégance et sa distinction natives.

Ces ouvriers en soie, bien connus de C. Rambaud qui, pendant deux années, avait gravi tant d'escaliers et était entré dans tant d'ateliers comme commis de ronde, souffraient alors d'une extrême misère. Déjà, depuis bien des mois les métiers ne battaient plus dans l'atelier familial. Les maigres épargnes étaient mangées. La maladie et la mort décimaient ces pauvres gens victimes d'une crise aggravée par leur brutale et inopportune intervention. C'est alors que ce jeune négociant de vingt-six ans conçut un projet peut-être trop vaste, mais dont la partie réalisée mérite l'admiration et constitue un réel bienfait social. Il songeait à créer un corps de quinze patrons et de quinze ouvriers, chefs d'ateliers, qui représenteraient toute la fabrique lyonnaise et auraient pour mission de s'occuper de tout ce qui pouvait contribuer au bien-être moral, intellectuel et matériel de ses membres. Ce syndicat aurait disposé d'un budget considérable, formé par une augmentation de six centimes par kilogramme sur le prix du cautionnement des soies (1). C'était, par excellence, un corps directeur et conci-

(1) Le projet, déposé à la Chambre de commerce le 14 septembre 1848, était une pétition signée de vingt-cinq fabricants. M. Rambaud l'avait rédigé tout entier de sa main au nom de la Commission composée de MM. Brosset aîné, Joly, Ch. Michel, Sauvage, Paris, Michaud, Champagne, Rambaud. (Cf. *Reg. de la Ch. de commerce*, 1848, pp. 447-448.)
La Chambre de commerce qui, dès le 14 septembre 1848, avait adopté à l'unanimité le principe de la surtaxe, nomme

liateur qui, peut-être, aurait pu nous faire l'économie de quelques grèves, élever le niveau artistique de nos ouvriers, améliorer leur condition, prévoir et prévenir plus d'une crise.

A l'appel de M. Rambaud, les fabricants de soieries, les commissionnaires se réunirent dans la grande salle des Facultés, qui se trouvait alors sous la voûte du Lycée (1). La réunion fut présidée par

une Commission composée de M. Brosset, président de la Chambre, et de MM. Arlès-Dufour, Arquillière, Meynier, Fougasse, Michel, Grillet, Clément Désormes. (Cf. *Reg. de la Ch. de commerce*, 6 mars 1849, pp. 52-53.) Le produit de la surtaxe est évalué par M. Rambaud à 100.000 francs environ par an. Il fut transformé en 1854 en une taxe fixe de 105.000 francs. Opposition fut faite à cette décision en 1868. (Cf. Chambre de commerce, *Carton de la Société de Secours mutuels.*)

(1) La Chambre de commerce de Lyon conserve, dans le *Carton de la Société de Secours mutuels*, le rapport autographe de M. Rambaud *(Rapport sur un projet de caisse de secours et de retraites)* qui lui fut présenté le 14 septembre 1848. Provisoirement, le grand projet d'un corps directeur est abandonné. Mais, « quand notre Société sera fortement constituée, quand nous aurons appris à connaître quelles peuvent être nos ressources et nos moyens d'action auprès des ouvriers, alors, profitant de l'organisation de notre Société, nous pourrons mettre à exécution les différents projets d'amélioration que nous n'avons fait qu'entrevoir » (p. 1). Le titre proposé par M. Rambaud, pour réserver cet avenir, est *Société de l'Industrie Lyonnaise*. Il voit encore dans ce titre un autre avantage, c'est d'écarter toute apparence de *bienfaisance* et de *charité*, et « faire comprendre aux ouvriers qu'ils sont des associés et que la prime de 6 % sur le conditionnement, consentie par les fabricants, n'est pas une *aumône*, mais bien... une *partie de ses bénéfices* que la Fabrique de Lyon *partage entre ses travailleurs* » (p. 4 et p. 10). La lutte s'engagea sur le nom proposé par M. Rambaud. Les adversaires eurent l'habileté de le faire rejeter comme trop imprécis. C'est de cet échec primitif que vinrent logiquement tous les autres.

M. Brosset, et une Commission de neuf membres nommée pour préparer un projet définitif. La Commission y employa plusieurs mois d'un travail assidu. Le Prince Président, Louis Bonaparte, qui avait projeté tout un plan de réformes ouvrières à faire à son profit, ne pouvait laisser s'organiser une Association au programme si vaste et qui demandait la reconnaissance d'utilité publique, sans y mettre la main et l'incliner dans le sens réclamé par sa politique. Il envoya donc à Lyon un haut et habile fonctionnaire du Ministère des Finances, Auguste de Saint-Julle de Colmont (1), qui, par la Préfecture, la Chambre de commerce et aussi sa prodi-

(1) Auguste de Saint-Julle de Colmont, ancien secrétaire général des finances, fut délégué en qualité de *Commissaire du gouvernement près la fabrique de soie à Lyon*, le 3 février 1850. C'était le technicien chargé de donner une forme pratique au projet de M. Rambaud, amendé par un arrêt du Conseil d'Etat en date des 12 et 13 février; arrêt qui demande la division en deux Sociétés distinctes : l'une de Secours mutuels, l'autre de Retraites, de la Société conçue primitivement comme une. M. de Colmont trouva un auxiliaire zélé en M. Fougasse, membre de la Chambre de commerce, qui devint son intermédiaire officieux. Le 10 avril 1850, ils annoncent tous deux l'approbation donnée la veille par le Président de la République aux statuts de la Société et au nouveau tarif du conditionnement. Le 2 mai, M. de Colmont informe la Chambre que M. le Président, par décret spécial, décore M. Fougasse. La Chambre applaudit. *(Reg. de la Ch. de comm.*, à la date, p. 345.) Le 16 août, M. de Colmont accompagne le Président dans toutes ses visites à Lyon. Le 5 septembre, au nom du Ministre de l'Agriculture et du Commerce, il décore M. Fougasse : « Qu'il me soit permis, dit-il, de rendre à M. Fougasse la part qui lui revient dans la fondation des caisses de retraites et de secours mutuels. » *(Reg. de la Ch. de commerce*, 1850, p. 448.) Le 23 novembre 1850, M. de Colmont

gieuse dextérité, s'en constitua le véritable secrétaire et en devint, dans la coulisse, le véritable organisateur.

Cet homme, fin et adroit, qui connaissait bien
nos Lyonnais, éveilla leurs scrupules d'hommes
pratiques sur le programme trop large, trop imprécis et sans utilité immédiate de cette Société pour
la protection morale des ouvriers et la direction à
donner à l'instruction et à l'éducation de leurs enfants. Mieux valait, disait-il, aller au plus pressé :
secourir des malheureux, développer le goût et le
sens de l'épargne, faire œuvre de prévoyance et de
paix sociale immédiates et, par conséquent, s'en
tenir à la formation de deux Sociétés, une de secours mutuels et une autre de retraites, bien dotées,
bien rentées. C. Rambaud et un certain nombre de
Lyonnais à l'esprit libéral s'indignèrent de cette
prétention du gouvernement central à mettre en
tutelle une Association fondée de leur propre initiative et avec leurs ressources. Ils sentaient bien que
c'était un avortement de réduire cette vaste conception à une Société mutuelle, qui n'en était, malgré son utilité, que la partie la moins importante
et la moins originale.

accepte la direction de la caisse des Retraites. Le 21 juillet
1851, il donne sa démission de président et de membre du
Conseil d'administration. Nous ne connaissons pas les raisons de cette décision. Mais le Conseil, après avoir entendu le président de la Chambre de commerce, « décide
que ses regrets de se voir privé du concours d'un collègue
aussi éclairé que M. de Colmont, seront consignés au procès-
verbal ». *(Carton de la Société de Secours mutuels.)*

Dans cette lutte longue et âpre, C. Rambaud s'usa contre la courtoisie froide et fine du représentant du Prince, en qui l'on sentait déjà l'Empereur. Il arriva même un jour où la Commission, par un vote arraché à sa faiblesse, désavoua l'initiateur du projet et ses amis. Ce fut un long supplice pour un homme ardent, passionné, trop jeune pour connaître l'ingratitude et n'en pas cruellement souffrir, trop droit pour soupçonner les patients et astucieux calculs des conseillers du Prince (1).

Quand tout fut arrangé pour ne pas porter ombrage au pouvoir central et pour aider à la popularité du Président, Napoléon Bonaparte vint à Lyon, le 16 août 1850, inaugurer la Société Mutuelle dans la grande salle du Musée. Très perfidement, on avait fait miroiter aux yeux des amis de C. Rambaud, pour obtenir leur adhésion et leur vote en faveur de la Société Mutuelle, que le promoteur recevrait la récompense de sa généreuse idée, et qu'un bout de ruban rouge témoignerait de

(1) Nous avons trouvé dans le *Carton de la Société de secours mutuels* (Chambre de commerce) l'indication de deux opuscules, composés probablement par M. Rambaud : 1° Note de Barret, imprimeur, rue Pizay, 11 (11 mai 1850), *4.000 Vérités utiles*, Dialogue, demi-feuille, in-12, cicero, 25 lignes à la page, sur coquille, couverture sur grand raisin bleu ; 2° Lepagnez, imprimeur à la Croix-Rousse (30 mai 1850), *A ceux qui travaillent*, in-8 de 8 pages. Il y eut deux tirages, un de 1.000 et, le 2 juin, un deuxième de 400 exemplaires. Ces deux opuscules ont jusqu'ici échappé à nos recherches. Grâce à l'obligeance de M. Marius Morand, secrétaire-archiviste de la Chambre de commerce, nous avons pu consulter utilement et agréablement le précieux dépôt dont il a la garde.

la reconnaissance du Prince Président pour ceux qui, même avec des idées différentes, servaient la cause des ouvriers. La cérémonie se déroula au milieu d'un enthousiasme savamment préparé. Il y avait, sur l'estrade, un homme qui sentit ce jour-là très profondément toute la vanité des pompes officielles. D'un mot habile, son rôle prépondérant fut escamoté sans qu'il eût le droit de se plaindre. La décoration promise alla, comme de juste, au personnage le mieux en cour et le plus souple.

Pendant ces mortelles heures, un peu pâle, les tempes serrées, un flot d'amertume remontant du cœur aux lèvres, C. Rambaud regardait, comme en un songe, le tableau du Pérugin placé en face de lui, dans la demi-ombre d'une tenture de velours rouge, et qu'une fenêtre, ouverte à cause de la chaleur, venait d'illuminer brusquement. Il lisait et relisait, presque sans les comprendre, les mots inscrits au bas du cadre doré : Donné par le pape Pie VII (1816) *en témoignage de son affection et de son agréable souvenir pour la ville de Lyon*, puis lentement l'art de Pietro Vannucci s'emparait de son esprit, le pénétrait d'admiration, et il suivait, ravi, l'envolée vers le ciel du Christ, escorté d'un chœur de séraphins touchant de la lyre, et d'anges déroulant des bandelettes, tandis que la Vierge, entourée des saintes femmes et des apôtres, la tête encore douloureuse rejetée en arrière, les mains jointes dans un geste d'extase, adorait son fils qui, les bras tendus comme pour l'appeler, lui souriait tendrement. Derrière le groupe des apôtres et des saintes femmes au front auréolé d'or et aux gestes naïfs de surprise et de tendresse, d'effroi et de prière, la plaine ombrienne s'étendait fertile et calme, coupée de bouquets d'arbres et de ruisseaux limpides, limitée par des montagnes bleuâtres, bizarrement découpées, et un petit lac aux eaux brillantes. C. Rambaud, perdu dans cette contemplation et incliné déjà, nous le verrons bientôt, vers des idées chrétiennes, pensait, malgré lui, que les serviteurs de Dieu seuls ne sont pas déçus. Ils n'espèrent rien ici-bas des maîtres de la terre, et le Christ, un jour, les paiera au centuple de ce qu'ils auront fait pour lui. Ce fut, à mon sens, une heure décisive dans cette vie. Cette décoration retirée au dernier moment, pour je ne sais quel intérêt électoral, a peut-être été la cause lointaine, mais réelle, du drame mystérieux qui va s'accomplir dans cette âme ardente et la jeter, transportée d'amour, au pied de la Croix (1).

(1) Non seulement M. Fougasse avait déjà été décoré à la place du promoteur de la Société de secours mutuels et de de la Caisse de Retraites, mais le Prince-Président, comme pour souligner l'exclusion de M. Rambaud, fit demander par M. Dumas, ministre du Commerce, si M. Harpin était là. Sur réponse affirmative, on fit monter M. Harpin à la tribune et le ministre rappela que M. Harpin, chef d'atelier, était un ancien combattant de Trafalgar. Alors, M. le Président de la République lui épingla lui-même la croix sur la poitrine et lui donna l'accolade, en louant le soldat vaillant et le chef d'industrie probe et habile. (Cf. *Salut Public*, dimanche 18 août 1850.)

III

*Camille Rambaud ramené à la religion par les ques-
tions sociales. — Antonin Rondelet. — Le Père Vincent.*

Camille Rambaud, fils d'une mère pieuse, d'un
père assez indifférent, avait été, jusqu'à seize ou
dix-sept ans, peut-être, le pénitent de M. Desroziers,
curé de Saint-Pierre. Depuis, sans rupture ouverte,
il avait peu à peu, il le disait spirituellement, passé
du chœur au pilier du bénitier, puis de là, un beau
matin, à la porte. Mme Rambaud, en bonne mère
et fort avisée, après avoir longtemps prié, pleuré,
gémi en silence, ne prêchait plus que par l'exemple
sans aller jamais jusqu'à faire un reproche. Les
affaires, les succès, l'enivrement d'une vie mondaine où tous faisaient le plus riant accueil à ce dan-
seur infatigable, à ce causeur étincelant, dont les
saillies irrésistibles et l'entrain prodigieux déri-
daient les plus moroses, avaient jusque-là suffi à
remplir cette vie.

La publication récente, par l'abbé Auguste Body,
des lettres de Louis Potton à Camille Rambaud (1)

(1) Abbé Auguste Body, *Une admirable amitié, Camille
Rambaud et Louis Potton*, Lyon, Aug. Geneste, 1905.

nous permet de ressaisir, dans leur grâce fugitive
et leurs jeunes gaîtés, ces joyeuses années de 1846
à 1850. Camille nous y apparaît, suivant le joli
mot d'une vénérable dame qui l'avait connu aux
jeudis de Mme Potton, comme « un oiseau léger,
un oiseau de paradis », dans un mouvement per-
pétuel de corps et d'esprit. Louis Potton, plus tard,
à l'heure où Camille songe à se donner à Dieu,
trouvera encore sous sa plume le mot de *papillon*
(23 avril 1854), *de beau papillon* aux ailes nuées
des plus éclatantes couleurs, pour peindre son
séduisant et brillant ami. Le trait est juste, il nous
faut le garder. Notre mondain aux habits toujours
taillés à la mode du jour ou du lendemain, est, par
sa jeunesse, sa beauté, son prestigieux succès de
fabricant, sa générosité et son entrain endiablé, le
roi de la société élégante de Lyon. Il le sait et jouit
de sa royauté, non sans un peu de malice. Empê-
ché, certain soir, de se rendre aux Barolles, chez
Mme Potton, il envoie par la poste une lettre contenant un gros cœur bien dessiné, c'était le sien ;
tout autour, voltigeaient vingt autres cœurs plus
petits, mais charmants, avec des noms et d'auda-
cieuses devises. Mme Potton seule gronda un peu.
Aussi entraîne-t-il avec lui tout un essaim rieur
de jeunes filles, d'où se détache le profil touchant,
à la fois spirituel et tendre, de Sophie Bonnard,
une nièce de son associé. Dans des lettres enjouées
à sa sœur Louise, Sophie avoue ingénûment son
amour pour Camille : elle y mêle bientôt, surtout

au lendemain de la conversion de Louis Potton, des inquiétudes et des appréhensions ; vainement, essaye-t-elle de se rassurer en se disant qu'il est « toujours fou » et que peut-être il se trompe lui-même, son instinct de femme l'avertit bientôt que Camille rêve d'affections qui ne sont plus de la terre.

Dans sa vieillesse, M. Rambaud faisait quelquefois allusion, sans citer aucun nom, à cette douceur d'aimer qu'il avait passionnément éprouvée et qui le rendait indulgent pour les jeunes gens.

Il contait, en se raillant un peu, ses courses chez un relieur célèbre qui, dix fois, dut modifier la reliure en maroquin fauve et les fers gothiques d'un recueil de musique qu'il avait copié de sa main et orné de vignettes pour celle qu'il considérait comme sa fiancée. Mme Rambaud ayant, à la suite de je ne sais quelle brouille, fait opposition aux fiançailles, il disait encore, non sans un sourire, les longues soirées d'hiver passées les pieds dans la neige, le visage coupé par la bise aigre, pour avoir le bonheur d'entrevoir un instant, derrière les rideaux de soie, l'ombre légère et dansante de la bien-aimée.

La crise de 1848, nous l'avons vu, l'orienta vers de nouvelles pensées. Ce n'est pas impunément, en effet, qu'on étudie d'aussi passionnants et troublants problèmes que ceux de la misère morale et physique, et qu'on porte pendant de longs mois dans son esprit, et qu'on défend avec une inlassable énergie un aussi vaste projet, l'âme en reste profondément troublée et ébranlée (1). Il y a dans ce commerce quotidien avec les hautes pensées je ne sais quoi de commun avec l'air des hautes cimes : un noble cœur en revient tout énivré avec le désir secret ou avoué d'y remonter et pour toujours.

Il en fut ainsi pour C. Rambaud à son retour au comptoir. Sa vie, à son insu, avait changé. Il se surprit à se demander, lui jusque-là si ardent aux affaires, si gagner de l'argent, avoir un équipage à deux chevaux, des valets, une maison luxueusement montée et embellir sa propriété de la Caille, était la fin et la raison d'être d'une activité et d'une intelligence d'homme. On va loin, cet angoissant problème posé, quand on a une implacable logique et surtout, ne l'oublions point, quand l'âme a été profondément troublée et désenchantée et que, tendant les lèvres pour boire à longs traits le vin des

(1) A la fin de sa vie, en 1898, M. Rambaud écrivait, dans son chapitre sur l'idée socialiste (*Hist. des idées philosophiques*, p. 534) cette demi-confession : « ... Nous pourrions citer tels hommes qui doivent le grand bien qu'ils ont fait, à ce que, dans leur jeunesse, ils avaient plus ou moins donné dans les idées socialistes, saint-simoniennes ou fouriéristes et avaient senti leur bonne volonté s'éveiller à l'exposé des moyens qu'on devrait employer pour améliorer l'état social et prévenir les catastrophes publiques et privées. » Il ajoute encore en note : « Ainsi, les conférences de Saint-Vincent-de-Paul ont d'abord été des conférences sur les questions politiques et sociales à l'ordre du jour, comme l'attestent les articles mêmes d'Ozanam sur le socialisme, insérés dans un journal du temps et dont nous avons cité quelques passages empruntés à ses *Mélanges*, 1" vol. »

éloges officiels, on ne trouve, jeune triomphateur de vingt-huit ans, que de l'absinthe et de la lie au fond de la coupe. Quelques notes, malheureusement sans dates, laissent entrevoir le mystérieux travail qui devait aboutir, quatre ans plus tard, en 1854, à une rupture complète avec le monde élégant dans lequel il avait vécu (1).

Camille Rambaud et ses amis, Louis et Ferdinand Potton, dans de longues conversations qui se continuaient même par des billets écrits d'une table à l'autre du magasin, discutaient la redoutable question du paupérisme et se révoltaient contre la misère et la douleur. Ils voulaient, avec une touchante et juvénile naïveté, faire disparaître la pauvreté. Il est probable que ni les uns ni les autres n'avaient lu le *Plutus* d'Aristophane, où au milieu de grosses et faciles plaisanteries, le problème a été étudié par un esprit singulièrement avisé et pénétrant. Mais les trois amis n'y portaient pas les mêmes dispositions. Camille y venait avec un émoi tout laïque encore, Louis et Ferdinand l'examinaient déjà en chrétiens. Les deux frères, bons élèves du Lycée de Lyon, se prêtaient à la vie mondaine, mais ne s'y donnaient pas. Il y avait dans leur attitude une certaine réserve qui trahissait leur in-

(1) « Mon doux Jésus, venez me tirer de ces perplexités. Pour vous aimer, faut-il donc ne pas penser à vous et s'occuper de ces misérables affaires du monde... L'amoureux... ne laisse-t-il pas tout pour celle qu'il aime ; qui trouve à redire à cela ; on le plaint même, mais on ne le blâme pas, son amour excuse tout. » *(Cahier de Méditations.)*

différence pour ces réunions bruyantes auxquelles ils étaient conviés et assistaient avec une exquise politesse. Louis, bon musicien, s'employait volontiers à faire danser leurs invités ; mais plus volontiers encore il se tenait à l'écart. Ferdinand était peut-être encore plus austère (1). Ces deux jeunes amis ont, je crois, réveillé dans l'âme de Camille le sentiment chrétien qui y sommeillait. Ils y furent aidés par Antonin Rondelet, professeur de philosophie à la Faculté des lettres de Rennes. Ce fut encore à propos du problème de la pauvreté. Il leur fit remarquer — je cite ici un cahier qui est un peu une autobiographie — « que si la pauvreté avec toutes ses horreurs et ses souffrances n'était pas la conséquence inévitable de la mauvaise conduite, de la paresse et de la négligence, personne ne ferait rien ; de là un mal immense au point de vue moral, à tel point que si la charité est excellente lorsqu'elle se borne à secourir les incapables, les blessés dans le grand combat de la vie, elle devient le plus grand des maux lorsqu'elle favorise la paresse et l'insouciance (2) ». Le père, si l'on se

(1) Le R. P. Ignace Body, *Vie du R. P. M.-Ambroise Potton, des frères Prêcheurs*, p. 10-11 et *passim*.

(2) *Histoire de la maison*, fol. 3 recto. M. Rambaud, à la demande de ses collaboratrices et pour éviter la formation de légendes sur la Cité, a dicté, alors qu'il était aveugle, un récit assez complet de sa jeunesse. Mais, comme il n'a pu se reporter aux documents, les dates sont parfois inexactes et les faits quelquefois transposés ; cette autobiographie n'a toute sa valeur que comme indication de tendances. Nous avons donné à ce document le nom d'*Histoire de la maison*.

charge de sa femme et de ses enfants, n'est plus
père ; avec sa responsabilité il perd sa dignité.
Je me demande si vraiment C. Rambaud ne prête
pas ici, sans s'en douter, une de ses pensées personnelles à A. Rondelet ; en tout cas, c'est là une
de ses idées fondamentales à laquelle il ne ces-
sera de ramener plus tard tout son enseignement
moral et religieux.

Cette explication spiritualiste qui, pour corollaire
à la pauvreté et à la souffrance, donnait la joie, car
nous n'aimons que ce qui nous coûte un sacrifice,
une douleur, et nous sommes heureux de souffrir
volontairement pour ceux que nous aimons, cette
explication d'Antonin Rondelet, qui contient en son
fond toute la pensée chrétienne, émut profondément C. Rambaud et fut l'origine d'une longue série
de réflexions. Il sentit pour la première fois tout ce
qu'il devait à ses parents ; son amour pour eux se fit
si profond qu'il en devint, le mot, on le verra, n'est
que juste, une véritable adoration. Il évoquait son
père, à la nouvelle que son fils était malade, courant
bride abattue, jour et nuit, sans débotter, de Naples
à Lyon, crevant des chevaux, et criant du trottoir
de la rue Lafond : « Camille, comment va Camille ? »
Heureusement la fièvre avait cessé et le pauvre
père, dont on était obligé de fendre les bottes pour
les retirer, avait le bonheur de retrouver son fils
vivant. Il lisait dans les yeux de sa mère ses longues inquiétudes, sa peine secrète, et, lentement, il
envisageait, non sans le redouter, son retour à Dieu.

Il a conté lui-même, dans sa vieillesse, et bien souvent, comment se décida sa conversion. « C'était vers la fin de septembre (1849 probablement). Un lundi, vers trois heures, A. Rondelet, sur le point de retourner à Rennes, venait me faire ses adieux. « Ah ! lui dis-je, j'aurais bien encore voulu causer « avec toi ; nous avons tant de points à élucider. « — C'est que je n'ai pas le temps, répond Ron- « delet, car il était toujours pressé. — Hé bien ! lui « dis-je, viens me prendre ce soir vers huit à neuf « heures, nous irons souper ensemble et nous cau- « serons. » Ce qui fut fait. A neuf heures, nous entrions dans un petit café situé place de la Co- médie, dans une maison qu'a détruite la rue Impé- riale (1) ; nous montâmes et commandâmes un petit souper, Dieu me pardonne ! C'était une caille rôtie avec une bouteille de vin de Bordeaux, et notre conversation sur la religion prit une telle intensité, un tel développement qu'elle dura jusqu'au delà de minuit, à la grande stupéfaction du pauvre gar- çon de café, sans compter que nous allâmes encore causer plus d'une heure sur le pont Morand (2). » Cette caille rôtie fit place quatre ou cinq ans plus tard à des menus dont l'austérité aurait étonné même un trappiste, et l'on comprend l'exclama- tion « Dieu me pardonne ! » Le lendemain au soir, le brillant fabricant allait frapper à la porte

(1) Aujourd'hui, rue de la République.
(2) *Histoire de la maison*, fol. 3 recto.

de M. Desroziers, curé de Saint-Pierre, qui, en le voyant entrer, lui dit tout simplement « Ah ! « le voilà ! ». Il y avait cependant plus de huit longues années qu'il n'avait pas vu son pénitent. Il le conduisit dans la petite bibliothèque où était le prie-Dieu légendaire et quelques instants après tout était terminé (1) ».

Non, tout commençait. Mme Rambaud le pressentit ; une mère ne peut s'y tromper. Certain soir, au coin du feu, elle lui dit : « Camille, comme tu es devenu moins brusque, plus patient, attentif à la parole de ton père, plus affectueux pour nous. Te serais-tu converti ? » Son fils le lui avoua dans une caresse. La pauvre mère en pleura de joie sans se douter que la conversion serait peut-être plus complète qu'elle ne l'aurait désiré. C. Rambaud, redevenu pratiquant, entra avec ses deux amis Louis et Ferdinand Potton dans la Conférence de Saint-Vincent de Paul de la paroisse de Saint-Pierre. Il y trouva un de ses dessinateurs, M. Barbequot, qui eut une influence décisive sur sa vie. Ce fort honnête homme, marié et père d'une nombreuse famille, était le fils d'un cabaretier du cours Lafayette, *Au Temple de Salomon*, à l'angle à peu près de l'avenue de Saxe. Tout enfant, il avait montré, dans ce milieu de buveurs, une singulière énergie morale et une ardente piété, développée probablement par les Pères capucins qui « étaient logés dans une simple maison d'habitation attenant au monument des

____

(1) *Histoire de la maison*, fol. 3 bis recto.

victimes du siège de Lyon (1). M. Barbequot servit
de guide à C. Rambaud et à ses amis dans leurs
visites de charité aux Brotteaux et leur fit connaître
les Pères capucins et, en particulier, le P. Vincent
« qui, plein de zèle et de charité, enflammait les âmes
de ses jeunes visiteurs et leur suggérait déjà, sans le
vouloir, la pensée et le désir d'une vie plus parfaite (2) ». Cette agglomération en voie de formation,
avec un immense îlot de maisons pour *canuts* autour du cours Morand, puis des marais, des « vor-
gines », des guignols, des cafés, des jeux de boules,
des baraques ignobles semées du cours Morand au
pont de la Guillotière, donnait asile à une population
misérable, ignorante et vicieuse. Des centaines d'enfants y couraient pieds nus, en guenilles, sans surveillance ni écoles, en compagnie d'ouvriers grossiers et pis encore qui ne leur apprenaient que le
mal. Certaines visites de charité étaient pleines d'a-
ventures. Nos amis allèrent un dimanche faire une
expédition dans un groupe de maisonnettes qui oc-
cupaient l'emplacement de la Préfecture, mais
à deux mètres au-dessous du sol actuel. C'était un
dédale de ruelles boueuses où grouillait une population bien mélangée. Une grosse femme, d'allure
assez suspecte, « se mit à les incendier de sottises
parce qu'ils n'avaient rien voulu lui donner. »
Les amis passèrent sans répondre. En arrivant sur

(1) *Histoire de la maison*, fol. 4 recto. M. Barbequot faisait
partie du Tiers-Ordre de Saint-François.
(2) *Histoire de la maison*, fol. 5 recto.

le cours de la Liberté ils chantaient presque de joie
d'avoir reçu tant d'injures « et cependant, il pleu-
vait, il faisait froid, on marchait dans la boue, tant
il est vrai que... l'âme... n'est jamais si heureuse
que lorsqu'elle s'oublie elle-même et se sacrifie (1) ».
On comprend avec d'aussi beaux sentiments et de
pareilles observations morales, l'émotion produite
dans des cœurs généreux par le P. Vincent, qui
leur répétait souvent cette parole de Jérémie : « *Les
enfants demandent du pain et il ne se trouve personne pour leur en donner.* »

(1) *Histoire de la maison*, fol. 5 verso.

IV

*Ouverture d'une école et d'un catéchisme rue Fénelon,
décembre 1849, d'un hospice d'incurables rue Vauban,
automne 1850. — Mme Garnier. — Le Père Lacordaire.
— Conversion de ses amis Louis Potton, Gustave Mathe-
ron, Brosse, Ferdinand Potton.*

C. Rambaud, en deux ans, avait gravi deux
degrés importants dans l'ascension de la charité.
Il avait passé du grand rêve humanitaire de 1848 à
la Conférence de Saint-Vincent de Paul ; il allait
encore monter un degré plus élevé, créer une œuvre
personnelle dont le germe était dans la parole de
Jérémie et dont l'occasion fut tout accidentelle, ou,
si vous l'aimez mieux, providentielle. Voici comment C. Rambaud l'a notée, dans sa vieillesse, sur
un feuillet détaché : « Un jour de novembre 1849
que j'étais à rêver, le dos appuyé contre le calori-
fère de notre comptoir, suivant ma mauvaise habitude, j'entends tirer lentement la porte-sonnette
du magasin. Je vais voir qui est là. Un enfant de
douze à treize ans, d'assez triste figure, me tend
une boîte d'allumettes. « Eh (1) ! que veux-tu que
je fasse de tes allumettes ?... » Dieu voulut que

(1) Il me semble que le texte primitif, raturé, laisse lire :
« que le diable t'emporte ! »

j'entre en conversation avec lui. Je découvre que c'est un enfant qui ne va ni à l'école, ni au catéchisme, qui ne sait rien, couche sur des chiffons. Je ne savais pas encore qu'il y avait de tels enfants... » Très ému, il lui demande son adresse et va le voir le dimanche suivant, en compagnie de M. Barbequot. Presque au coin de l'avenue de Saxe et du cours Lafayette, non loin du *Temple de Salomon*, ils trouvent, dans une maisonnette en briques, le jeune marchand d'allumettes Sylvain, qui se chauffait à son poêle avec un petit camarade Durozat. La mère de Sylvain, qui n'était probablement pas mariée, était une pauvre femme au visage flétri. Nos deux amis furent encore plus effrayés après avoir causé avec ces malheureux enfants ; ils se demandèrent, en s'en allant, s'ils ne pourraient pas, le dimanche matin, en réunir quelques-uns pour les instruire dans leur religion et leur donner quelques leçons élémentaires.

De la conception à l'exécution, il n'y avait jamais un long espace chez notre impétueux Camille Rambaud. Quelques semaines plus tard, deux petites chambres de sept francs par mois chacune étaient louées dans une maison qui formait l'angle de la rue Fénelon et de la rue Molière (1). Le briquetage fut démoli et une vierge en plâtre fut fixée sur une

(1) Cette maison appartenait à un M. Durand, poêlier, qui mourut plus tard, à titre de vieillard, à la Cité de l'Enfant-Jésus.

planchette contre le mur orné d'un papier bleu. Deux chandeliers complétèrent ce modeste autel. « C'était magnifique », disait plus tard M. Rambaud en évoquant ce souvenir.

Mais ouvrir une chapelle et une école n'était pas le plus difficile ; il fallait en recruter les catéchumènes et les écoliers. M. Barbequot, qui connaissait le quartier, se met en chasse. « Il va jusqu'à la Guillotière », entre en conversation avec un gamin qui lui cire ses bottes « et, au bout d'une heure, il arrive triomphalement avec sept enfants (1) ». On leur fit fête. Une instruction, une prière devant la magnifique chapelle occupèrent une partie de la matinée. Quelques bonbons ravissent les enfants qui promettent de revenir et d'amener avec eux, le dimanche suivant, des camarades. Ils tinrent parole et bientôt même il fallut louer une chambre de plus. Mais on doit noter que, pour C. Rambaud, l'enseignement religieux ne se distingua jamais de l'instruction, des connaissances humaines et pratiques. C'est pourquoi deux fois par semaine on y faisait l'école du soir. Quand vinrent les fêtes de Pâques, ces Messieurs conduisirent ces élèves assez mal peignés aux instructions de la paroisse de Saint-Pothin, au grand effroi des fidèles. Je n'oserais dire que cet effroi ne fût pas justifié. Ils étaient, les pauvres enfants, de véritables sauvages qui, un jour, dans leur salle de la rue Fénelon « éteignirent tout à coup les

(1) *Histoire de la maison*, fol. 7 recto.

chandelles, les emportèrent : on dit même qu'ils en
mangèrent ; et ils firent tant de bruit dans les escaliers de bois (1) » que le lendemain, les voisines arrêtaient C. Rambaud pour lui demander naïvement
s'ils ne l'avaient pas assassiné. Ces Messieurs n'en
furent pas découragés. Ils surent même, ce qui
était plus difficile, résister aux observations de
M. Desgeorges, supérieur de la maison des Chartreux. Ce vénérable ecclésiastique, au cours d'une
visite à la maison de la rue Fénelon, avait été scandalisé de la familiarité un peu excessive de ces
gamins, et il y avait vu un outrage à son caractère
sacré. Il loua le zèle de C. Rambaud et de ses amis,
mais lui demanda pourquoi ils s'entouraient « d'enfants qui ont si peu de respect pour les prêtres ».
La réponse, très facile et très fière, fut : « Si personne ne s'occupe de ces enfants, comment ap-
prendront-ils à respecter les prêtres et à aimer la
religion ? » Nous soupçonnons à peine ce qu'étaient
ces pauvres malheureux. Interrogé sur Ponce
Pilate, Béziat, l'un d'eux, répondit : « Eh oui !
Monsieur, je le connais, je l'ai fait à la vogue. »
C'était le fils d'un prisonnier des pontons anglais.
Son père y avait contracté une horrible plaie qui
lui rongeait l'épaule et la poitrine et dont il ne gué-
rit jamais. Une masure en torchis abritait à peine
ces pauvres gens contre la pluie. Ces tanières, on
les comptait par centaines dans tout le quartier des
Brotteaux.

(1) *Histoire de la maison*, fol. 7 verso.

CAMILLE RAMBAUD, SA MÈRE, SA SŒUR
(1830)

Le succès de cette œuvre du dimanche, la connaissance plus complète de ces misères et aussi la pratique habituelle de la charité, amenèrent C. Rambaud à construire derrière Saint-Pothin une maison, qui existe encore en partie (1), avec cour de récréation et salle d'ombrage, le tout sur un terrain loué aux Hospices. « Le rez-de-chaussée se composait de deux petites pièces et d'une vaste salle terminée par une petite chapelle gothique, que voulut orner le jeune Dr Faivre, qui préludait ainsi, sans le savoir, à la construction de la belle église de la Cité de l'Enfant-Jésus. » On s'y installa à l'automne de 1850. Chaque dimanche, la porte s'ouvrait à 8 h. 1/2. Une grosse soupe aux choux et au lard attendait les enfants. A 9 heures, on les conduisait entendre la messe à Saint-Pothin. Au retour, un bon coup de ciseaux débarrassait nombre de ces têtes d'une chevelure hérissée et habitée; bien souvent la chemise en lambeaux était remplacée par une autre toute neuve. Vers onze heures et demie « on tirait le rideau qui cachait la petite chapelle ornée de vitraux et illuminée, on chantait un cantique et Gustave Mathevon, très éloquent, faisait quelquefois pleurer ces enfants. L'éloquence de Ferdinand Potton, le futur capucin, était plus rude, mais non moins entraînante (2) ».

Ce groupe d'amis, au milieu de ces œuvres de charité et de zèle, était resté très élégant et assez

----

(1) Angle de la rue Vauban et de la rue Duguesclin.
(2) *Histoire de la maison*, fol. 8 verso.

mondain. Mme Potton avait l'habitude, pendant l'hiver, de recevoir tous les jeudis. Les papas jouaient au whist et les jeunes gens dansaient sans trop de cérémonie (1). Or, le jeudi était le jour de la Conférence de Saint-Vincent de Paul. Par un compromis en bonne et due forme, il fut décidé que ces messieurs quitteraient un peu plus tôt la conférence et que la soirée se prolongerait un peu plus tard. Mais pour ces âmes ardentes, la valse même était une occasion de prêcher un peu rudement, je le crains, une foi qui les possédait plus qu'ils ne le soupçonnaient eux-mêmes. Vous auriez pu voir l'un d'eux tirer de son carnet une élégante carte en bristol, à la tranche dorée et à fond noir « sur laquelle il avait réservé en blanc une tête de mort couronnée de roses, et dire à sa danseuse, avec le plus engageant sourire : « Voilà ce que nous « sommes, ma pauvre demoiselle (2). » Il existe encore quelques-unes de ces cartes. Vingt ans plus tard, C. Rambaud, devenu prêtre, allait quêter chez une dame de Lyon. On l'introduit et il

(1) M. Rambaud s'y abandonnait avec toute la fougue de sa nature ardente. Il jouait avec entrain la comédie, les pièces de guignol, organisait des proverbes, apportait son violon et suppléait à l'absence de longues et patientes études musicales par la force, l'expression et le sentiment qu'il mettait dans son jeu. Certain jour, alors qu'il était prêtre (1875), nous le vîmes, troublé jusqu'aux larmes par une symphonie de Bach, saisir le violon d'un artiste et, surpris, nous l'entendîmes interpréter, avec une émotion pénétrante et une passion pleine d'emportement et d'ivresse, cette musique qu'il aimait et redoutait également.

(2) *Histoire de la maison*, fol. 12 recto.

expose l'objet de sa visite. Alors, cette dame se levant, passe dans sa chambre et lui apporte un petit cadre à double face : sur l'une se trouvait sa photographie de demoiselle et, au revers, le bristol avec la petite tête de mort : « Vous aviez bien raison, dit-elle ; n'en est-il pas ainsi, en effet, pour tous ceux qui prennent la vie par son côté sérieux et ne restent pas enfants jusqu'à leur dernier jour ? (1) »

Leur conversation, surtout celle de C. Rambaud, hardie, insinuante, pressante, paradoxale même, où toujours abondèrent les superlatifs, aida puissamment à les entraîner jusqu'au dévouement absolu. Les meilleurs clients de la maison Potton-Rambaud, les Morrisson, de Londres, avaient pour représentant à Lyon M. Krow. Ce digne homme très anglais et qui disait avec un joyeux et naïf orgueil, en jettant un coup d'œil satisfait sur sa maison d'un luxe solide : « Je suis *confortable* », avait une fille très instruite et puritaine convaincue qui elle aussi aimait à causer. Je crois fort, d'après un récit d'apparence sincère, que C. Rambaud, en essayant de convertir Mlle Krow, se rendit bien vite compte que sa foi, si vive et si ardente, n'était fondée ni sur l'histoire, ni sur le dogme. Ce fut l'occasion de lectures étendues, surtout des Conférences du P. Lacordaire, alors dans toute la fleur de leur nouveauté et l'irrésistible séduction de leur

(1) *Histoire de la maison*, fol. 12 recto.

confiante audace. Il y trouvait d'ailleurs un écho de ses propres sentiments. Son âme de démocrate tressaillait sous la parole républicaine de l'éloquent dominicain et le christianisme lui apparaissait avec son rôle social de guide et d'organisateur du peuple. Il y ajouta bientôt, poussé par son tempérament mystique de Lyonnais, les vies de saint François d'Assise, de saint Dominique, de saint Bernard, de sainte Catherine de Sienne, de sainte Elisabeth. Il y trouvait, suivant ses propres expressions, non seulement « les plus beaux exemples de la Charité, mais il y apprenait toute une véritable théologie mystique pleine de cœur et d'amour qui, en résumé, est la véritable théologie et jette les plus vives lumières sur tous les mystères de la religion (1) ».

Le cœur enivré de cette folie d'amour, il descendait de l'église de Fourvières, certain samedi d'hiver, avec Louis Potton, lorsque l'idée leur vint de visiter, place de Saint-Just, *aux Bains romains*, sur l'emplacement actuel du Grand Séminaire, l'œuvre des Dames du Calvaire.

Mme Garnier, en robe noire, bonnet de linge blanc, très simple, mais pleine de bonne grâce et d'entrain, accueille nos jeunes gens, qui demandent à voir la maison. « Mais d'où venez-vous, Messieurs ? Vous avez l'air tout gelés. Avant tout, vous allez prendre quelque chose. » Et maternellement,

____

(1) *Histoire de la maison*, fol. 12 verso.

elle leur fait accepter une tasse de café au lait bien chaud. On cause et cette noble femme leur parle un langage déjà secrètement entendu au fond de leur âme. Elle leur montre avec joie ses malades « parmi lesquelles deux ou trois n'avaient pas même de figure tellement elles étaient dévorées par le cancer. Pas une cependant ne se plaignait, tellement Mme Garnier avait su leur inspirer non seulement la résignation, mais l'acceptation de leur triste état, comme la plus grande grâce que Dieu ait pu leur faire pour leur bonheur éternel (1). »

Il leur sembla, en quittant cette maison où la douleur s'était faite presque joyeuse, qu'eux aussi devraient tenter la même œuvre pour les hommes. Le premier étage inutilisé de leur maison aux Brotteaux ferait, dit l'un d'eux, un charmant petit hospice. Mais où trouver des cancéreux ? On ne connaissait qu'un ivrogne de la rue de l'Angile qui vivait d'une plaie énorme à la jambe et qui, pour rien au monde, ne voulait quitter son chez lui. Les sœurs de l'Hôpital elles-mêmes n'avaient aucun malade de cette espèce à leur indiquer. C'est alors que Mme Garnier dit à C. Rambaud : « Pourquoi ne mettriez-vous pas dans cette maison des enfants ayant des plaies, puisque vous ne trouvez pas des hommes ? » La difficulté étant ainsi résolue, les deux premiers petits malades furent Joseph Arloud (2)

(1) *Histoire de la maison*, p. 9 recto.
(2) Mme Garnier le procura. C'était un enfant originaire de la Drôme qu'elle visitait à l'Hôpital.

qui, affecté d'une maladie du tibia, avait eu une partie de cet os enlevé, et François Chevalier, dont le mal était semblable. François Chevalier avait douze ans, il était le cinquième enfant d'un pauvre marchand de vaches, très petit fermier. « Sa mère, vigoureuse femme et diligente, ployait sous le fardeau ; un autre de ses enfants était sourd-muet. Enfin, à peine relevée de ses couches, elle devait céder son lit à son François qui souffrait horriblement (1). »

C. Rambaud, très ému et transporté par ce projet, en parla à ses autres amis lorsque, je le soupçonne, il était réalisé à moitié ou peut-être complètement. Leurs objections furent doubles : pouvait-on concilier ces devoirs de charité étroite avec les préoccupations des affaires ? Que dirait la ville, et avait-on le droit de se singulariser ainsi ? C. Rambaud, indécis, alla donc parler timidement de son hospice à M. Desroziers, curé de Saint-Pierre, qui, contre toute prévision, ne s'étonna pas trop et dit : « Mais oui, cela peut se faire, et tu appelleras ta maison : *Maison de l'Enfant Jésus* (2). »

M. Desroziers avait tort, il connaissait mal son pénitent et ses deux amis, Louis et Ferdinand Potton. Il avait suivi, d'un peu loin, peut-être, cette évolution qui contenait en germe des vocations régulières pour Louis et Ferdinand, deux esprits pondérés et classiques, une tout à fait exceptionnelle

(1) *Histoire de la maison*, fol. 10 recto.
(2) *Histoire de la maison*, fol. 10 verso.

et inattendue pour notre autodidacte à l'esprit créateur et entreprenant dans un sens très personnel. Cet hôpital n'était pour nos généreux amis qu'un moyen transitoire de satisfaire à leur désir de se donner, de s'humilier, de se sacrifier. Ils y portèrent, car on n'échappe jamais complètement à son temps, une allure, qu'on me pardonne le mot, romantique. Cette grande révolution littéraire qui fut la révolte du moi contre la tradition et nous donna le lyrisme, fut marquée, chez nous, en pays lyonnais, par une floraison de beaux et nobles caractères épris d'un idéal tout mystique. Ils voulaient rompre avec le monde bourgeois, vulgairement intéressé, avide de jouissances matérielles, entièrement tourné vers les affaires et cantonné dans une solennelle admiration pour un pouvoir fort et despotique. Aussi ne nous étonnons pas trop de les voir ressusciter au milieu de nous les prodiges de François d'Assise et d'Elisabeth de Hongrie.

Mme Garnier leur trouva, parmi les veuves sur lesquelles elle veillait, une digne femme, une Alsacienne nommée Marianne, qui fut chargée du ménage. Elle leur procura encore la literie « et, un jour que, sortie pour divers achats avec M. Rambaud, elle marchait si vite que celui-ci pouvait à peine la suivre, elle lui dit tout enflammée : « N'est-ce pas, « Monsieur Rambaud, que cela fait marcher vite de « faire le bien (1). » Alors, aux deux petits malades,

(1) *Histoire de la maison*, fol. 11 recto.

dont nous avons parlé, on en ajouta quatre autres.
Les deux plus intéressants étaient Desnuel, dont
tous les os d'un pied étaient attaqués, et le bon François, « dont la lèvre supérieure était entièrement dévorée par une espèce de chancre, et qui était cependant si propre et si coquet, qu'il voulut toujours
se panser lui-même afin qu'on ne le vît pas (1). »
Ils eurent encore un malheureux tout gangrené,
Joanon, qu'on fut obligé de mettre dans une chambre à part.

Les amis, qui s'étaient complètement chargés du
soin de ces incurables, avaient chacun leur semaine. Mais en réalité, ils se trouvaient toujours
trois ou quatre chaque matin. C'était, dans une touchante émulation, à qui panserait les plus hideuses
plaies. On ne lit pas sans effroi que Ferdinand Potton fut soupçonné « d'avoir une fois, à l'exemple
de sainte Elisabeth, bu l'eau qui avait servi à
laver (2) » les plaies du malheureux gangrené.

Cette folie de la croix les conduisit à s'essayer à
la vie religieuse. Quatre cellules furent construites
sous la pente du toit. Il fallait se baisser pour y entrer. Mais avec quelle joie n'y passait-on pas la
nuit sur une planche ou une maigre paillasse, quand
les parents étaient à la campagne, récitant l'office
sur de gros bréviaires de capucins que le P. Brunod
leur avait prêtés ! « Dieu sait si on écorchait les ru-
briques ! Parfois même il faisait bien froid dans

(1) *Histoire de la maison*, fol. 11 recto.
(2) *Histoire de la maison*, fol. 11 verso.

le grenier sans feu, mais ce n'était qu'une joie de plus, car on rêvait de la vie du désert et de tout ce qui s'en suit (1). » Le lendemain peut-être d'une de ces nuits de prière, Louis Potton faisait passer par-dessus le bureau, à C. Rambaud, l'associé de son père, cette fin de méditation écrite entre une multiplication et une addition : « Que nous serons heureux, mon cher Camille, lorsqu'après avoir tout quitté pour l'amour de Dieu et n'avoir vécu que pour le bien des âmes, nous verrons comme le moissonneur approcher le jour de la moisson(2).» L'heure redoutable des suprêmes résolutions était venue pour nos amis. Le premier, Louis Potton alla trouver le P. Lacordaire à Flavigny et, en 1850, au grand désespoir de son père, il entrait au noviciat des Dominicains. « Ce départ, dit M. Rambaud, fit sensation dans le monde commercial, car, à cette époque, quoi qu'on en dise, il y avait infiniment moins de religion dans les âmes qu'il n'y en a aujourd'hui. Les conversations de nos fabricants et négociants ne roulaient guère que sur les affaires, sur les questions de finance, de crédit ; les questions religieuses, sociales, économiques, même politiques étaient rarement mises sur le tapis, si même elles y étaient mises ; nos pères avaient bien autre chose à faire. Ils avaient d'abord à trouver les moyens de vivre, et ensuite à reconstituer cette organisation industrielle et commerciale, ces réser-

(1) *Histoire de la maison*, fol. 12 recto.
(2) *Histoire de la maison*, fol. 12 verso.

ves de capitaux, ces banques, ces mille institutions bouleversées par la grande Révolution et sans lesquelles il n'y a pas de civilisation possible (1). »

Un peu plus tard, ce fut le tour de Gustave Mathevon, âgé de vingt-cinq ans, l'âme de la maison Bouvard-Mathevon, très recherché dans le monde des affaires et même du plaisir, causeur plein de saillies, « le plus brillant orateur des gamins dans la petite maison de la rue Vauban (2), » Apprenant que le P. Lacordaire allait venir à Lyon il lui demanda de bien vouloir l'accueillir à son passage. G. Mathevon se rendit au jour fixé et charma le Père par sa brillante conversation. « Mais le P. Lacordaire n'était pas un homme à se laisser séduire par les dehors extérieurs. Mathevon, se posant comme à lui-même des objections, dit au P. Lacordaire : « N'est-ce donc rien que le maniement des grandes « affaires, que l'influence qu'elles permettent d'exer- « cer dans le monde ? Que deviendrait-on sans ce grand mouvement des choses ?... » Le P. Lacordaire, le regardant en souriant, lui répondit : « Peuh ! vous remuez de l'air ; il y aura toujours « assez de monde pour cette besogne. » Et, se levant tout à coup, il dit à son interlocuteur : « Etes-vous « un homme ? Quittez vos habits, montrez vos « épaules et étendez-vous sur ces trois chaises. » Mathevon, pliant sous le regard et la parole incisive du Père, fit ce qui lui était demandé et reçut

(1) *Histoire de la maison*, fol. 13 recto.
(2) *Histoire de la maison*, fol. 13 verso.

sans se plaindre une rude discipline. « C'est bien »,
dit le P. Lacordaire en le relevant et l'embrassant, « allez, vous me reviendrez. » Ce qui arriva
peu de temps après (1). »

Sur ces entrefaites, un ami moins cher et moins
pratiqué, le jeune Brosse, qui était à la tête d'une
tannerie et d'un commerce de peaux dans la presqu'île de Perrache, quitta le monde pour se faire
dominicain et aller mourir à la Trinidad, après y
avoir été trente ans au service des lépreux. Un trait
caractéristique de cette conversion frappa beaucoup C. Rambaud. Le P. Lacordaire dit au jeune
Brosse, qui était allé le voir : « Que venez-vous
faire dans l'ordre de saint Dominique ? — Eh !
mon père, répond le jeune homme, je me donne à
vous pour prêcher, puisque les Dominicains se nom-
ment frères prêcheurs ! —Ah ! mon cher, reprend le
P. Lacordaire, je ne puis pas du tout vous promettre que vous prêcherez. — En ce cas, dit le jeune
homme, je renonce à mon projet. » Et il partit,
mais c'était pour revenir six mois plus tard, en disant au P. Lacordaire : « Mon Père, je me donne
à vous, vous ferez de moi ce que vous voudrez (2). »

En fait, le P. Brosse ne put jamais prêcher. Ce
Lyonnais lyonnaisant par un excès de subtilité et
de profondeur d'esprit, qui rappelle un peu trop
nos beaux brouillards de novembre, est difficilement intelligible dans les écrits qu'il a laissés. Le

(1) *Histoire de la maison*, fol. 13 verso.
(2) *Histoire de la maison*, fol. 13 verso, 14 recto.

clair esprit bourguignon, très pratique, fait pour commander, du P. Lacordaire, avait compris d'instinct, avec un certain effroi, tout ce qu'il y avait d'anti-oratoire dans cette intelligence nuageuse, et de dévouement dans cette noble et belle âme.

Le 16 août 1853, après une neuvaine à Fourvières, c'était le tour de Ferdinand Potton, le second fils de l'associé de C. Rambaud. La veille, il avait joyeusement souhaité la fête à sa mère dans leur propriété des Barolles, près Brignais, puis le lendemain, au lieu de se rendre au magasin, il prit le bateau, le *Gladiateur*, à Perrache, pour Marseille. En arrivant au magasin, C. Rambaud trouva sur son bureau une lettre dont voici les passages essentiels :

« Mon cher Camille, la sainte Vierge n'est pas aussi sourde que vous le prétendiez : je vais voir ce qui se passe au noviciat des capucins de Marseille. Si Dieu veut que je revienne, je reviendrai, sinon, non...

« Tâchez d'atténuer mon départ auprès de mon cher père ; j'avoue que c'est pour moi une très grande douleur de le quitter et je ne le fais que malgré moi. Vous trouverez dans mon bureau une lettre que vous mettrez sur le sien avant son arrivée, et priez Dieu.

« Allez voir ma mère, si vous le jugez convenable ; dites-lui bien que toute mon affection est encore pour elle et ma chère petite sœur. Quant à vous, ne dites pas encore que je reste, parce que je n'en sais rien.

« Je vous embrasse de tout cœur et vous engage à monter avec persévérance aux pieds de la Sainte Vierge, car c'est elle véritablement qui est la mère de toutes les vocations (1). »

La fureur de M. Potton alla jusqu'à défendre qu'on prononçât devant lui le nom de son fils et à envoyer à Marseille un homme d'affaires, pour faire signer à Ferdinand une renonciation absolue et complète à tous les biens qu'il pouvait prétendre de son père.

Si nous avons insisté un peu longuement sur ces conversions, c'est que, par elles, nous entrevoyons l'état d'esprit de ce groupe de jeunes hommes et mesurons un peu l'ébranlement produit par la révolution de 1848 et l'ardente prédication sociale du Père Lacordaire ; c'est aussi qu'elles acheminaient C. Rambaud à une résolution redoutable. Il nous semble, car sauf quelques mots isolés, nous n'avons presque rien de la période qui va de 1850 à 1852, que C. Rambaud, par une loi très naturelle de la vie morale, après avoir subi l'action de ses camarades chrétiens et avoir été converti par eux, nouveau Polyeucte, les avait poussés, dans son ardeur de néophyte et avec toute la puissance de sa volonté et l'infinie séduction de son esprit, à une profession religieuse à laquelle aucun d'entre eux ne paraissait, si je ne me trompe, avoir primitivement songé. Et voilà qu'il restait seul en présence

(1) *Histoire de la maison*, fol. 15 verso et 16 recto.

d'un problème en apparence insoluble : conserver l'œuvre qu'il avait fondée et ne pas abandonner ses amis dans la voie où il les avait plus ou moins engagés. Avec son opiniâtre volonté et le sens aigu de la réalité, il renonce bien vite à se marier : « Evidemment, écrit-il dans une note datée de 1853, je serai obligé d'abandonner les œuvres de charité personnelle (1). » Bientôt même il se demandera, pour la même raison, s'il peut continuer à être négociant. Il voit très nettement que son rôle devra alors se borner à faire partie d'un Conseil d'administration, car il n'échappe pas à cet analyste implacable avec lui et qui ne se dissimule rien, que depuis deux ans il encourt de graves responsabilités morales. Je lis dans un mot daté de la même année : « Mon Dieu, voyez ma faiblesse. Mais je suis incapable de faire aller ce commerce. Je sais que je ne remplis peut-être pas mon devoir, et pourquoi?... N'est-ce pas parce que j'ai couru après vous?... (2) » Par contre, il sait par expérience que, s'il se reprend aux affaires, l'amour de la vie rentrera dans son cœur et que la rupture avec le monde deviendra peut-être impossible. Je crois même qu'un peu d'amour-propre venait se mêler à ce grand élan d'amour et de détachement. Il lui semblait honteux de ne pas faire ce qu'il avait si souvent loué et encouragé. C'eût été, devant lui et devant ses amis, une lâcheté. Son cœur si fier se révoltait à cette

(1) *Cahier de méditations.*
(2) *Cahier de méditations.*

pensée qu'on retrouve à toutes les étapes de sa vie. Mais il ne pouvait, comme ses amis, entrer dans un ordre religieux constitué, classé : c'eût été, et il ne le voulait pas, l'abandon de l'œuvre de la rue Vauban. Il voulait vivre pauvre, vêtu et logé comme un pauvre, au milieu des pauvres. C'est à Paris, en mai 1853, au retour d'un voyage en Angleterre, que, causant avec Antonin Rondelet, il lui parut « que quitter les affaires, le monde... ce n'était pas là une chose si extraordinaire ; que, si c'était une folie aux yeux du monde, le monde était encore bien plus fou de s'occuper si peu de la vie éternelle (1). » Si grand était l'enthousiasme de C. Rambaud en exposant son projet, que, Rondelet ayant voulu l'accompagner quelques instants, ils causèrent sur la place Saint-Sulpice jusqu'à minuit et, ajoute C. Rambaud : « J'étais si content que je chantais tout seul le *Magnificat* en descendant la rue Bonaparte pour me rendre dans mon hôtel situé dans le quartier de la Bourse (2). »

(1) *Histoire de la maison*, fol. 18 et 19 recto.
(2) *Histoire de la maison*, fol. 18 et 19 verso.

V

De retour à Lyon, après un séjour de deux ou
trois jours à la colonie agricole de Cîteaux dont il
était administrateur, le second samedi de janvier
1854, C. Rambaud profita de ce que, le lendemain
soir, il était seul avec son père et sa mère pour
leur faire part, le plus doucement possible, de ses
intentions. Son père, inquiet depuis longtemps
de ses allées et venues, entra dans une violente
colère et « se promenant à grands pas dans la
chambre, il s'écriait : « Ne vaut-il pas mieux élever
« des serpents que des enfants (1). » Son orgueil se
révoltait contre cette vie de pauvre au milieu des
pauvres : « Si au moins, disait-il, tu te faisais quel-
« que chose, dominicain, jésuite, prêtre, capucin
« si tu veux. » Ma pauvre mère baissait la tête et
pleurait (2). » Un accident dont nous empruntons le
touchant récit à M. Rambaud, hâta le dénoue-
ment. « Le lendemain, quoique fatiguée, elle se levait et, accompagnée de sa demoiselle de compagnie, allait, vers huit heures... chez les sœurs
Sainte-Claire... leur donner des messes afin que

(1) *Histoire de la maison*, fol. 20 recto.
(2) *Histoire de la maison*, fol. 20 recto.

son fils change de détermination. Hélas ! Dieu en avait décidé autrement. Sur le cours de la Liberté, un cavalier débouchant par la rue Servient, renverse ma pauvre mère, toujours très facilement effrayée par les chevaux. On la ramène en voiture à la maison. Dans sa chute, elle s'était cassé le col du fémur. On vient me chercher au magasin, j'accours et ma mère m'accueille par ces paroles : « Vois-tu, « Camille, le bon Dieu me fait mourir, parce que « j'ai voulu t'empêcher de te faire religieux. »

« Ma mère, pendant huit jours, fut assez tranquille ; je ne la quittais presque pas et causais beaucoup avec elle. Je lui disais parfois : « Maman, que « faut-il faire ? Faut-il rester dans les affaires ? « Faut-il me faire religieux ? Faut-il me marier ? « — Oh ! fais bien tout pour Dieu, me répondait « ma mère, j'ai été pauvre, j'ai été riche, et tout « cela n'a pas grande importance (1). »

La pauvre dame, huit jours plus tard, dans la nuit du dimanche au lundi, fut frappée d'une attaque de paralysie ; sa vie se prolongea encore huit jours en pleine connaissance, mais elle avait presque perdu la faculté de parler. M. Rambaud père assistait, le cœur déchiré, à cet effondrement de tous ses rêves, de toutes ses espérances. Il sentait bien qu'il perdrait le même jour et sa femme et son fils (2). Elle mourut le 30 janvier 1854, et fut déposée a

(1) *Histoire de la maison*, fol. 20 verso.
(2) Le pauvre homme pleurait encore sa fille morte en 1839, à quinze ans. *Histoire de la maison*, fol. 21, recto.

côté de sa fille, à Loyasse, dans le tombeau qu'ils lui avaient fait édifier avec tant de soin.

Camille Rambaud, touché par la profonde douleur de son père et dans la crainte de le désespérer, temporisa. Les conseils de ses amis les plus notables faillirent même un instant l'ébranler. Nous avons quelques renseignements précieux sur le désarroi de son âme pendant les mois de février et mars 1854. Il se sent profondément triste, abandonné, le cœur sec ; il vit dans le tremblement au souvenir de ses fautes passées. Dans son angoisse, il adresse à sa mère ce cri déchirant : « Où êtes-vous maintenant, ma chère mère, vous qui m'avez soignée avec tant d'amour dès le moment de ma naissance, qui avez si souvent tremblé pour ma vie terrestre et mon salut éternel... Oh ! n'est-ce pas que vous êtes dans le Paradis ? N'est-ce pas que vous me voyez, que vous assistez à ma vie, ô ma mère... Priez donc pour moi, ma bonne mère, afin que ma foi et mon courage ne défaillent pas... ma mère, ma mère, parlez, parlez à mon cœur, ne m'oubliez pas, n'oubliez pas celui qui était toute votre vie sur la terre... intercédez auprès de Dieu, auprès de Jésus... pour qu'ils visitent notre maison, que tout s'arrange, que mon père, mon pauvre père, celui que Dieu vous avait confié... soit plus heureux, plus tranquille (1). » Entre temps, il causait avec M. Potton de son projet de le quitter. Son associé lui pré-

(1) *Cahier de méditations*, année 1854.

sentait les objections les plus graves : la principale, irréfutable d'ailleurs, était tirée de l'âge avancé de M. Potton dont la maison avait été lancée par C. Rambaud, dans un courant d'affaires et d'entreprises qui, dirigées par une autre main, pouvaient conduire à la ruine. N'y avait-il pas là une obligation stricte, antérieure à tout devoir de perfection, celle d'accomplir un contrat librement consenti, d'acquitter une dette indéniable envers son associé ? C'est au milieu de ces inquiétudes et de ces perplexités qu'arriva, le 16 mars 1854, une lettre foudroyante de Louis Potton (1) :

« Vous faiblissez, mon cher Camille, et vous vous laissez tromper... trois ou quatre fois déjà, vous avez voulu partir et toujours de nouveaux obstacles... Maintenant, au moment de finir, vous vous trouvez lié par un engagement que vous êtes bien aise de croire indissoluble... »

Le terrible novice dominicain parle du contrat d'association avec son père et croit licite la rupture, quand il s'agit d' « acquérir le trésor de la pauvreté volontaire ». Il connaît en perfection où il faut frapper pour émouvoir ce cœur passionné. A cet homme épris de grandes entreprises, amoureux du succès, prompt à concevoir, audacieux à exécuter et jusque-là toujours heureux, il dira, répondant à ses pensées les plus secrètes : « Si vous avez espéré quelque chose de grand, si en quittant

(1) Publiée in-extenso dans *la Vie du P. M. Ambroise Potton*, par le R. P. Ignace Body, pp. 22-25.

le commerce vous avez voulu fonder quelque chose
d'admirable, donner un grand exemple... avoir de
nombreux collaborateurs, fonder une œuvre appelée à prendre de grands développements... Si vous
avez voulu grandir, vous faites bien de vous arrêter,
car Dieu ne vous appelait point. »

En passant, il crossera d'une main sûre l'orgueil
du jeune fabricant : « Voulez-vous rester dans le
commerce ? Songez que depuis huit années déjà
vous avez été heureux ; vous ne savez pas ce
que Dieu vous prépare pour l'avenir. Est-ce
votre prudence et votre talent qui vous ont fait réussir et, si vous réussissez, ne trouverez-vous pas que
c'est à une circonstance imprévue que vous avez dû
le succès de vos affaires ? »

Quelle admirable habileté et, si j'osais le dire,
quelle caresse délicate et flatteuse dans cette âpre
mercuriale ! C. Rambaud devait sentir ce qu'il y a
de beau à se retirer jeune, en plein succès, sans que
personne pût dire : « Oh ! il se faisait vieux et
n'avait plus la chance pour lui ! » Son ami peut
alors évoquer devant lui le tableau, plein d'effroi
pour tout autre, de la folie de la croix : « Considérez
que chacun vous blâmera d'avoir quitté le commerce
et se rira de votre *sottise* (comme ils diront) ; considérez que les personnes les plus religieuses vous
accuseront d'un esprit original et diront que c'est
pour vous singulariser que vous avez voulu quitter la voie commune ; de plus, pensez que Dieu
semblera leur donner raison en vous abandonnant

et que peut-être vous verrez se trouver réduit à rien ou presque rien tout le bien que vous espériez... Pensez que peut-être Dieu lui-même se retirera de vous et qu'il semblera vous manquer alors que vous aurez tout quitté pour lui. » Ce tableau n'a plus rien qui puisse arrêter son ami Camille, prêt à s'écrier avec lui « qu'il est plus doux et plus beau de vivre et de mourir avec la couronne d'épines » que comblé des dons de la fortune, laissant de grands biens, même honnêtement acquis, et entouré de l'honneur et de l'estime de tout le monde.

En mai 1854, C. Rambaud put, d'accord avec M. Potton et moyennant certaines garanties(1), résilier son contrat d'association. Le second fils du D\u02b3 Laboré, entré l'année précédente dans la maison, et en qui M. Potton voyait déjà un associé possible et un mari pour sa fille, le remplaça.

« Désormais libre, C. Rambaud loua 800 mètres de terrain au coin de la rue Duguesclin et de la rue Rabelais, alors rue de la Paix, et comme il n'y avait plus que deux ans de bail à courir, il alla aux Hospices pour en demander le prolongement : « Eh ! cher monsieur, lui dit M. Jacquier, président de la

(1) D'après une note trouvée dans les papiers de M. Rambaud, il semble que l'indemnité pour rupture de contrat fut fixée à 200.000 francs, plus l'abandon de sa part des bénéfices de l'année courante, supérieurs à 250.000 francs. Mais la dissolution de la Société, consentie d'un commun accord, ne modifia en rien les excellentes relations de M. Potton et de M. Rambaud. Toutes les conditions en avaient été arrêtées des deux parts avec les plus honorables scrupules d'équité et de délicatesse morale.

Commission exécutive, pourquoi ne prendriez-vous pas toute la masse, elle a 13.000 mètres, nous vous la donnons pour 1.500 francs et pour 15 ans (1). » Il accepta un peu au hasard, sans plan préconçu, et c'est pour une grande part à cette circonstance fortuite qu'est due, très probablement, l'évolution toute spontanée, sans calcul, par une nécessité interne, de l'œuvre très originale de la Cité de l'Enfant Jésus, tour à tour hospice de petits incurables et œuvre de catéchisme, cité ouvrière, maison de vieillards et école primaire, dont le fondement est l'enseignement philosophique.

(1) *Histoire de la maison*, fol. 24 verso.

VI

*Fondation de la Cité de l'Enfant-Jésus, mai-juin 1854. —
Entrée de Paul du Bourg à la Cité, 18 décembre
1854. — Pèlerinage à Ars. — Retraites au Mont-
Cindre. — La Cité du Rhône.*

« La dite masse n'était pour le moment qu'une
réunion de jardins, de vide-bouteilles, traversés en
biais par un véritable marécage, que formait, en
s'extravasant, un ruisseau en partie souterrain (1) »
qui alimentait, en face du couvent actuel des Dominicains, un étang peu profond appelé le lac Paphos.
Des remblaiements l'ont fait disparaître. Cet homme
avisé commença par une grave imprudence. Il ne
prit pas d'architecte et se laissa convaincre par deux
de ses enfants qui lui firent employer un pauvre petit
maçon, incapable d'un aussi grand travail, sans ou-
tillage ni ressources. Le charpentier fut le fils de
malheureux qu'il avait aidés à sortir d'une misère
noire. Le père, qui avait sept enfants, s'était blessé
à la main avec un compas et la blessure, mal soignée, avait amené, avec un chômage forcé, cette
chute de la gêne à la détresse, puis au découragement. « C'était un bâtiment assez vaste relié à une

____

(1) *Histoire de la maison*, fol. 24 verso.

modeste chapelle par une huitaine de pauvres petites cellules exactement construites selon les constitutions de saint François d'Assise (1). » Il est bon de noter que la bâtisse fut faite en mâchefer. Notre hardi novateur avait compris l'avenir de ce mélange de chaux et de scories formant béton, à la fois solide et économique, mais on ne savait pas encore bien l'employer. Il reste quelques parties de ce bâtiment primitif (2), qui était d'une remarquable laideur et pauvreté, sur le côté sud de l'Ecole construite, en 1875, d'après un plan autrement heureux et pratique.

C. Rambaud fut désolé de son œuvre. Il écrivait sur un feuillet, le 28 octobre 1854 : « Je dois bénir cette horrible maison qui, me privant des douceurs et agréments de la vie, me force à rechercher toute ma joie et consolation en Jésus, en Marie, en Dieu... Si j'ai bâti une horrible maison contre toute sagesse et prévoyance, je ne dois pas m'en étonner, il fallait bien que Dieu guérisse une si grande présomption, et il fallait pour cela un remède héroïque, une affliction spirituelle n'eût pas suffi. » Il y a dans ces mots une plainte bien douloureuse. Cet élégant jeune homme, encore possédé de l'orgueil de la vie, souffre dans sa fierté qu'il croyait vaincue, souffre dans sa chair qu'il croyait domptée.

(1) *Histoire de la maison*, fol. 25 recto.
(2) C'est le bâtiment en saillie sur la cour de l'Ecole. Il renferme au premier étage la salle d'Etude des Sœurs. C'est là que M. Rambaud leur a prodigué, pendant vingt années, son enseignement.

Il n'avait pas prévu, lui, l'amant du beau, l'horrible supplice de la laideur. Il y en a un autre plus cruel encore, celui de l'isolement. C. Rambaud avait revêtu la blouse, serrée à la taille par une ceinture de cuir, coiffé la casquette plate de l'ouvrier. Ses amis, fidèles jusque là, l'abandonnèrent. Il le constate, le cœur bien désolé : « C'est quand tout est fini que je m'aperçois de ma sottise. Oui, grâces vous soient rendues (mon Dieu), que je ne paraisse qu'un fou. — Eh ! quoi, le voilà donc celui qui voulait tout faire. Que devient-il dans sa grande maison et sa grande chapelle ? Qu'y a-t-il en tout cela ? Rien, quelques enfants qui se porteraient aussi bien sans lui et encore il a le cœur de venir demander l'aumône ; quand je vous dis que ce n'est qu'un fou (1) ! » Et le dialogue se poursuit, poignant ; les larmes viennent aux yeux en écoutant ces propos cruels et vrais. Tel était bien le sot écho de la ville. Un brouillon de lettre retrouvé, brouillon recommencé à trois fois, très raturé, ajoutera encore un trait à cette tristesse de l'abandon :

« Je suis donc devenu un objet de répulsion pour vous, mon cher monsieur, que je ne vous vois plus. Hé ! mon Dieu, pourquoi ne venez-vous pas me voir comme vous iriez voir tout autre de vos amis? Allez, je ne vous en aime ni plus ni moins ; croyez-vous donc que je veux imposer ma manière de voir à mes amis ? Oh ! mon Dieu non, je sais bien qu'elle doit paraître très insensée. Elle me le paraît souvent à

(1) *Cahier de méditations.*

moi-même, et elle a encore besoin de longues années de persévérance pour se justifier, non seulement aux yeux du monde, mais encore à ceux de Dieu (1). »

Ce fut aussi l'occasion d'une monstrueuse et inepte calomnie. On accusa le fondateur de la Cité d'avoir muré une jeune fille dans les substructions de l'église. L'imagination populaire accueillit avidement cette invention à l'Eugène Sue, qui lui paraissait expliquer comment cet élégant jeune homme, par remords et expiation, se condamnait à porter la blouse de l'ouvrier, à coucher sur une planche, à vivre de soupe grossière et à panser les plaies les plus hideuses et les plus repoussantes. Malgré son absurdité, la calomnie n'a cessé de vivre en se précisant. Certain jour, M. Rambaud entendit deux hommes causer dans le recoin sud-est formée par le transept de l'église : « Vois-tu, disait l'un d'eux, c'est là qu'il a enterré la femme qu'il a tuée... » Il ne put, dans l'amertume de son âme, que répéter le mot du Christ : *Misereor super turbam*. Moi-même, j'ai recueilli le même détail de la bouche d'un berger dans une ferme isolée bâtie au pied du mont Pilat. Le pâtre tenait ce récit d'un maçon qui avait travaillé à Lyon. L'origine matérielle de cette macabre invention me semble être dans les nombreux ossements exhumés lors de la fondation de l'église, et qui reposaient là depuis

(1) *Cahier de méditations*

les mitraillades de Couthon, au lendemain du siège et de la prise de Lyon, en 1793.

La parole prophétique de Louis Potton s'accomplissait à la lettre, l'*abandon* était *universel*. Néanmoins, C. Rambaud, ou désormais frère Camille, comme il voulait qu'on l'appelât, s'engageait par écrit, envers lui-même, le 26 octobre 1854, à vivre toutes les années que Dieu lui donnerait dans cette vie d'humiliation et de pauvreté (1).

Bien souvent, je me suis demandé ce qui serait arrivé de l'homme et de l'œuvre, si l'isolement total avait continué. Il me semble que frère Camille se fût acheminé vers l'ascétisme impitoyable des ermites orientaux. Son corps eût été traité en ennemi mortel et la pauvre nourriture de chaque jour, déjà insuffisante, soupe de légumes sans ou presque point de beurre, légumes bouillis, viande grossière aux jours fériés, eût fait place à un régime de famine. Un mot conservé de Louis Potton au frère Paul, mot postérieur de trois ans, nous indique le danger (2). Il lui enjoint de veiller à la nourriture du frère Camille et de lui donner « ce qui est nécessaire pour nourrir un homme qui a bon appétit avec de la viande et du vin, si vous en avez et s'il est facile, car j'ai quelque crainte que son état n'ait quelque chose de maladif. » L'œuvre se fût certainement tournée en école, car la vocation essentielle et caractéristique de notre autodidacte, nous le ver-

(1) Cf. *Cahier de méditations.*
(2) Lettre datée de 1857.

rons plus loin, était le besoin et l'art d'enseigner.

Mais je ne me dissimule pas ce qu'il y a d'arbitraire dans ces suppositions et de vain dans ce jeu d'esprit. Mieux vaut revenir à la réalité. Or, il arriva qu'un jeune homme de vingt-sept ans, Paul du Bourg, fils d'un conseiller à la Cour, petit-fils de M. Guérin, banquier et marchand de soie, eut l'occasion de visiter dans ses promenades à cheval, la pauvre maison de la rue Rabelais. Ancien élève du collège de Chambéry, puis du Lycée de Lyon, il était à une de ces heures critiques où se pose le problème de la vie. Riche, élégant, choyé par le monde, passionné pour les chevaux, il éprouvait le désir d'entrer dans un modeste tiers-ordre de Saint-François, que devait fonder le curé de Couzon. Le vénérable curé mourut et P. du Bourg, très préoccupé, fit part au frère Camille de sa déception. « — Hé bien ! pourquoi ne viendriez-vous pas avec moi ? Vous voyez que je suis seul et il y a bien ici et dans nos futures maisons de l'ouvrage pour deux. » P. du Bourg ne repoussa pas la proposition « et, peu de jours après, il arriva de nouveau en disant tout simplement aux enfants : « ... Mes « enfants, je vais venir, me recevrez-vous (1) ? » Les enfants aimaient « ce beau cavalier » qui, plus d'une fois déjà « au lieu d'aller prendre son café au lait ou son chocolat chez Tony Poulet (2), s'invitait humblement à manger la soupe avec eux dans

(1) 18 décembre 1854. *Histoire de la maison*, fol. 27 verso.
(2) Cafetier alors à la mode, rue Bât-d'Argent.

une de leurs grossières assiettes de terre jaune,
sous laquelle la vieille ménagère trouvait souvent
une pièce de vingt francs.

« Le lendemain, C. Rambaud entend un équipage
à deux chevaux arriver dans la rue ; une dame demande à lui parler. C'est Mme du Bourg qui, effrayée de l'étrange vocation de son fils, veut savoir
quelles garanties la pauvre maison lui offre. « — Hélas ! Madame, lui répond M. Rambaud, je n'ai pas
d'autres garanties à offrir à votre fils que celles que
je m'offre à moi-même... » Mme du Bourg, en véritable chrétienne, n'insista pas et sourit même en
voyant les pauvres petits malades ouvrir tout larges
leurs yeux à la vue d'une si grande dame venant à
eux et leur parlant avec affection (1). »

P. du Bourg écrivit à son père une lettre touchante pour lui apprendre qu'il ferait une retraite
de quelques jours dans la maison de son ami et lui
demander, si telle est la volonté de Dieu, l'autorisation de se consacrer à ces pauvres enfants qu'il aime
déjà de tout son cœur. Son père le lui permit dans
des termes qui, malheureusement, ne nous ont pas
été conservés. C'est ainsi que, le 18 décembre 1854,
Paul du Bourg entrait, pour n'en plus jamais
sortir, dans cette maison encore naissante sans hésiter ni interroger, avec une âme résolue à tous les
sacrifices. Frère Camille avait trouvé en ce jeune
patricien, l'obstacle utile et l'aide nécessaire. Ils

(1) *Histoire de la maison*, fol. 27 recto-verso.

représentaient chacun deux aspects opposés du tempérament lyonnais, associés dans un commun sentiment de charité, C. Rambaud ne rêvait qu'entreprises, P. du Bourg en avait l'horreur ; l'un disposait souverainement de l'avenir, le créait par sa volonté et se mouvait dans le possible avec une aisance souveraine ; l'autre, appuyé sur le présent, critiquait et, quelquefois, raillait cette imagination folle. Mais P. du Bourg, après avoir fait consciencieusement son rôle d'opposition conservatrice aux projets révolutionnaires de son ami, une fois la décision prise, et bien que la désapprouvant, exécutait sans une plainte tout ce qui était convenable pour la faire réussir. Il portait dans ce double rôle de critique impitoyable avant, d'agent dévoué après, d'admirables qualités d'esprit, de bon sens et de patiente énergie, héritées certainement des ancêtres qui avaient lentement accru, puis solidement établi et affermi la fortune des du Bourg.

Le même jour, il revêtit la blouse bleue et la ceinture de cuir et se mit de grand cœur aux plus rudes travaux du ménage. La vieille Marianne étant absente, je ne sais pour quelle raison, il aida son compagnon à faire la cuisine. Mais, en cet art plus difficile qu'on ne l'imagine, la bonne volonté ne suffit pas. Certain jour, une bonne femme, qui était venue visiter son fils scrofuleux, voyant P. du Bourg et frère Camille remuer les pommes de terre et les haricots pour les empêcher de brûler, s'écria : « Ah ! messieurs, ne remuez pas ainsi vos pommes de terre, car elles brûleront sûrement. » A partir de ce jour-là, on ne remua plus les pommes de terre (1). »

Presque aussitôt, il fallut commencer le déménagement de la maison de la rue Vauban. On se proposait, en effet, de fêter Noël dans la nouvelle chapelle de la rue Rabelais. Une carriole à bras fut louée et P. du Bourg, chaussé de grosses galoches, s'y attela, et, poussant et tirant à travers la boue de la rue Vauban, qui n'était alors qu'une espèce de cloaque, il fit allègrement cette rude besogne qui ne fut terminée que le 23 décembre, au soir. Puis, les malades, transportés eux aussi sur la même carriole, furent installés dans la plus belle pièce de la maison. Mais, comme les petites cellules étaient encore trop humides, P. du Bourg coucha dans une chambre voisine du dortoir des enfants, sur une pauvre paillasse, côte à côte avec son compagnon. Touchant symbole de ce que devait être leur vie. Aujourd'hui encore, côte à côte, ils reposent dans le même tombeau.

Le temps pour Noël fut affreux. Il neigeait et faisait grand froid. La chapelle avait été bénite, le 24 décembre 1854, par M. Noailly, curé de Saint-Louis de la Guillotière, qui y dit la première messe (1). Dès 10 heures du soir, tous les gamins du quartier, grands et petits, arrivèrent pour assister à la messe de minuit et prendre part au réveillon qui se cuisinait sous la surveillance de

(1) *Histoire de la maison*, fol. 29 recto.

P. du Bourg « toujours calme et souriant au milieu de ces atroces gamins, qui se battaient à coups de boules de neige jusque dans les salles.

« Enfin — cet enfin de la narration est bien joli — arrive l'heure de la messe qui fut dite par le P. Célestin, pieux capucin. La chapelle était tellement humide et froide que la vapeur produite par la nombreuse assistance montant à la voûte s'y condensait et retombait en gros flocons de neige, à la grande stupéfaction de tous, c'était tout à fait comme dans l'étable de Bethléem (1). » Ce l'était peut-être trop. Nous sommes à la période héroïque, et l'on sait qu'héroïsme et enfantillage se ressemblent un peu et sont cousins en apparence, quand on ne va pas jusqu'à la source profonde et noble de l'héroïsme et qu'on s'amuse à regarder l'écume sans prendre garde aux bienfaits du flot puissant qui, épandu en mille canaux, rafraîchit et fertilise.

Pour faire vivre cette maison, qui comptait quarante-cinq bouches (2) à nourrir, il fallait quêter. Mme Veuve Guérin, âgée alors de plus de quatre-vingts ans, et grand' mère de P. du Bourg, se plaisait à lui faire l'aumône et l'autorisait à prendre chez son épicier, rue Bât-d'Argent, ce qui était né-

---

(1) « Quelques jours avant, M. le Curé de Saint-Louis et M. Desroziers, curé de Saint-Pierre, venant faire la visite canonique de la chapelle, furent obligés de laisser leur voiture sur le cours Lafayette, tellement il y avait de la boue dans la rue Dugueaclin et la rue de la Paix (aujourd'hui rue Rabelais). *Histoire de la maison*, fol. 29 verso, note I.

(2) *Histoire de la maison*, fol. 30 recto.

cessaire pour les enfants. Son oncle, Louis Guérin, venait parfois, le matin, lui faire visite à cheval
et lui laissait un billet de cent francs. C'était de
précieuses ressources, mais insuffisantes, et nos deux
compagnons résolurent de consacrer le vendredi à
la quête. Au bout de quelques mois, ils renoncè-
rent complètement à leurs anciens habits et gardè-
rent la blouse, ce qui était un excès. De là les scè-
nes les plus comiques. Ils sonnaient chez quelque
noble dame. La bonne, effrayée par la blouse, en-
trebâillait à grand'peine la porte et écoutait très
étonnée la prière du frère Paul : « Allez dire à Madame que c'est son cousin, Monsieur Paul du
Bourg, qui la demande. » La bonne, tout en allant
prévenir sa maîtresse de cette étrange visite, ne
leur en fermait pas moins la porte au nez. Aussi,
combien grande était sa surprise en voyant la noble cousine accourir et faire entrer, avec les plus
gracieuses excuses, frère Paul et son compagnon.

Certain pèlerinage auprès du curé d'Ars est à la
fois bien touchant et bien enfant. Je n'hésite pas à
en transcrire ici, en l'allégeant un peu, la naïve et
émouvante narration : « Il fallait y mener tout le
monde, même les malades. » On emprunte une petite voiture traînée par un âne, on la couvre d'une
capote en toile, et on y installe les malades du mieux
possible et « c'est P. du Bourg qui, en sa qualité de
sportsman, est chargé de conduire l'équipage ». A
l'aller et au retour, il traversa toute la ville en con-
duisant l'âne par la bride et fouet en main.

« De grand matin, après avoir passé le pont Morand, on s'engage sur le quai Saint-Clair, sur le cours d'Herbouville et on gravit, Dieu sait avec quelle peine, la montée de la Boucle, les enfants aidant à qui mieux mieux le pauvre petit âne. Bientôt, on traverse Caluire dans le même équipage, ensuite Fontaines, après avoir fait toutefois une station dans chacune des églises de ces villages. A Rochetaillée, on s'arrête quelques instants sous les arbres qui sont devant la petite chapelle afin de se rafraîchir, car on ne doit dîner qu'à Neuville ; ce qu'on fit, en effet, sous une espèce de saulée qui se trouve sur le bord de la Saône, à quelques centaines de mètres des premières maisons. En face est une ferme où l'on nous vend un peu de vin, et où l'on nous donne de l'eau. »

Après le dîner que la narration présente comme abondant, la caravane se remet en marche et arrive en vue d'Ars, à 5 heures ou 6 heures du soir, « les pauvres enfants avaient fait 33 kilomètres. »

« On s'arrête au pied de la croix placée sur un tertre, à gauche de la route, et là, on prend la réfection du soir afin de ne pas arriver trop affamés. On descend par le chemin pierreux qui, à cette époque, conduisait au village. »

Frère Paul et frère Camille prient deux habitants de les accueillir avec les enfants. Sur leur consentement charitable, tous s'installent dans la paille et le foin ; « les plus infirmes sont couchés dans une crèche inoccupée et l'âne leur tient compagnie. » Le lendemain, le curé d'Ars, par une faveur bien rare, voulut recevoir tous les pèlerins dans sa propre chambre. « Il encouragea très fortement le frère Paul et son compagnon à persévérer dans leur œuvre ; il leur donna même deux petits tableaux qu'il décrocha du mur de sa chambre : l'un d'eux était une descente de croix, l'autre un portrait de saint Vincent de Paul ; tous deux se conservent encore dans la cité de l'Enfant-Jésus. »

Le retour s'accomplit sans incident. Je n'y relève que ce détail pittoresque : « Les enfants portaient tous leurs galoches pendues au cou afin de ne pas les user et de marcher plus facilement (1). »

Mais la blouse et les humiliations si rudes de la quête, cette promenade, fouet en main et tenant l'âne par la bride, à travers tout le Lyon de la soierie, ne suffisaient pas à ces âmes ardentes, avides de souffrir, de se donner, de se dompter, de s'élever à cette vie plus parfaite dont ils rêvaient en lisant la vie des saints, il leur fallait, à l'exemple de ces effrayants ascètes de la Thébaïde, l'horreur et les douleurs de la solitude, la souffrance matérielle de la faim, du froid, et l'épouvante de la nuit. Ils rêvaient d'acheter un bout de terrain sur quelque point caché du mont Cindre (2) pour y construire, en matériaux grossiers, deux ou trois cellules. Ce

(1) *Histoire de la maison*, fol. 33 recto-verso.
(2) Un lopin de terre leur fut donné avec une cabane de bergers en pierres sèches qu'on appelle en patois lyonnais : *cadole*.

fut un rêve assez général à cette époque, et j'y vois, à tort ou raison, l'influence d'Ossian chez nous. En attendant, ils partaient à deux, vers le soir, avec un manteau de bure et une petite couverture. Ils prenaient, en passant, un pain chez un boulanger de la Croix-Rousse ou de Saint-Rambert. Le village de Saint-Cyr n'était traversé qu'à la nuit très noire, puis à tâtons, au risque de se rompre le cou, nos solitaires gravissaient le *raidillon* du mont Cindre et, dans une cabane abandonnée, attendaient, transis de froid, le lever du soleil. La journée se passait en méditations et en prières ; les dents-de-lion et le pain composaient l'unique repas. Ces retraites ne duraient guère plus de deux jours. Au retour, ils entendaient la messe dans quelque église du voisinage. Un matin qu'ils descendaient par le gracieux vallon de Saint-Romain-au-Mont-d'Or, si ombreux et si frais, ils entendent sonner la messe et hâtent le pas. Ils arrivent à temps, se mettent humblement à genoux dans un coin et, au moment de la communion, se présentent à la sainte Table. Mais le curé, après avoir donné l'hostie à deux ou trois femmes, se détourne et revient à l'autel. Nos jeunes gens regagnent leur place. Ils y étaient à peine, lorsque le *servant* les pria de passer à la sacristie. Le curé s'excusa en leur disant que, quelques jours auparavant, il avait donné sans le savoir, la communion à un fou et qu'il ne voulait pas s'exposer à la même erreur et « comme consolation, le bon curé donna deux sous à chacun de nos pèlerins qui le remercièrent beaucoup (1). »

Si étrange que cette vie nous paraisse, elle fut très probablement la condition nécessaire pour mener à bonne fin l'œuvre entreprise et pour permettre aux frères Camille et Paul de s'élever à une conception plus haute, plus large et plus vraiment efficace de la charité.

C. Rambaud sentait, sans se l'avouer encore bien nettement, qu'avoir quelques enfants incurables et préparer une vingtaine de jeunes gens à la première communion était certainement chose bonne, mais ne répondait pas aux nécessités immédiates du quartier des Brotteaux. Ce qui caractérise cet homme, c'est le sens pratique et immédiat joint au don de prévision. Il devine le très grand avenir industriel et commercial de cette agglomération de la rive gauche. Il y avait déjà, entre le cours Vitton et le cours Lafayette, la rue Tête-d'Or et la rue Garibaldi, « un immense quadrilatère nommé Cité du Rhône et presque entièrement couvert de hautes maisons de quatre à cinq étages, parce que ces terrains avaient été, dès 1835, vendus à bas prix par les Hospices à des spéculateurs avec l'espérance que la population, en s'établissant sur ce point, donnerait plus de valeur aux terrains avoisinants (2). » Ce calcul ne fut pas déçu. Mais personne ne s'était soucié des besoins religieux de ces pauvres gens, des *canuts* en majorité. Personne ne

(1) *Histoire de la maison*, fol. 34 verso.
(2) *Histoire de la maison*, fol. 35 recto.

paraissait songer qu'en peu d'années tous ces terrains vagues, qui avoisinaient la cité du Rhône, devraient se couvrir, eux aussi, d'énormes maisons.
C. Rambaud, timidement, entretint son compagnon
de l'intention où il était d'élever une chapelle
dans ce quartier, pour que les habitants pussent
au moins y entendre la messe le dimanche. C'était
le premier conflit avec le frère Paul. M. du Bourg,
qui, par suite de sa naissance et de son éducation,
avait horreur des dettes et de toute entreprise ha-
sardeuse, s'y opposa avec d'excellentes raisons qui
embarrassèrent très fort son compagnon. Ils par-
laient deux langues différentes : l'un citait des chiffres, l'autre les remplaçait par la grâce de Dieu.
Non point que frère Camille n'en sût pas l'importance ; il était même quelquefois un peu trop habile dans l'art de les grouper et de les interpréter,
nous le verrons plus tard, mais il estimait que toute
création utile en soi devenait nécessaire, si l'on
voulait la réaliser avec énergie, dévouement, activité et intelligence en prenant Dieu pour auxiliaire.
C. Rambaud, à court d'arguments, dit en souriant:
« Mon frère, vous devriez bien aller faire une petite
retraite au couvent des dominicaines de Maubec,
vous y trouveriez peut-être vous-même le désir
ardent de faire cette chapelle (1). » Sans un mot,
frère Paul se leva, prit son manteau et partit. Il
était neuf heures du soir. Il marcha toute la nuit,

(1) *Histoire de la maison*, fol. 35 verso.

malgré la pluie, fut arrêté à Bourgoin pour n'avoir point de papiers et relâché par le maire ému de son accent de franchise. Après deux jours de retraite, il rentra, disant à son compagnon : « Faites toutes les chapelles que vous voudrez. » Cet événement se passait en avril 1856. C'est l'image de la vie tout entière de M. du Bourg aux prises avec l'impérieux génie de M. Rambaud, auquel, tout en cédant, il rend le double et inappréciable service de l'obliger à réfléchir, combiner, patienter, puis, la décision arrêtée, de le contraindre à persévérer plus qu'il ne l'aurait fait naturellement, dans le sens primitivement fixé.

VII

Un terrain est loué au coin de la rue Tête-d'Or
et de la rue Bugeaud pour la somme de 800 francs.

Les travaux de fondation de la chapelle étaient
déjà entrepris, lorsqu'ils furent interrompus par la
terrible inondation de 1856. C'est ici que commence la deuxième période, la période sociale de
la Cité de l'Enfant-Jésus. Camille Rambaud, après
six années consacrées à l'œuvre des catéchismes,
va revenir, par quelle voie imprévue, à un rêve
formé en 1848, rêve humanitaire et rêve chrétien,
également utopiques et généreux.

Mais n'oublions pas l'inondation : « C'était vers
la fin de mai (1), on venait de se mettre à table,
lorsque, tout à coup, le bruit se répand que le
Rhône a rompu sa digue du Grand-Camp et que
l'eau arrive à flots ; on l'entend, on la voit, en effet,
dans la rue Rabelais. Il ne reste plus qu'à s'enfuir

(1) Exactement le 31 mai 1856. M. Rambaud, par distraction, avait dicté fin *avril*.

à la hâte. M. du Bourg entraîne les enfants, les pousse devant lui, prend dans ses bras le plus infirme de tous et ce n'est qu'à grand'peine, et ayant de l'eau jusqu'à la ceinture, qu'il peut enfin prendre pied avec ses enfants sur le cours Lafayette (I). » Une partie des enfants fut installée dans l'ancien appartement de la famille du Bourg, rue Puits-Gaillot, et l'autre chez le père de C. Rambaud, cours Morand. Le frère Camille, confiant en la solidité de la maison, malgré les quatre-vingts centimètres d'eau qui en couvraient le rez-de-chaussée, voulut y rester pour garder le Saint Sacrement qu'il avait à la hâte transporté de la chapelle dans une pièce du premier étage. Vers cinq heures du soir, le frère Paul, pris d'inquiétudes, envoya une barque le chercher. C. Rambaud céda et se fit conduire chez son cousin Petit, place Morand, maison Guérin. Le Saint Sacrement, déposé dans le salon, y fut conservé avec respect jusqu'au moment où la baisse du fleuve permit à un vicaire de Saint-Pothin de venir l'y chercher.

Au bout de quelques jours, les eaux se retirèrent, laissant un prodigieux amoncellement de ruines. Toutes les maisons en pisé, en torchis, en briques, jonchaient le sol. Sur la crainte exprimée par les familles des petits malades qui redoutaient l'humidité de la maison, on se résolut à accepter l'offre généreuse de Mmes Lacour de Chasselay. Frère

(1) *Histoire de la maison*, fol. 36 recto.

Paul conduisit les enfants dans le château de ces dames où ils devaient séjourner jusqu'en fin août, et frère Camille resta pour faire les réparations utiles et, au besoin, héberger les malheureux sans abri.

Ce fut, au début, un désordre pittoresque et déplorable. M. Rambaud distribue des centaines de kilogrammes de pain et offre sans grand succès sa maison. Nous lisons, en effet, dans une lettre adressée au frère Paul, le 7 juin : « Vous me demandez pardon de me laisser au milieu de tant de dangers ; il n'y en a vraiment aucun, si ce n'est un désordre, un gâchis incroyable. Figurez-vous que ces braves gens sont si contents de bivouaquer à la belle étoile qu'ils ne viennent pas seulement coucher dans les lits que je leur offre. »

Dans une autre lettre non datée, mais antérieure au 24 juin, C. Rambaud constate que jusqu'à ce moment, il n'y a pas encore eu grande souffrance. « Tous ont bien à manger. » Mais on réduit les secours et leur rôle va commencer. On se lasse, en effet, de tout, même de coucher en juin à la belle étoile, et bientôt, la maison compta plus de cent personnes, hommes, femmes et enfants, « qui, avec les débris de leurs mobiliers, s'installèrent jusque dans les greniers en se créant des séparations avec des couvertures tendues sur des cordes (1). » Quelques amis fournissent généreusement

(1) *Histoire de la maison*, fol. 37 recto.

du pain et de la viande, et, pendant trois mois, les femmes des inondés, en utilisant les ustensiles de cuisine de la maison, préparent la nourriture nécessaire à ces pauvres gens (1).

De son côté, M. Vaïsse, sénateur, préfet du Rhône, avait fait dresser, sur la place Saint-Pothin, une immense baraque pour abriter les plus délaissés et les plus nécessiteux. C. Rambaud la visita. Il fut ému de voir tant de familles entassées pêle-mêle, et déjà fort préoccupé des malheureux qu'il logeait provisoirement, il crut pouvoir faire mieux et conçut le projet de bâtir rapidement une vaste maison sur les terrains vagues qui entouraient leur hospice de l'Enfant-Jésus.

Frère Camille, avec cet irrésistible élan du cœur que nous lui connaissons et ce sens du moment opportun, annonce son dessein et sollicite toutes les âmes généreuses. En quelques jours, il recueille environ trente mille francs, séduit le cardinal de Bonald qui, non content d'approuver l'œuvre entreprise, viendra bénir les travaux. Le cardinal donne 3.000 francs et promet 500 francs pour les 40 premières familles qui entreront dans les maisons. La bénédiction de la première pierre est fixée au dimanche 24 juin 1856, après vêpres.

P. du Bourg, étant donné les ressources réunies, ne fait pas d'objection. Mais il comptait sans l'imagination hardie de son compagnon. Le plan

(1) Mlle Estelle veilla pendant ces trois mois sur les femmes et les enfants.

primitif comprenait une maison de 40 mètres avec
balcon et avant-toit formant galerie, sur le modèle
d'une petite maison de la rue Rabelais. Or,
comme certain jour, C. Rambaud, crayon à la main,
expliquait, rue de Lyon, à un de ses cousins la
place que ce bâtiment devait occuper, son interlocuteur lui dit : « Mais il faut placer cette maison
de manière à ce qu'on puisse en faire d'autres.
— Tiens, c'est vrai », dit le frère Camille. Et de son
crayon il trace vaguement le projet de maisons cou-
vrant toute la masse de ce vaste terrain et dessine
une église au milieu. « Oh ! ce serait une véritable
petite ville, s'écrie-t-il, ce serait une cité ouvrière (1). » Le rêve inconscient de 1848 avait pris
corps et tout, désormais, devait tendre à sa réalisation. Personne, certes, dans la nombreuse assistance, n'y pensait, lorsque Mgr de Bonald le
24 juin 1856, vint poser la première pierre de la
maison de 40 mètres. P. du Bourg était arrivé
à pied, dès le matin, de Chasselay, avec ses enfants. Le cardinal donna la bénédiction du haut
d'une fenêtre de la salle des malades, car tout
était encore sous la boue. Après la cérémonie,
un goûter fut servi aux inondés dans la grande
salle du rez-de-chaussée. Son Eminence bénit
ces pauvres gens et leur laissa quelques centaines
de francs pour acheter du linge et des vêtements,
et frère Paul reprit à pied, avec ses enfants, le

(1) *Histoire de la maison*, fol. 38 verso.

chemin de Chasselay, un peu inquiet. Lui seul avait deviné l'ampleur de l'œuvre à un mot de son compagnon, qui s'efforce de le rassurer dans deux lettres, une du 25 juin et une autre des premiers jours de juillet. Je cite cette dernière, où le rêve social et chrétien est si nettement défini : « Nos affaires marchent bien. Quelle magnifique entreprise, mon frère ! Quelle merveille ! Une ville entière où tout sera fait pour Jésus. Comprenez-vous cela ? Qui aurait jamais pu imaginer cela ? Une ville entière où tout sera réglé, ordonné pour faire aimer Jésus... » Il a peur d'être indigne et incapable de réaliser cette idée « si belle, si splendide » ; car, même dans l'enthousiasme, le sens du réel ne l'abandonne pas et il répond aux préoccupations de son ami et un peu aux siennes en lui concédant qu'il « y aura des misères, des déceptions sans doute, mais malgré cela, songez à ce que ce sera... » Il est bien dommage que les lettres de M. du Bourg ne nous aient pas été conservées : il eût été intéressant de voir s'il avait prévu les écueils contre lesquels devait se briser fatalement la fortune de la cité ouvrière. Mais ni l'un ni l'autre, nous le savons, ne prévoyait qu'il devait en sortir une œuvre plus belle, plus grande et absolument pratique : l'assistance des vieillards par le logement gratuitement octroyé.

Pendant que les immeubles se construisaient et que M. Rambaud émettait des obligations portant intérêts pour recueillir les sommes nécessaires à cette vaste entreprise, il n'oubliait pas son projet, interrompu par l'inondation, de créer une chapelle dans le quartier de la Tête-d'Or. Comme il assistait, le dimanche 3 août 1856, dans la petite chapelle de la Cité, à la messe du P. Symphorien, capucin, il sentit un désir si vif d'y bâtir une chapelle pour les Dominicains, qu'il passa toute la journée et la plus grande partie de la nuit à élaborer un plan. Le lundi, de très grand matin, son rouleau sous le bras, il se dirigea vers le pensionnat d'Oullins où il savait que se trouvait son ami le P. M.-Ambroise Potton. Aux premières paroles de frère Camille, le P. Potton répondit : « Voilà une grande chose, une chose bien plus grande que vous ne l'imaginez ; mais, écoutez, je n'ai pas encore dit ma messe. Je vais la dire dans une toute petite chapelle, nous serons seuls, vous me la servirez et je boirai à votre intention la goutte du précieux sang qui se ramasse dans le calice après la communion (1). » C. Rambaud fut tellement frappé de cette parole que, prêtre, il ne buvait jamais cette dernière goutte sans penser au P. Potton.

Le P. Jandel, vicaire général de l'ordre, qui était alors en France, vint, avant de se rendre à Rome, visiter le terrain. Il le trouva trop petit. C. Rambaud loua une autre masse située au sud-est de la première, acheta une maison en mâchefer qui s'y trouvait, et commença la construction d'une chapelle qui fut terminée pour la Noël. On avait mé-

(1) *Histoire de la maison*, fol. 38 *bis* verso.

nagé, entre cette chapelle et la rue Bugeaud, un espace suffisamment grand pour y édifier, si besoin était, une église. Ce que les pères dominicains entreprirent dès l'année suivante (1).

Mais revenons à la Cité ouvrière. Dès la fin du mois d'août 1856, la première construction était terminée. On lui donna le nom de Saint-Joseph. Vingt familles y furent installées commodément, bien que les murs fussent un peu frais. Les autres inondés trouvèrent, tant bien que mal, à se loger, et P. du Bourg put ramener ses enfants de Chasselay où ils avaient reçu de Mmes Lacour une hospitalité vraiment admirable par la bonté, la grâce et la charité.

Il y a là une période de trois années, 1856 à 1859, sur laquelle nous avons peu de renseignements. Nous n'en rétablirons l'histoire douloureuse que par les lettres de C. Rambaud au frère Paul, lettres adressées de Rome du 6 janvier 1859 à décembre 1860. On ne peut s'en étonner. Les hommes les meilleurs et les plus sincères conviennent bien en gros de leurs erreurs, mais ne se plaisent guère à les énumérer par le menu.

La conception de la Cité ouvrière reposait sur une double erreur : erreur financière, erreur morale. On avait emprunté en obligations environ 400.000 fr. (2) et construit pour plus de 600.000 fr.

(1) Cf. Ignace Body, *Vie du R. P. M.-Ambroise Potton*, pp. 51-58.

(2) Lettre du 7 juin 1860 au frère Paul.

Entre les mains d'un propriétaire ordinaire, l'entreprise était viable, mais gérée par des religieux, elle était condamnée à la faillite. Si minime que fût la redevance exigée des familles, elle n'était pas payée. Les ouvriers considéraient que les dons recueillis par MM. Rambaud et du Bourg étaient largement suffisants, pour qu'ils n'eussent aucun scrupule à ne pas acquitter leur terme. Les poursuivre en justice était impossible. Saisies, expulsions par ministère d'huissier étaient des moyens en contradiction absolue avec l'œuvre rêvée. Bien plus, ils avaient créé non l'amour, mais la haine. Ces malheureux qui ne payaient par ce qu'ils devaient, en venaient à mépriser leurs bienfaiteurs et même à les menacer. M. Rambaud a beau écrire à son compagnon : « C'est le lot des serviteurs humiliés ; on me parle de révolution où nous serions perdus, tant mieux (1) nous irions en Paradis », en réalité, il sent bien que c'est un insuccès. Il songe même, le 4 juin 1859, à donner la Cité en toute propriété aux Hospices, à condition qu'elles se chargent des obligations et leur laissent la jouissance de leur maison et de l'église.

Plus cruel devait être encore, à cet homme ardent et tenace, l'échec moral, qui était complet. La Cité fondée pour instaurer le règne de Dieu soulevait un problème auquel son créateur n'avait pas songé. Dans quelle limite le propriétaire religieux doit-il

____

(1) Lettre non datée : année 1859, d'après le contexte.

intervenir dans la vie de son locataire ? Car la Cité ouvrière contenait non des hospitalisés, mais des locataires, si minime que fût la redevance exigée, et d'ailleurs rarement payée. Certes, C. Rambaud n'avait jamais eu l'intention de s'immiscer dans leur for intime et de surveiller ce qui se faisait au foyer domestique, mais pouvait-il, lui religieux, tolérer le désordre moral extérieur, ne pas réprimer l'ivrognerie, laisser s'établir un cabaret (1) et que sais-je encore ? Fallait-il sacrifier le bon locataire mauvais chrétien et garder le bon chrétien mauvais locataire ? Ne risquait-on pas de donner une prime à l'hypocrisie ? Quelle complication les femmes, les enfants, filles et garçons, n'apportaient-ils pas dans la vie intérieure de la ruche qui, à certains moments, fut singulièrement troublée ?

L'édification d'une belle église de style ogival flamboyant, sur les plans de M. le Dr Faivre, mit le comble aux soucis des frères Camille et Paul. Les devis, trop légèrement établis, ou plutôt modifiés par C. Rambaud, furent prodigieusement dépassés. C'était un gouffre où s'engloutissait, avec les dons des amis, tout le patrimoine de P. du Bourg, qui sacrifia généreusement la fortune de son père puis celle de sa mère sans en réserver un centime (2). Mais malgré tout, on dut suspendre la construction. L'église dressait sa carcasse de vaisseau désemparé, la grande nef ouverte

(1) Lettre du 12 avril 1859.
(2) C'est-à-dire plus de 400.000 francs.

au couchant et simplement abritée d'un toit en toiles. C. Rambaud pouvait écrire à son compagnon ces lignes admirables par la pensée : « C'est une belle chose de donner sa fortune pour faire un hospice ; c'est une plus belle chose de la donner pour faire une église ; mais c'est encore une plus belle chose de la sacrifier entièrement à Dieu en la jetant dans le sein des pauvres, sans qu'il nous en reste rien. N'est-ce pas ce que vous avez fait ?... il ne vous reste rien : des pierres amoncelées, mais non une église où l'on dise la Sainte Messe. Combien le sacrifice est complet (1) ! »

Dans la même lettre, il y a un humble et touchant aveu. Frère Camille demande pardon à son frère et ami de lui avoir infligé par ses projets, sa personnalité, ses œuvres, le long et cruel supplice de tant d'embarras financiers, et aussi de ne l'avoir pas assez tendrement chéri : « Je suis votre croix, vous l'aimez comme Notre Seigneur aimait la sienne et la désirait d'un grand désir, mais je ne vous en fais pas moins souffrir. » Ce sont des paroles humbles, mais exactes. Il a, cet homme puissant, une vision toujours précise de la réalité. Il aime passionnément, sans retour égoïste, mais malgré lui, il fait souffrir ceux qu'il aime. C'est le grand chêne qui veut protéger l'arbrisseau. Son ombre était trop large, son individualité trop marquée, trop envahissante. Il le sait et il s'en désole. Que de prières,

____

(1) Rome, le 25 février 1860.

de jeûnes, de souffrances volontaires pour racheter
ce qu'il appelait son égoïsme et ce qui n'était que
son génie de créateur, de conducteur d'hommes,
de fondateur d'œuvres et d'excitateur d'idées.

Au milieu de ce tracas de constructions, de locations et d'ennuis financiers, l'appui des Pères capucins vint à manquer à la maison de l'Enfant-Jésus.
Le Père Archange, leur nouveau Provincial, reven-
diqua le droit de visite, comme si l'œuvre était une
extension de leur ordre (1). C. Rambaud se refusa
justement à subir cette prétention qui n'était fondée
sur rien et la Cité se trouva brusquement sans offices religieux. Heureusement qu'un jeune vicaire de
Saint-André, M. l'abbé Chevrier, s'offrit spontanément (2) pour partager une vie qui, depuis longtemps, répondait à ses secrets désirs (3). Nous ne
voulons ni nous ne pouvons esquisser le portrait de
cet homme remarquable par une charité sans limite
et par l'amour profond de la pauvreté, nous renvoyons à un livre touchant de J.-M. Villefranche sur
le fondateur de la providence du Prado (4). Il nous
suffit de noter comment son influence fut utile

(1) Cf. Lettre de Rome de Joseph-Antonin Doussot à
C. Rambaud, du 7 juillet 1857. Le Père Alphonse, procureur
général des Capucins, désavoue nettement le provincial.

(2) Une lettre du cardinal de Bonald, 18 juin 1857, fixe
l'entrée de M. Chevrier aux conditions suivantes: « il des-
servira la Cité ouvrière sous la juridiction du curé de la
paroisse, M. Coudour ».

(3) Les Frères Camille et Paul possédaient, depuis l'inondation, un nouveau compagnon Pierre Louat.

(4) *Vie du Père Chevrier*, par J.-M. Villefranche, Lyon,
1894.

à la Cité et pourquoi il devait la quitter. Par une vocation impérieuse, il va droit aux enfants abandonnés ; sa vie entière leur est consacrée ; son rêve est d'éveiller en leurs âmes avec l'amour de Dieu le sentiment de leurs devoirs envers eux et la Société. C'est par ce côté que l'œuvre de C. Rambaud l'a séduit : il y entre comme catéchiste, il en sort quand les événements lui prouvent qu'elle porte en elle une autre destinée. Au fond, dès le premier jour, il y a un conflit latent entre la conception sociale très haute et très originale de C. Rambaud qui veut la pauvreté pour lui, pauvreté volontaire, source de vertus pour ceux qui ont choisi la croix, mais qui admire l'immense labeur du monde moderne, l'encourage, le tient pour indispensable, y incite sans relâche tous ceux qui l'approchent, et la conception un peu humble et timide de M. Chevrier qui ne voit rien et ne veut rien voir au delà de ses pauvres enfants à évangéliser. Mais il rachète ce défaut, si c'en est un, par un rare bon sens. Le premier il déclare nettement que MM. Rambaud et du Bourg ne seront les maîtres de leur œuvre qu'autant qu'un des deux ou mieux les deux recevront les ordres. C'est, en effet, un vieil axiome que le fond détermine la forme, que, par conséquent, toute lutte dans une œuvre religieuse, entre un laïque et un prêtre, doit nécessairement se résoudre, même lorsqu'en apparence il en serait autrement, en faveur du prêtre. On était trop près des démêlés avec le père Archange pour en douter.

C'est pourquoi C. Rambaud se fit peu à peu, à la suite de longues réflexions, à cette idée de recevoir le sacerdoce. Dès 1858, il se remit au latin. Les pères Dominicains eurent la charité de lui donner l'hospitalité pendant quelques mois, pour qu'il pût se reprendre avec moins de peine à l'étude du rudiment. C'était, en effet, une dure tâche pour un homme de trente-six ans qui, depuis dix-huit ans, n'y avait guère songé. Mais, quelque familiarité reprise avec le latin, restait une question redoutable : où fallait-il aller faire ses études religieuses ? Etait-il possible d'abandonner le frère Paul à lui-même pendant plusieurs années de séminaire? M. Chevrier ouvrit l'avis d'aller à Rome et promit d'attendre à la Cité, aux côtés de P. du Bourg, le retour de C. Rambaud jusqu'à son ordination. Sur les conseils de M. l'abbé Louis, aumônier de M. de Ségur, et qui se rendait lui-même à Rome, il en fut ainsi décidé. C. Rambaud avait oublié, je crois, de prévenir de ses intentions les grands vicaires du cardinal de Bonald (1) qui était alors auprès du Pape, ou

(1) Les relations de C. Rambaud et du cardinal de Bonald avaient commencé en 1850. Ils figurent tous deux parmi les administrateurs de la *Société de Secours mutuels*. Le cardinal s'était pris d'une vive affection pour ce jeune homme passionné, audacieux à concevoir, énergique et ferme en ses desseins. Aussi, lorsque C. Rambaud endossa la blouse de l'ouvrier, il le couvrit de sa haute approbation et le défendit même contre son clergé. Certain jour, à un curé d'une paroisse voisine qui se plaignait des œuvres faites par M. Rambaud, « un homme sans mission », le cardinal répondit avec la générosité et la fierté de son carac-

ne l'avait pas fait assez formellement. Aussi, le cardinal, jusque-là bienveillant, lui fit un accueil un peu froid. Nous l'apprenons par une lettre de M. Chevrier qui accompagna C. Rambaud à Rome. Le cardinal hésitait à autoriser cette vocation et, finalement, ne se décida que devant le fait accompli (1). C. Rambaud était au séminaire ; le cardinal l'y laissa, mais, plus tard, mit assez de lenteur à envoyer les démissoires.

Ce séjour à Rome, au Séminaire Français, de janvier 1859 à décembre 1860, coupé de quelques mois au couvent dominicain de Sainte-Sabine, marque une date importante dans la vie intellectuelle de C. Rambaud. Venu trop tard et homme fait aux études théologiques, malgré un opiniâtre labeur de quatorze heures par jour, sans autre récréation que la visite de quelques églises, il subira peu l'influence de ses professeurs. Seul, saint Thomas, enseigné chez les Dominicains, le séduira, mais, comme c'est naturel, dans le sens de sa propre pensée. C. Rambaud l'avouait lui-même avec bonne grâce ; il lisait un livre pour y chercher l'écho et la confirmation de ses idées. C'est le défaut d'un esprit foncièrement original et primesautier. Rome antique l'enchante et met en branle son imagination. A Sainte-Sabine, en août 1860, aux heures chaudes de la journée, il

tère de grand seigneur : « Vous m'oubliez, Monsieur le Curé. J'approuve M. Rambaud. Je réponds de lui. » Dans quelques billets conservés, il lui donne toujours ce titre : *Mon Ami.*

(1) Lettre de M. Chevrier au frère Paul, Rome, 6 janvier 1859.

se retire avec un Père dominicain dans une anfractuosité du mur de Servius Tullius et, de là, il contemple les ruines de tant de civilisations écroulées.
La Rome des Papes le charme moins. Son goût
français le laisse un peu froid devant l'immensité de
Saint-Pierre et il juge, non sans finesse, en ces
termes un peu sévères, l'œuvre du Bernin :
« L'amour de la forme, de l'apparence fait que tous
les saints semblent tous en colère (1). » Que d'autres
traits on pourrait glaner dans cette correspondance
au frère Paul, qui se ramèneraient sans effort à
l'idée déjà énoncée plus haut, que Rome a complété et étendu son jugement, affiné son goût en
le débarrassant de bon nombre de préjugés, mais
sans que la transformation fût très profonde, sans
que ce fût une révolution.

D'ailleurs, sa pensée ne peut se détacher de la
Cité. A peine est-il à Rome que les plus mauvaises
nouvelles lui arrivent de Lyon. Nous connaissons
les difficultés financières, nous n'y reviendrons pas.
Mais M. Chevrier, entraîné par cet irrésistible instinct de catéchiste et d'aumônier, en un mot par
sa forte individualité, rêve confusément d'une
œuvre personnelle. Il rencontre en frère Pierre
Louat un allié puissant à l'esprit brillant, à la parole imagée, à l'imagination un peu folle. L'allié
même finit par le conduire. Frère Paul, qui a l'écrasant souci des quêtes et des règlements, fait de son

____

(1) Lettre au frère Paul, 6 janvier 1859.

mieux face à l'orage. Il semble même que M. Chevrier, qui avait conseillé si vivement à C. Rambaud d'entrer au Séminaire, veuille l'en faire sortir. Je lis en effet, dans une lettre importante adressée probablement à M. Fontaine, qui gère les affaires financières de la Cité ouvrière, le 2 juillet 1859 : « Je suis venu à Rome avec l'approbation de tous, et voici qu'aujourd'hui, ceux qui m'ont le plus poussé à ce voyage sont les premiers à me blâmer, à me crier de revenir, fruit sec en blouse, après dix mois de théologie et après avoir porté la soutane... » Les difficultés s'accrurent tellement que C. Rambaud accourut brusquement à Lyon sans prévenir personne, le jour même où l'on publiait la paix de Villafranca qui suivit Solférino (1). Il y resta six mois, qui furent employés à régler un peu les comptes, à suspendre les travaux de l'église et à rétablir si possible la paix. Enfin, le 3 janvier 1860, bien que très inquiet, frère Camille reprit le chemin de Rome. Cette année vit s'accomplir la séparation définitive. M. Chevrier prit à bail, avec Pierre Louat, la salle du Prado (2). Frère Paul s'opposa absolument

(1) La paix de Villafranca fut signée le 12 juillet. L'arrivée de C. Rambaud à Lyon peut donc être fixée approximativement entre le 13 et le 16 du même mois.

(2) Pierre Louat quitta la *Cité* dans la deuxième quinzaine du mois de janvier 1860. M. Chevrier « loua à la Guillotière, à l'angle de la rue des Trois-Pierres et de la rue Creuzet, une pauvre masure et un terrain adjacent. Il y plaça une douzaine de garçons et les confia au frère Pierre, M. Louat, qui devint plus tard mariste et mourut en Océanie. » *Le Père Chevrier...* par un prêtre du Prado, p. 10. Le bail du Prado fut signé le 10 décembre 1860.

au retour de M. Rambaud, avec raison d'ailleurs, car le plus essentiel était d'arriver à l'ordination. Son compagnon le comprit et il reçut le sous-Diaconat le premier dimanche d'octobre 1860, jour de la fête du Rosaire, dans la chapelle de Mgr l'archevêque, vice-gérant du cardinal Patrizi. « La cérémonie religieuse terminée, frère Camille se hâta de remonter à Sainte-Sabine où, à sa grande joie, il devait faire sous-diacre à la messe du jour. Hélas ! en dépit de toutes les leçons que lui avait données un bon père dominicain, il manqua presque toutes les cérémonies et ne put pas chanter juste trois mots de l'épître (1). » Aux quatre-temps de décembre, il reçut le Diaconat. Il était temps. Frère Paul, qui avait résisté avec une obstination invincible, était à bout de forces et de ressources. C. Rambaud devait accourir à son secours, c'est ce qu'il fit.

(1) *Histoire de la maison*, fol. 47 verso.

VIII

Le P. Serre et C. Rambaud. — P. du Bourg au Séminaire de Romans, 1861-1864. — La cité ouvrière devient une cité de vieillards, 1866. — Echec de l'Ecole des Frères. — C. Rambaud médite une nouvelle méthode d'enseignement.

La situation était lamentable ; l'église se dressait inachevée, inutilisable au milieu de la Cité ; les locations ne rentraient pas (I), les créanciers accouraient en foule trop pressée ; l'œuvre des catéchismes était ruinée, elle avait émigré au Prado avec M. Chevrier et le frère Pierre ; le désordre et le mauvais esprit étaient partout. P. du Bourg, avec une admirable générosité, jetta encore une fois dans le gouffre la fortune de son père qui venait de mourir. C. Rambaud, en habile financier, sut conclure toute une série d'arrangements qui donnaient, provisoirement, du moins, un peu de répit, et permettaient de se ressaisir. C'est alors qu'un ancien industriel stéphanois qui s'était fait Jésuite (le P. Serre), et aidait de ses connaissances techniques l'économe des Pères, s'occupa de la Cité. De temps

____

(1) La Cité avait rapporté 6.700 francs en six mois, renseignement envoyé par M. Barbequot à Rome, 20-26 juillet 1860. Ce revenu était tombé à 4.000 francs puis à 3.500 par semestre, en 1861.

en temps, il lui faisait cadeau d'un wagon de charbon. Certain jour, il suggéra au frère Camille l'idée
de ne pas retourner une troisième fois à Rome. Il
promit de parler au P. Gaillard, son supérieur, et
d'obtenir de lui l'autorisation pour C. Rambaud de
passer à leur maison de Fourvières les quelques
mois qui les séparaient de la Trinité. Lui-même se
chargerait de la dépense. Cette heureuse solution ré-
jouissait beaucoup P. du Bourg et calmait les inquiétudes de son compagnon qui redoutait, en un
moment si critique, de quitter complètement la
Cité. Le cardinal de Bonald ne fit aucune objection
à ce projet et promit d'ordonner frère Camille pour
la Trinité.

Il est probable que le P. Serre, si désintéressé
que fût cet acte de charité, se proposait peut-être
encore un autre objet. Il dit un jour, en effet, à
C. Rambaud : « Savez-vous que la Cité de l'Enfant-
Jésus ferait un beau collège, un bel externat ? Nous
achèverions votre église, peu à peu nous transfor-
merions les maisons ouvrières… et vous, avec votre
bon frère Paul, vous vous feriez Jésuites, vous seriez beaucoup plus tranquilles (1). » Si grand était
le découragement de C. Rambaud, déçu dans toutes ses espérances et qui voyait la Cité ouvrière
mourir misérablement dans les chicanes et les pro-
cès, qu'il faillit prêter l'oreille aux paroles du
P. Serre. Mais P. du Bourg s'opposa à une cession

(1) *Histoire de la maison*, fol. 49 verso.

pure et simple. Il voulait bien volontiers abandonner toutes les maisons, mais non pas son église. Il exigeait qu'on lui remboursât 200.000 francs. C'est à cette obstination providentielle que nous devons l'évolution de la Cité. Elle allait devenir un asile de vieillards et une école fondée sur la philosophie, voici comment elle s'y achemina par deux voies parallèles assez surprenantes.

C. Rambaud, ordonné prêtre à la Trinité de 1861, reprit, dès le lendemain, la vie commune avec le frère Paul et, sur-le-champ, lui déclara que c'était son tour de se rendre à Rome et d'y faire à loisir ses études. Frère Paul se récria, disant qu'il n'avait endossé la blouse que pour n'être pas prêtre et vivre toute sa vie pauvre au milieu des pauvres, vêtu comme eux, confondu avec eux. Il ajouta même que telle avait été la condition essentielle de son entrée à la Cité. Le conflit dura longtemps. Il ne se dénoua qu'en octobre 1861. P. du Bourg, très humblement soumis aux volontés de son ami, se rendit, non à Rome, mais au séminaire de Romans, dont le supérieur était un de ses anciens professeurs du collège de Chambéry. L'excellent homme y vécut très désolé, très découragé, avec le désir quotidien de revêtir à nouveau sa blouse au plus vite. C. Rambaud doit le consoler et le gronder comme un enfant. Il lui écrit, le 10 novembre 1861 : « Je ne veux pas aller me coucher sans commencer... à répondre à votre triste lettre... Patience ! Péronne finira par se laisser comprendre par vous ; ses phrases sont

un peu longues, un peu prétentieuses, mais vous
en aurez bientôt la clef ; au commencement, il m'a
bien aussi donné de la peine... Quant à votre professeur de chinois (1), je suis bien certain que vous
n'êtes pas le seul à ne pas le comprendre. » Mais le
pauvre frère Paul devait être si désolé que son
compagnon ajoute en souriant : « Allons, patience
un peu, mon bien bon frère ; si vous continuez à
être aussi triste, je ferai comme les mamans qui
ont de petits enfants en pension, j'irai vous voir
et je parlerai à vos maîtres pour savoir si vous
êtes vraiment un aussi mauvais élève que vous le
dites, ce dont je doute fort. » En réalité, tout allait
bien, sauf ce maudit latin, avec lequel frère Paul
n'était plus familier. Mais si grande était sa bonne
volonté et son application qu'il rapprit, et fort bien,
sa grammaire. L'année, somme toute, se fût terminée assez agréablement, si C. Rambaud ne lui eût
écrit, le 12 juin : « Je voulais vous réserver une
bonne surprise pour votre arrivée, le 14 juillet, mais
je n'ai pas le courage de garder mon secret. Je
veux que vous soyez comblé de joie pour votre ordination. M. Frossard vient de me donner dix mille
francs d'un coup, pour reprendre les travaux de
l'église. » P. du Bourg, à cette nouvelle qui lui
remet en mémoire de trop cruelles années, traite
M. Frossard d'agent du diable. Son compagnon
essaye de le rassurer en lui envoyant un devis

(1) Il s'agit, je crois, du professeur de dogme.

de M. Pouzet avec toute une série de chiffres garantis par des forfaits d'entrepreneurs. En réalité, cet achèvement de l'église fut une terrible épreuve. C. Rambaud doit avouer « que ce qui devait être une joie... devient au contraire notre bourreau (1). » A la suite d'un accident arrivé à un charpentier, il écrit : « Cette église est ma croix, elle en a la forme et le fond — et la vôtre aussi, mon bon frère (2). » On pourrait multiplier ces citations douloureuses. Enfin, le travail fut terminé en mars 1863. P. du Bourg, ordonné prêtre, revint à Lyon après les fêtes de la Trinité (1864).

L'extraordinaire et très inattendue conséquence de cette détresse financière fut non seulement d'émouvoir MM. Arlès, Girodon, Brolemann, Platzmann (3) et quelques autres notables négociants de Lyon, mais de pousser C. Rambaud et son compagnon à une décision d'une singulière audace. Devant les piètres résultats de la Cité ouvrière, il résolut de renoncer aux huit ou dix mille francs que rendaient péniblement les locations pour transformer les immeubles en un asile gratuit pour les vieillards (4). Mais l'œuvre ne devait faire double emploi

---

(1) Lettre au frère Paul, 24 octobre 1862.

(2) Lettre au frère Paul, 28 novembre 1862.

(3) Lettre au frère Paul, 12 décembre 1863.

(4) Cette transformation s'accomplit au courant de l'année 1866. L'archevêché de Lyon, pressenti, donne son approbation à une œuvre qui « avait déjà reçu un commencement d'exécution... pourvu qu'elle soit en rapport avec les ressources dont vous pouvez disposer. » (Lettre du grand vicaire, M. L. Pagnon, 7 avril 1866.) Le projet conçu par

ni avec les Petites Sœurs des Pauvres, ni avec la
Charité. Elle reposait sur un principe tout différent.
On ne donnait au vieillard vaincu de la vie que
le logement. Il conservait ainsi la possibilité de
vivre avec sa femme, s'il avait encore le bonheur de
la posséder ; sa porte pouvait s'ouvrir quand il le
voulait à ses enfants ; il restait homme responsable
et libre jusqu'à son dernier soupir. Cette conception
si haute de la Charité avait sa source dans une doctrine philosophique et religieuse qui s'était développée naturellement à la Cité dans les épreuves des
années si fécondes de 1861 à 1866.

C. Rambaud, à son retour de Rome, avait dû se
préoccuper de rétablir, dans la limite où il était possible, son œuvre singulièrement désorganisée. Pour

C. Rambaud, au commencement de l'année 1865, avait été
vivement combattu par ses meilleurs amis. Ernest Rondelet, tout en promettant son absolu concours, en ces termes charmants : « Quelque chose que vous entrepreniez, du
reste, vous savez que vous pouvez compter sur moi pour le
plus que je pourrai par an, ou plutôt pour ce que vous me
direz », blâme son cher Camille de ce qu'il appelle sa manie
de changement et d'innovation : « Vous vous demandez toujours ce que vous allez faire et entreprendre, quelle œuvre
nouvelle vous allez créer » et il lui conseille de s'en tenir,
en quoi il a tort, à la Cité ouvrière. (Lettre du 18 novembre
1865). M. Frossard lui écrit, le 29 décembre 1865, qu'il l'aime
trop pour lui cacher son sentiment tout à fait hostile à l'œuvre nouvelle. Craignant d'avoir été trop dur, il lui récrit le
lendemain son angoisse d'homme d'affaires devant une conception ruineuse. Enfin, le 15 janvier 1866, il est presque
gagné par l'intrépide confiance de C. Rambaud, encouragé
d'ailleurs par l'approbation sans réserve de M. et de Mme Arlès-Dufour qui tiennent à être parmi les premiers souscrip-
teurs et aussi par l'élan, presque unanime, des négociants
lyonnais.

retenir et occuper le peu qui restait des enfants de
la première communion, il eut l'idée de faire jouer
des pièces de théâtre. M. Frossard, directeur des
chantiers de la Buire, fit les frais d'une scène ingénieusement et pratiquement machinée. M. Rambaud
s'improvisa auteur dramatique et réussit bien vite
à écrire des drames qui avaient au moins une qualité scénique, le mouvement. Son metteur en scène,
habile d'ailleurs, est le frère Charles. Le succès est
grand. « Dimanche dernier, il y avait, écrit-il à
M. du Bourg, plus de six cents personnes... On a
joué *Pierrot Malade*. Dimanche prochain, on va
faire pleurer. On joue *les deux petits Ramoneurs*...
nous peignons une prison ; l'illusion est complète,
je crains que les sanglots de nos mamans ne cou-
vrent la voix des acteurs (1). » On va loin dans
cette ardeur. La toile du fond de la crèche est prise
pour le théâtre et remplacée par du papier. Pour
les jeunes filles qui chantent à la chapelle, on orga-
nise de petites réunions, danses, rondes, sous la direction d'une vénérable dame, Mme Bernard. Le
résultat apparent est d'amener beaucoup de monde
à la chapelle. Dans presque toutes les lettres de cette
époque M. Rambaud fait une place importante au
récit de ces fêtes comme pour répondre à des objections de M. du Bourg, objections faciles à soupçonner. Le prince de Confi, Bossuet, Rousseau, avec
des préoccupations différentes, ont signalé les dan-

(1) Lettre au frère Paul, 8 décembre 1861.

gers du théâtre. Ce sont ceux de vivre avec des gens passionnés, dangers aggravés, multipliés par l'art, le jeu des acteurs, la contagion de la foule ; l'âme ne peut être impunément agitée jusqu'en ses profondeurs, sans qu'il n'y persiste un long frémissement, ce flot lent et large qui vient encore battre la rive du lac plusieurs jours après la tempête. L'archevêché s'en inquiéta. De perfides lettres anonymes y furent envoyées. M. Bourgelat, grand vicaire, fit appeler M. Rambaud et, « tout en lui parlant avec beaucoup de bienveillance et en louant ses bonnes intentions, lui dit : « Mon cher ami, écoutez « cette parole d'un vieillard : *Tout bien n'est pas « à faire* (1). » Très sincèrement et très franchement, C. Rambaud, scrutant sa conscience, dut reconnaître la sagesse de cette profonde observation. Dissiper une âme n'est pas l'amener à Dieu. On ne passe pas en un instant du rire fou du mélodrame à la prière. Il y faut un assez long intervalle. De plus, le prêtre se doit à lui-même de garder une réserve peu compatible avec cette vie trop mondaine.

Ce malheureux essai ramena M. Rambaud à l'étude d'une question qui s'imposait à la Cité. Les familles ouvrières qui y étaient établies et celles du voisinage n'avaient point d'écoles à leur portée. Frère Charles y avait pourvu par une classe du soir, plutôt mal que bien, par suite d'une santé

(1) *Histoire de la maison*, fol. 52 verso, dans le courant de 1864-1865.

chancelante. M. Rambaud songe, en 1862, à prendre
un frère de Saint-Viateur, puis, en 1863, il cherche
« un homme respectable, un vieux professeur pour
faire l'école du soir (1) » et, en dernier lieu, il a recours aux Frères de la Doctrine Chrétienne. Dès ce
moment, il se préoccupe de leur enseignement, essaye de les faire lire, cherche à savoir pourquoi ils
ne réussissent que peu. Mais, après deux ans plus
ou moins pénibles, les Frères n'ayant plus que huit
élèves, abandonnèrent eux-mêmes la partie. Ils demandèrent à fermer l'école tout en continuant à
habiter dans la maison au nombre d'une dizaine.

Cet échec, à y regarder de bien près, est en
somme facilement explicable, et dû à des raisons
que, fort heureusement, M. Rambaud ne vit qu'in-
complètement. La vérité, autant que je puisse la
dégager de notes obscures et incomplètes et surtout de la connaissance du caractère du fondateur de la Cité, est que le mot de l'Evangile
s'était encore vérifié une fois : toute maison divisée périra. Les Frères apprenaient à lire, écrire
et compter, et savaient par quelle méthode on
réussit à faire entrer ces connaissances élémentaires dans la tête des enfants. Je suis persuadé
que, seuls, livrés à eux-mêmes, ils auraient eu
ici, dans ce domaine étroit, le succès qu'ils avaient
ailleurs. Mais C. Rambaud, déjà consciemment
ou non, voulait, avec la ténacité et l'impétuosité
que nous lui connaissons, faire enseigner aux

(1) Lettre au frère Paul, 28 janvier 1863.

enfants des idées, éveiller leur intelligence et
leur donner une culture à laquelle les Frères n'a-
vaient jamais songé et pour laquelle on ne les avait
jamais préparés. Le résultat facile à prévoir fut
double : les enfants, pris entre M. Rambaud et les
Frères, désertèrent, probablement sur le conseil
des Frères, pour aller dans une autre de leurs
écoles ; les Frères, les écoliers partis, s'empressè-
rent à leur tour d'aller enseigner ailleurs la lecture, l'orthographe et le calcul. Mais, entre temps,
C. Rambaud, en sa qualité d'autodidacte et
d'homme d'action, n'avait cessé de s'occuper de ce
problème de l'école et de lui chercher une solution où nous retrouverons toutes ses qualités et aussi
peut-être quelques-uns de ses défauts. Voici dans
quelles circonstances.

Par je ne sais trop quelle contradiction, mais la
vie humaine en est remplie, le théâtre condamné en
tant que drame ou comédie, se survécut à la Cité
sous la forme opéra. Vers 1866, on y donna avec
costumes et musique l'opéra des *Martyrs*. Ce fut
d'ailleurs la dernière représentation à la Cité.
M. Rambaud ne racontait jamais sans confusion
qu'un de ses enfants, depuis lors fort émancipé,
lui dit : « Ah ! mon père, laissez donc tout cela,
vous vous donnez de la peine bien inutilement (1). »
Le mot était aussi dur que juste. Mais, pour cette
représentation qui fut magnifique, Mme Bernard

_____

(1) *Histoire de la maison*, fol. 54 verso.

avait amené sa couturière, Mlle Jeanne Picolet, pour tailler les costumes et donner aux acteurs quelques indications pour leur chant. C'était au milieu de cette lamentable fin de l'école des Frères. M. Rambaud, qui aimait à causer ses livres et ses projets, si l'on me permet ce solécisme, exposait à ces dames sa conception de l'école, s'improvisait professeur avec la surprenante séduction de son esprit, et créait au jour le jour, avec mille retouches et bon nombre de contradictions, tout un système pédagogique. Il restait, avons-nous dit, huit élèves dans l'école abandonnée par les Frères. Mme Bernard, je crois, s'écria : « Mais pourquoi renvoyer ces pauvres enfants ? Ne pourrions-nous pas, nous-mêmes, leur faire l'école, nous essayerions d'appliquer vos idées, d'expliquer aux enfants le sens des mots, vous auriez toute facilité pour leur apprendre la religion (1). » Après un peu d'hésitation, l'offre fut acceptée.

Cet essai serait demeuré bien précaire et limité probablement à une école du dimanche et du soir si, en mars 1867, Mlle Jeanne Picolet (2), après la mort de son père, ne fût entrée pour toujours à la Cité. Elle y trouva Mlle Mélanie Godin, qui devait y rester peu d'années, mais dont l'esprit philosophique et mathématique eut une heureuse influence sur la formation de la méthode. Ainsi fut fondée

(1) *Histoire de la maison*, fol. 55 recto.
(2) Le père de Mlle Jeanne Picolet était un bon et honnête maître-cordonnier qui mourut à Beynost, près de Lyon.

l'école d'où devait sortir toute une tentative de rénovation de l'enseignement primaire (1).

(1) Nous emploierons bien souvent, dans la suite de ce récit, le nom de *sœurs*, que la voix populaire leur a donné, en parlant des collaboratrices de M. Rambaud. L'expression en soi est entièrement inexacte. Ces dames n'ont jamais formé de congrégation. M. Rambaud croyait, à tort ou raison, qu'il y avait plus d'inconvénients que d'avantages dans ce genre d'associations. Il lui semblait qu'elles étaient aussi peu adaptées aux besoins de la vie moderne que « la chaise à porteur ».

IX

Il est difficile d'imaginer situation plus singulière. Le personnel enseignant de cette étrange école n'a pour tout bagage que beaucoup de bonne volonté et encore plus d'inexpérience. Aucune de ces dames n'a de brevet. M. Rambaud lui-même n'a fait que d'assez médiocres études. Tout doit donc y être improvisé très au hasard, au jour le jour, plus par nécessité que par plan. C'est la pratique — qu'on me concède la comparaison — de Robinson dans son île.

Les huit ou dix enfants, auxquels vinrent s'ajouter quelques camarades du voisinage, sont quelconques. En général, ce sont les fils de très pauvres gens, manœuvres, petits boutiquiers ou artisans, gagnant péniblement leur vie. Ni eux, ni leurs parents n'ont aucune idée sur ce qui leur convient d'apprendre. Comme à M. Jourdain, leur unique ambition est de savoir un peu d'orthographe et de calcul.

Il semble que jamais les conditions n'ont été plus défavorables. Mais, si l'on va bien au fond, quelle

admirable occasion, et qui ne se retrouvera peut-
être jamais à ce degré, de tenter une expérience
plus originale et plus féconde ! C. Rambaud, arrivé
à l'âge de quarante-cinq ans, dans la plénitude des
forces du corps et de l'esprit, pauvre, il est vrai,
de diplômes, mais riche d'expériences et de réflexions, formé par le grand négoce, la pratique de
la charité, les études religieuses et sociales, pouvait
sans entraves du côté des parents, ni opposition
du côté des maîtresses, chercher une solution pratique à ce redoutable problème de l'enseignement
primaire. Il n'aurait, il le savait, ces fils d'ouvriers
que peu d'années, de sept à douze ou treize ans au
plus — jusqu'à leur apprentissage — comment
leur donner en ces cinq ou six années ce qui était
nécessaire à leur vie et, question encore plus redoutable, comment délimiter ce qui, dans l'immense
champ des connaissances humaines, leur était indispensable ? En somme, il pouvait et il lui fallait
décider souverainement, à lui seul, de ces deux
questions capitales dans tout enseignement : la
méthode et le programme.

Au début, on tâtonna beaucoup. M. Rambaud et
ces dames, réunis avant et après la classe, passèrent,
je crois, près d'une année à se dégager de la vieille
pratique scolaire dont ils ne voulaient pas, mais
à laquelle ils avaient été pliés enfants et revenaient
malgré eux par une lointaine et puissante et irré-
fléchie accoutumance. C'est alors que M. Rambaud vit avec la clarté de l'évidence ce que, jusque-

là, il avait seulement soupçonné et senti confusément, que l'homme, étant à la fois esprit et corps, tenant à la fois au monde de l'intelligence et de la matière, devait recevoir, surtout à l'école primaire, un double enseignement. Or, on ne lui en donnait qu'un ; on ne songeait qu'à l'incliner vers la matière. L'enseignement du français, qui aurait pu, jusqu'à un certain point, être un commencement d'initiation aux idées, ne l'y conduisait pas, parce que les mots abstraits, qui leur servent d'expression, ne sont intelligibles pleinement que pour ceux qui ont fait de la philosophie et du latin.

La philosophie présente, groupés en système, les mots *essence*, *substance*, *cause*, *effet*, *accident*, etc., etc., et en donne des définitions adéquates ; le latin les offre discursivement et à demi cachés dans des mots concrets ou des locutions verbales, d'où il faut que le lecteur français les fasse sortir par un effort d'analyse et de réflexion. Cette difficulté bien connue du latin et qui en fait, pour une grande partie, la valeur éducative, tient à son origine. Langue de paysans et de soldats qui, après avoir fait la conquête du monde, voulurent, en parvenus de bon sens, être dignes de leur fortune, elle ne put être pliée à traduire avec précision la langue littéraire, artistique et philosophique des Grecs. Les Romains eurent donc recours à deux procédés : le premier, qui est un aveu d'impuissance, fut l'emprunt direct du mot grec à peine déformé et latinisé par une désinence ; le second, qui est souvent un effort impuissant, fut l'adjonction, à demi-arbitraire, au mot concret, d'un sens abstrait. Ils firent comme nos paysans qui ont plusieurs mots pour désigner le mouton aux différents âges de sa courte vie, et n'ont qu'un mot, le mot *âme*, pour indiquer d'un enfant qu'il n'a pas de vie, n'est pas bien portant, manque d'intelligence ou de bon sens.

Six années de version latine donnent aux jeunes élèves de nos lycées et collèges la possession précise et exacte du vocabulaire de la pensée, une année de philosophie met en ordre ces connaissances fragmentaires. Mais comment faire avec des enfants sans fortune, obligés de gagner hâtivement leur vie ? Doivent-ils pour cette raison ne pas atteindre à la vie intellectuelle ? C. Rambaud ne le crut pas. Si, en 1854, il avait pris la blouse et la casquette plate de l'ouvrier, c'était pour être plus près de lui et l'aider de toutes ses forces, le connaissant mieux, à s'élever dans le domaine de la morale et de la pensée. Un des premiers, il avait entrevu dans la démocratie le souverain des nations modernes. Il croyait donc de tout son cœur qu'il fallait donner à cet héritier des rois *une âme royale*, suivant la belle expression d'Edgar Quinet. C'est pourquoi il n'hésita pas à introduire dans l'école primaire l'enseignement de la philosophie. Cette audacieuse innovation, qui se heurtait à tant de préjugés, est, si l'on veut bien y réfléchir, des plus légitimes, surtout dans la mesure où M. Rambaud l'a préconisée et appliquée.

Il est bien certain que, dans une société où toute autorité tire son origine du suffrage universel, tous les citoyens doivent recevoir un enseignement qui les prépare à leur rôle d'administrateurs de la cité. On ne peut admettre, dans un état ainsi constitué, la coexistence de deux classes : l'une peu nombreuse et instruite, mais impuissante parce qu'elle est minorité ; l'autre très nombreuse et ignorante, mais toute-puissante parce qu'elle est majorité. Le danger social de cette rupture d'équilibre est si évident qu'il faut de toute nécessité y pourvoir. Mais comment, si ce n'est en apprenant à la démocratie à penser, à prévoir et à se décider, même contre ses intérêts immédiats, quand l'intérêt de la nation le demande. Or, il n'y a que la philosophie, non point couronnement des études secondaires, mais fondement de l'école primaire, qui en soit capable. Ce ne doit pas être toute la philosophie, mais la psychologie, la morale et un peu de logique. L'essentiel est de révéler l'enfant à lui-même, de lui donner le sens et le goût de l'observation intime, et, par l'étude des facultés, des passions, des vertus et des vices, de préparer en lui l'homme moral. On pourra et on devra garder tout à côté la grammaire, le calcul, l'histoire, la géographie, qui seront singulièrement vivifiés et éclairés par l'enseignement philosophique, car, ainsi que l'a dit excellemment M. Rambaud, « fortifié par ses efforts et éclairé par la connaissance de lui-même et par celle de l'ordre et de la raison des choses, notre esprit sera en quelque sorte ouvert à tout enseignement et capable de tout travail (1) ».

C'est ce que M. Rambaud a fait avec un sens très vif de la réalité (2). Montaigne, j'en suis sûr, eût aimé le livre que M. Rambaud a publié, en 1869, à Lyon, chez Josserand, sous le titre de *Méthode d'enseignement raisonné*. Il y eût trouvé, réalisé, le programme qu'il avait en partie esquissé dans ses *Essais*.

Ce livre repose tout entier sur une robuste confiance en la puissance de la Vérité (3). L'erreur et le mal lui semblent avec raison sœur et frère. Même dans le domaine religieux, il veut l'union de la croyance et de la foi et dit, avec Mgr Dupanloup, « qu'il ne faut pas parler de la foi du charbonnier, car la foi du charbonnier ne suffit pas au charbonnier lui-même (4) ». Le désœuvrement intellectuel, l'abus des boissons, du tabac, des excitants, ne sont « pas tant, dit-il, la cause de l'abaissement actuel de nos populations que sa conséquence elle-même (5) ». Il ne croit pas qu'il faille passer son

(1) *Méthode*, p. 60.

(2) En fait, car en théorie il est beaucoup trop ambitieux. Cf. *Méthode*, préface, p. XXVII-XXIX.

(3) Peut-être avec un peu d'excès : « Les facultés de l'âme sont comme les graines des plantes ; si les graines ne produisent pas les mêmes fleurs chez tous les jardiniers, c'est parce que les uns les cultivent bien, tandis que les autres les cultivent mal. » *Méthode*, p. 192. M. Rambaud oublie la sélection.

(4) *Méthode*, préface, p. XXXIV.

(5) *Méthode*, préface, p. XXXVIII.

temps « à regretter un passé qui ne peut revenir (1) »;
il aime mieux, en élevant le niveau de l'enseignement primaire, préparer l'avenir vers lequel il se
tourne avec l'espérance et l'allégresse des vaillants
et des forts.

A son élève il apprendra tout d'abord à s'observer
et à se connaître, fidèle non seulement au programme de Socrate mais encore à la méthode socratique. Car il procédera sans cesse par interro-
gations, partant du connu pour aboutir à l'inconnu,
et faisant trouver par son auditeur la réponse nécessaire mais insoupçonnée par lui au début de
l'entretien. Certes, l'exposition est adroite, il y a
dans ces chapitres de commentaires, une singulière
dextérité qui ne doit pas être commune, mais on
ne peut nier que des enfants, même fort jeunes,
de neuf ou dix ans par exemple, ne soient pas
capables de suivre et de s'intéresser vivement. L'art
ici et la trouvaille, c'est d'éviter les systèmes et de
procéder directement par observation, d'apprendre à l'enfant à faire silence dans son âme et d'en
suivre émerveillé la vie intense. C'est une révélation d'une importance capitale. Le monde moral
en est tout entier illuminé. Le domaine de l'inconscient diminue de toute cette conquête et le
bambin se sent déjà homme par la responsabilité.

Mais, dès que l'enfant a pris conscience de lui-
même et se voit penser, M. Rambaud, avec une

(1) *Méthode*, préface, p. XXXIX.

hardiesse qui n'est que du rare bon sens, lui fait faire, sans le lui dire, de la métaphysique. Cinquante ou soixante mots, *signe, nature, cause, effets, forme, essence, accident,* etc., sont expliqués par les comparaisons les plus familières et les plus heureuses. Socrate, j'imagine, se fût amusé à parcourir ces pages. Jadis, à Athènes, au témoignage d'Alcibiade, il fallait, en écoutant son maître, pénétrer jusqu'à l'esprit de ses discours, et les ouvrir comme les statues de Silènes qui enfermaient les images des dieux, sinon on n'y entendait qu'ânes bâtés, forgerons, cordonniers, corroyeurs qui, répétés à satiété, prêtaient à rire aux sots et aux ignorants. Mais les esprits réfléchis et attentifs — puissions-nous être du nombre — y voyaient resplendir la divinité et la vertu. De petits devoirs, rédigés sans notes, attestent que les enfants sont vite capables de l'effort auquel se refusaient quelques Athéniens, contemporains d'Alcibiade.

Ces notions abstraites, ces définitions précises et absolument nécessaires possédées, M. Rambaud introduit ses élèves dans le domaine traditionnel de la philosophie. Il n'innove rien, c'eût été dangereux, et accepte, pour sa commodité, la division classique en trois facultés : sensibilité, intelligence, volonté. Mais, ce qui vaut mieux, il nous y introduit avec une pensée singulièrement pénétrante. A-t-il lu la maxime ironique et vraie de Larochefoucauld qu' « il y a des gens qui n'auraient jamais été

Camille RAMBAUD à 26 ans

amoureux s'ils n'avaient jamais entendu parler de l'amour (1) »? je ne sais, mais il en est persuadé pour l'étude des Passions. Il croit, avec raison, que l'analyse exacte et précise des facultés de l'âme est une évocation des sentiments qui y sont étudiés : « Nous entrons ici dans des détails, dit-il, qui, peut-être, sembleront longs, mais on ne saurait apporter trop de soins à faire comprendre aux enfants ce qu'est la sensibilité... c'est un moyen pour les rendre sensibles au bien (2) ». On respire, en lisant ces pages, une sérénité et une hauteur de pensée qui font de tout ce livre de philosophie une suggestion de nobles tendances, un appel à la pratique du bien et de la vertu. Il n'y a pas un devoir dont il ne fasse aimer l'obligation si rude soit-elle. Le bonheur d'ailleurs est lié dans sa doctrine non pas à notre satisfaction égoïste mais à l'idée de sacrifice. Nul ne peut être heureux s'il n'aime ; or « l'amour, dit-il avec Leibnitz, c'est mettre son bonheur dans le bonheur d'un autre (3) ». Il y ajoute encore cette pensée, qui explique toute sa vie et son long et persévérant renoncement à tous les honneurs, à toutes les élégances et à tous les plaisirs : « tout ce qui se fait de grand sur la terre se fait au nom de l'amour (4) ».

En somme, M. Rambaud, en acceptant en géné-

(1) *Méthode*, p. 188, il dit : « Si on ne nous apprend pas à aimer, jamais nous ne saurons aimer. »
(2) *Méthode*, note 1, p. 167.
(3) *Méthode*, p. 153.
(4) *Méthode*, p. 149.

ral pour le fond les idées de saint Thomas, et pour la forme l'ordre traditionnel tel qu'il se présente dans le manuel de Jourdain, qu'il devait avoir sur sa table, a fait néanmoins une œuvre très originale et particulièrement adaptée à son objet. Il a vu nettement qu'il fallait que l'enfant sût observer les mouvements de son âme et eût la connaissance de lui-même, qu'il possédât le vocabulaire des idées, que, par l'analyse et l'étude des passions, des vertus et des vices, il s'élevât jusqu'à la vie du cœur et trouvât dans une raison éclairée et une volonté raisonnable les moyens de faire le bien, d'être bon fils, bon père, bon citoyen. La méthode socratique, telle qu'il l'a pratiquée, est un véritable accouchement d'idées qui convient entre toutes à l'enseignement de la philosophie à l'école primaire. Le succès de cette méthode ne peut être contesté, à la Cité du moins. Mais peut-on généraliser cette pratique ? Et à quelle condition ? Voilà deux questions fort graves auxquelles nous répondrons provisoirement en analysant une correspondance de M. Rambaud, qui était allé à Genève pour essayer d'appliquer sa méthode.

Les lettres vont d'octobre 1867 à février 1868. Il semble bien qu'entre temps M. Rambaud soit revenu une ou deux fois à Lyon : une première fois en fin d'octobre, une seconde fois en janvier. Mais, néanmoins, son séjour réel à Genève a dû dépasser trois mois. L'ensemble de son système était arrêté et peut-être rédigé en partie ; il allait le soumettre à

l'approbation de Mgr Mermillod et lui demander
l'autorisation d'en essayer l'application dans une
de ses écoles de Frères. Dès le 22 octobre 1867,
l'évèque de Genève, séduit par la vive intelligence
de M. Rambaud et voyant clairement ce qu'il y
avait d'ingénieux, de profond et d'utile dans la
rénovation de l'école primaire par la philosophie,
lui accorde avec une rare générosité de cœur tout
son appui. Il veut le garder chez lui, le conduit
visiter toutes ses écoles et, en novembre (1), non
seulement il lui permet d'enseigner la philosophie dans une école, mais encore il réunit les Frères
et leur parle avec plus d'énergie que M. Rambaud ne l'eût espéré.

C. Rambaud, emporté par l'espoir et avec tout
l'élan de sa belle imagination, travaille sans relâche à dicter à deux petits secrétaires un résumé
de son système. Il va si vite qu' « ils ont bien
de la peine à écrire lisiblement (2). » Car il sent
que l'objection principale des Frères, formulée
ou non, est dans l'absence d'un livre, d'une méthode. Mais il s'apercevra bientôt que la difficulté réelle n'est pas là. Elle est inhérente à la
philosophie elle-même. Il faut non seulement « que
les Frères comprennent, mais encore qu'ils sa-
chent assez pour expliquer eux-mêmes, pour renoncer à leurs routines (3). » Une absence en

(1) Lettre du 6 novembre 1867.
(2) Lettre du 12 novembre 1867.
(3) Lettre du 11 décembre 1867.

janvier lui révélera combien son succès, en apparence décisif, puisqu'il a l'approbation sans réserve de l'évêque et l'adhésion sincère des jeunes Frères du moins, est pourtant douteux et précaire et confine à l'insuccès. « En mon absence, lisons-nous dans une lettre du 15 février 1868, on n'a presque rien fait. Je comprends mieux pourquoi maintenant. Ils ne peuvent pas ; ils ne savent pas faire. » Cette lettre trahit un véritable découragement. L'écueil de la méthode est nettement signalé dans la dernière lettre, tous les mots en sont à méditer sérieusement : « Le difficile est décidément la science du professeur, le savoir faire, ce je ne sais quoi qui fait que l'on poursuit une idée, que l'on sait se retourner. L'avenir dira si cette difficulté peut être surmontée (1). »

En réalité, partout et pour toute science, il faut un véritable professeur, si l'on veut qu'un enseignement porte tous ses fruits. Nous savons par expérience que les maîtres vraiment dignes de ce nom sont rares, surtout quand il s'agit non plus seulement de faire un cours doctrinal, mais d'éveiller des esprits à la pensée. Il faut, pour avoir des professeurs de ce genre, des accoucheurs d'idées, des excitateurs de pensées, un recrutement et une formation toute particulière. C. Rambaud, en allant à Genève et en essayant de convertir à ses idées des Frères enseignants, âgés de trente à cinquante

(1) Genève, 17 février 1868.

ans, avait couru très bénévolement à un échec. Il aurait dû mieux les connaître après les avoir vus deux ou trois ans à la Cité. Mais l'homme, même le plus détaché des choses du monde, vit d'illusions. Le succès n'était possible qu'avec les dames qu'il avait formées et parce qu'elles étaient femmes, et s'étaient données de tout cœur, sans arrière-pensée, pour réaliser ce que M. Rambaud voulait, ou avec de jeunes hommes ayant fait de bonnes études classiques, unissant le latin et la philosophie et consentant à se dévouer à l'instruction et à l'éducation philosophique des enfants du peuple. Mais du côté des élèves, dans cette ville si intelligente de Genève, le succès fut complet. J'ai pu en recueillir des témoignages probants. Aucun de ceux qui eurent le bonheur d'entendre les leçons de 1867-1868 n'a oublié l'incomparable professeur, et tous, malgré tant d'années écoulées, éprouvent encore l'émotion profonde suscitée dans leurs âmes par cette révélation inattendue du monde des idées, qui, de la classe monotone et terre à terre, faisait un jour de fête.

X

*Voyage à Rome. — Audience du Pape, 8 juillet 1869. —
Approbation de la méthode d'enseignement raisonné.
— Voyage à la Chartreuse.*

C. Rambaud, de retour à Lyon, retrouvait toujours aiguë et inéluctable cette terrible crise financière née de la construction de l'église et de la Cité
ouvrière, devenue Cité des vieillards. L'année 1869
se passa tout entière à faire face aux nécessités
d'argent pressantes et au rêve de transformer
dans le monde entier l'enseignement primaire catholique. Le projet, sur lequel nous n'avons que
peu de renseignements, ne me semble pas douteux. On peut le rétablir assez aisément dans ses
lignes principales. Déçu dans son espoir immédiat
d'amener les Frères à être les propagateurs de
l'enseignement raisonné, C. Rambaud ne perdit
pas courage. Ce demi-échec, facile à prévoir, ren-
fermait une leçon et ouvrait une voie nouvelle.
Mgr Mermillod n'avait pas vu sans un peu d'irritation les Frères lui échapper et l'habitude, la routine, pour employer un mot cité plus haut, l'emporter sur une méthode qui répondait aux nécessités d'une société démocratique et aux progrès
accomplis dans le domaine des sciences naturelles

et mathématiques. Sans hésiter, dès les bonnes feuilles du livre de C. Rambaud, il lui envoie une adhésion motivée (1). « Le peuple, déclare-t-il, a soif de science... on sent dans les courants populaires un besoin avide de connaître et de *se rendre raison* des choses... Que faire devant ce mouvement ?... rester dans l'ornière d'une routine insuffisante, c'est commode pour la paresse, mais c'est volontairement abdiquer devant des droits nouveaux. Quant à moi, cher ami, je répète ce que j'ai souvent proclamé, c'est qu'il est sage de faire aujourd'hui ce que l'Eglise a toujours fait : de diriger ce mouvement, car il y a là une *véritable ascension des âmes* (2). »

C'était clairement indiquer, C. Rambaud le comprit ainsi, que, puisque les Frères s'étaient refusé à entrer dans la bonne voie, il fallait avoir recours à Rome et s'adresser au Pontife Suprême. Nous n'avons pas les lettres qui furent échangées avec l'évêque de Genève, mais nous savons de source sûre qu'il promit d'appuyer ce projet. Avec l'impétuosité que nous lui connaissons, M. Rambaud s'embarquait à Marseille, le 17 juin 1869, en compagnie d'un ami, M. César Roque, négociant lyonnais. Quelques billets heureusement conservés nous permettent de suivre, au jour le jour, les fluctuations de cette âme ardente. Ils sont adressés aux trois maîtresses de l'école de la Cité,

(1) 10 juin 1869.
(2) *Méthode*, p. VII-VIII.

Mlle Jeanne Picolet, et aux deux sœurs Mélanie
et Anna Godin. A peine est-il arrivé en vue du
port, « soleil magnifique ; mer toute blanchissante
et nous promettant de nous bercer peut-être un
peu trop fort », qu'il s'inquiète et se demande :
« Pourquoi..., pourquoi ce voyage ?... Mais il n'est
plus temps de s'adresser cette question, il faut
marcher et espérer qu'il servira à quelque chose.
Mon pauvre cœur est tellement à Lyon, à la Cité,
près de vous, que cette absence m'est peut-être
une véritable, une excellente retraite... j'y verrai
plus clair en revenant (1). » Le grand enthousiasme
est tombé. Les beaux rêves se sont envolés aux
cahots des wagons qui l'ont emporté de Lyon à
Marseille. Comment seul agiter cette foule d'hommes occupés, comme les fourmis, à édifier une immense taupinière, sans lever la tête une seule fois
vers le ciel ? Que peut la pensée toute nue ?
« Écrire, écrire des livres, ce n'est rien, des livres
qui, peut-être, ne se liront pas. C'est facile d'avoir
de belles idées, mais le beau c'est de les appliquer.
D'ici, je vois bien de belles choses à dire, écrire,
expliquer... mais à qui ?... par qui ?... (2) ». C'est
le supplice de l'homme fait pour l'action et le gouvernement. Le philosophe, l'écrivain, l'artiste ne
connaissent pas ces angoisses. La vérité, la beauté,
l'art leur suffisent. Sans se détacher de l'application, de l'action, ils n'en ont pas besoin pour être

(1) Marseille, 16 juin 1869.
(2) Rome, Samedi, 19 juin 1869.

heureux ; il leur suffit de penser, d'écrire, de peindre, de sculpter ou même de rêver. C. Rambaud ne
se rassure un peu que par une pensée, comme seules peuvent en concevoir les âmes arrivées aux
sommets de la vie morale : « En voyant cet immense mouvement du port de Marseille, il me
venait une idée. Il me semblait que toutes ces choses, si étrangères à Dieu, étaient comme le tronc
et les feuilles du grand arbre de l'humanité et que
les saints étaient comme les fleurs et les fruits de
cet arbre (1). » Ce mouvement de commerce, d'armes, de chemin de fer est la condition nécessaire
pour que l'humanité marche, mais « ce n'est que le
support », ce ne sont pas « les fruits de l'humanité ».

A Rome, il cause de son œuvre. Il constate avec
plaisir que « notre livre, notre école paraît devoir
intéresser ici... le supérieur du séminaire Français,
M. Dugas, etc... ont compris de suite et ils veulent que je présente mon livre au Saint Père...
voilà toute une affaire. Seulement, insensé que j'ai
été, je ne l'avais pas seulement emporté avec moi ;
j'ai eu un moment de trop d'humilité, ou plutôt
de doute et de découragement (2)... »

J'insiste sur ce dernier mot, il est une notation
très précise et très sûre de la timidité de cet homme
qui, par doute, humilité, et bien souvent découragement, intimidait ceux qui l'entouraient et leur

(1) Rome, 19 juin 1869.
(2) Rome, 21 juin 1869.

laissait prendre pour de la fierté et de la hauteur ce qui n'était que la réserve d'une âme inquiète et scrupuleuse.

Il se demande avec une touchante naïveté : « Aurions-nous, par hasard, trouvé quelque chose de bien ?... Ce serait bien beau si un livre contenant les devoirs de vos enfants recevait une approbation du Pape, du Roi des Rois (1)... » Enfin, le livre arrive. C'est, dans la grande galerie du Vatican que le rêve ébauché à Lyon, bien ébranlé à Marseille, prend corps. Il voit, avec son admirable et décevante imagination, le Pape imposant à toutes les églises chrétiennes du monde l'obligation d'asseoir tout enseignement sur la philosophie. Voilà la réalisation de ce beau mot de Mgr Mermillod : « *Une véritable ascension des âmes.* »

Mais l'audience promise était différée de jour en jour, au milieu des préparatifs du Concile, et M. Rambaud passait, au hasard d'une causerie, de la tristesse à la joie. Cependant, toutes les fois qu'il rencontrait un homme vraiment intelligent et versé dans l'étude des questions sociales, l'accord se faisait vite, sinon sur les moyens, du moins sur la nécessité de réformer l'école primaire. L'abbé Freppel fut particulièrement intéressé par la méthode et n'hésita pas à dire à son interlocuteur qu'il était certainement dans la bonne voie, dans le vrai (2).

(1) Rome, 21 juin 1869.
(2) Rome, 1ᵉʳ juillet 1869.

Enfin, le 6 juillet, le Saint-Père lui donne audience avec une grâce charmante : « Sur la belle supplique que j'avais préparée, il a écrit une belle bénédiction en trois lignes, de sa main. Il fera examiner le livre et, s'il y a lieu, nous aurons une lettre. Après cela... il reste peu ou rien à désirer sur la terre... le reste ne peut venir que de Dieu (1). »

Nos deux pèlerins, M. Rambaud et M. Roque, étaient ravis. Sur le conseil de M. Freppel, ils se hâtèrent d'aller voir Naples, Herculanum, Pompéi. Aucune lettre ne nous a été conservée de cette course rapide. Le retour se fit par la Toscane et l'Ombrie. Florence, Sienne, les émeuvent profondément : « Qu'étaient-ce donc que ces républicains du XIVᵉ et du XVᵉ siècle ? Où trouvaient-ils de l'argent, du temps, de la force, des artistes pour bâtir de telles églises, de tels monuments, des églises immenses toutes en marbre blanc et noir, dur comme le fer, portes, chaires, autels de bronze, pavés de bronze et de marbre. On comprend que ces époques aient produit des saints (2). »

Tout en se hâtant vers la France, dans cette évocation de souvenirs si glorieux, M. Rambaud ne peut s'empêcher de penser à son livre. « Il me donne, écrit-il, bien du souci : il faudra le payer s'il ne se vend pas... Frère Paul me disait bien qu'il s'en était vendu quelques-uns, mais il ne dit

(1) Rome, 7 juillet 1869.
(2) Sienne, samedi 17 juillet 1869.

pas combien (1). » Quelques jours plus tard, il écrit de Pise : « Frère Paul ne m'annonce guère de bonnes nouvelles de mon livre : décidément, il sera bon pour plier toutes sortes de petites choses (2). » Son seul espoir est dans une lettre du Pape. Elle vint, grâce à l'ardent patronage de Mgr Mermillod, beaucoup plus vite qu'il n'est coutume. Le 11 août 1869, elle apportait, en beau latin cicéronien, un remerciement pour l'offre du livre, et une approbation limitée à la supplique et à l'intention qu'elle contenait « de former l'âme des enfants et des adolescents à l'amour de la religion, de l'honneur, de la famille et de la patrie, ainsi qu'au goût du travail et de l'industrie (3). »

Était-ce tout ce que M. Rambaud attendait ? Je ne le crois pas. S'il ne se fût agi que d'une satisfaction d'amour-propre, il avait lieu d'être content ; mais il n'y trouvait pas le souhait qu'il espérait en faveur d'une rénovation de l'école primaire par l'enseignement de la philosophie. D'ailleurs, l'heure n'était favorable ni aux sages réformes, ni aux longs projets.

A peine rentré à Lyon, M. Rambaud fut ressaisi par l'écrasant souci des dettes criardes et le chagrin que lui donnait son père malade à Tullins. Il y courut et nous trouvons dans un mot griffonné à la hâte, sans date, une peinture de ce tempé-

(1) Rome, 7 juillet 1869.
(2) Pise, 18 juillet 1869.
(3) *Méthode*, page non numérotée au début du volume.

rament de feu, possédé du désir de l'action, frémissant d'être retenu oisif, loin de son œuvre,
même par la piété filiale : « Voici que je suis invinciblement retenu ici à faire le métier de bonne
d'enfant, passant d'un banc de jardin à l'autre,
causant de rien, et tous mes soins se bornant à
verser de temps en temps un verre d'eau ou d'im-
perceptibles gouttes de vin de Bordeaux à mon
pauvre père qui va mieux. » Et un peu plus bas,
il écrit : « Je regarde pleuvoir, feuillette des livres
tout en suivant la conversation et je mène en résumé la vie que désirent tant de gens, et qui est
bien la plus horrible des vies. — Vivre c'est agir,
agir c'est produire... Voici une démonstration philosophique que nous savons par cœur. Et on ne
se soustrait pas à cette vérité sans souffrir. »

Le pauvre père ramené dans son appartement
du cours Morand, M. Rambaud s'achemina vers
la Chartreuse, en rêvant de construire pour son
école une salle des ARTS ET SCIENCES avec « un beau
placard vitré dans lequel on placera la machine
électrique, les constructions de sœur Mélanie, etc.,
etc. (1) », et aussi de trouver quelques ressources
pour faire taire les créanciers. Il est probable que
sa requête fut accueillie favorablement, car le 17 octobre, il annonce qu'il reviendra avec un religieux
tout blanc. Ce religieux « logera à la maison un
ou deux jours et verra les enfants, mais il est peu

_____

(1) La Grande-Chartreuse, 13 octobre 1869.

expert en telles choses. Ce sera pour le coup
d'œil. » Cela gâte évidemment la joie de M. Rambaud. Toute sa vie il a souffert de côtoyer les ignorants même bienveillants et bons. C'était chez lui une espèce d'incoercible dépit qui le faisait alternativement pâlir et rougir.

XI

Tous ces beaux projets furent interrompus par
la guerre funeste de 1870-1871, ou plutôt furent
orientés vers des idées nouvelles suggérées par la
vision de l'Allemagne victorieuse, les longues méditations sous la tente pendant le siège de Metz,
les causeries, l'observation immédiate pendant la
captivité dans les baraquements de Kœnigsberg.

Dès que les hostilités furent imminentes,
M. Rambaud courut à Paris, l'âme dévorée par
ce feu du sacrifice que nous connaissons. Il allait
non seulement se donner, mais encore offrir le
concours de ses trois sœurs comme ambulancières.
Le D\u2019 Ozanam s'y refusa tout net. Jamais il ne
lui arriverait de conduire à nouveau des sœurs
sur le champ de bataille. Il n'oublierait jamais
ses craintes pendant la nuit terrible de Mentana (1).
M. Rambaud conseillait donc à ses collaboratrices

(1) Lettre sans lieu ni date à sœur Jeanne, mais qui est
très probablement de Paris, du 16 au 18 juillet 1870.

d'attendre avec patience, à Lyon, la volonté de
Dieu et de donner tous leurs soins aux préparatifs
de la distribution des prix qui avait lieu, à cette
époque, vers le 15 août.

Quant à lui, il s'était engagé, moitié par système, moitié par irréflexion, dans une impasse. De
même qu'il avait créé sans autorisation son petit
hospice de la rue Vauban, sa Cité ouvrière de la
rue Rabelais, puis son école, dans l'intime conviction que le bien peut et doit s'en passer (1), il
était parti pour Paris et, de là, pour Metz en aumônier volontaire, libre de toute attache officielle
et n'en voulant point. Le résultat, ce fut de se heurter à d'inextricables difficultés qui faillirent, suivant ses propres expressions, le faire « revenir
bredouille ». Mais, par le jeu singulier des événements, lorsqu'il est bien convaincu qu'il doit quitter l'armée, qu'il ne peut y avoir de place pour lui,
l'armée est cernée dans Metz et l'aumônier libre
est bel et bien forcé d'y rester. Je ne résiste pas
au plaisir de citer ces beaux raisonnements si fortement heurtés par les faits. Il annonce, le lundi
1er août 1870, son retour imminent : « Cependant,
ne dites rien encore, car tant d'hommes considé-
rables s'occupent de nous que je n'oserai pas

<hr>

(1) Il n'avait pas oublié l'intervention funeste du Prince
Napoléon-Bonaparte et de son agent M. de Colmont, dans la
constitution de la *Société de la Fabrique Lyonnaise*, réduite
par eux à une Société de secours mutuels et à une Caisse
de retraites, et il en gardait, à tort ou à raison, une invincible méfiance contre l'immixtion de l'Etat.

même leur dire qu'ils n'aboutiront pas... Mais, depuis quelques heures, la lumière semble s'être faite en moi... et je ne crois plus que le gouvernement puisse accepter les concours libres et gratuits...

« C'est un mal sans doute, car les soldats blessés resteront souvent sans secours sur le terrain... Mais l'organisation de l'armée ne se prête pas à ces combinaisons charitables, tout y est réglé, casé, tout y obéit à la plus sévère discipline... Un corps d'armée est suivi à peut-être plus d'une lieue en arrière par un monde de voiturières, cantinières, marchands, mauvais soldats, mauvaises personnes, etc... Un prêtre ne peut se tenir là... Il y a impossibilité pour celui qui n'a pas sa place officielle au centre de l'armée, à côté des Etats-majors... et à moi, *il ne pouvait pas me convenir d'accepter une place officielle* qui m'engageait pendant tout le temps de la guerre à une obéissance passive. »

Ce soldat d'avant-garde, ce franc-tireur de la pensée et de la charité, nous a livré tout son secret d'indépendance. Une lettre écrite le 13 août, à 9 heures du soir, sur le bureau de l'instituteur de Mey, aux portes de Metz, y ajoutera encore quelques traits. Il s'est installé dans cette maison abandonnée, probablement parce qu'elle était très isolée, avec l'aumônier officiel, M. Jacques. « En attendant de m'étendre sur une des tables, je suis installé au pupitre du grave instituteur, j'use de son papier et j'admire les innombrables cahiers imprimés à mille colonnes que le pauvre instituteur est obligé de remplir chaque soir, afin que Sa Majesté le ministre de l'Instruction publique puisse connaître tout ce que font chaque jour les millions d'enfants qui peuplent les 35.000 écoles de France... l'école est ornée de plusieurs portraits de l'Empereur, etc... D'après le registre, l'école, dans les grands jours, compte huit garçons et sept filles dont les noms sont : Joséphine Maljean, Marie Maugra, Marie Masson, Eugénie Dubois, Anne Londig... Mais j'oublie que les garçons vous intéressent beaucoup plus que les filles... Le premier de la première division s'appelle donc Auguste Ory... » Il n'a jamais pu comprendre la nécessité absolue, je ne dis pas de tant de registres, mais d'un certain nombre. Car le zèle, le dévouement, le devoir professionnel, ne suffisent pas toujours. Il vient une heure où il est besoin de se rappeler l'existence d'un contrôle si bienveillant et même si inoffensif qu'il puisse être. En outre de cette paperasse un peu lourde et trop encombrante quelquefois par excès de précision, on peut tirer de très utiles renseignements. La vie de milliers de classes s'évoquera devant un esprit assez vigoureux pour réduire tous ces détails à un petit nombre d'idées et en tirer une loi. Beaucoup de progrès eussent été impossibles sans ces cahiers d'instituteurs consciencieusement tenus.

Mais nous ne nous attarderons pas à ce rôle un

peu passif de Metz où tout l'intérêt n'est que dans les idées inspirées à M. Rambaud par le spectacle de la guerre et dans quelques croquis d'une émouvante simplicité. La guerre lui apparaît, à lui, homme de pensée, de rêve généreux, d'apôtre de la bonté, par le même côté qu'à Pascal : « En voyant défiler toute la division de la garde impériale, en voyant ces hommes qui n'ont plus rien d'humain, j'apprends à voir l'humanité sous une autre face... Quelle terrible chose que l'homme vu de ce côté (1). » Ce sont « les trognes armées » moins le trait fier et pittoresque. « La vie de camp me semble une singulière vie de désœuvré pour ceux qui n'ont pas à étriller leurs chevaux ou à faire la cuisine, sauf les jours de combat et de marche bien entendu... Mais Dieu n'est pas là... La guerre, c'est l'orage, le tonnerre, la grêle... quel désordre, quel gâchis d'hommes, de bêtes, de choses et tout cela dans les conditions les plus désordonnées, les plus anti-humaines (2) !... »

A côté, il y a le lugubre spectacle des ambulances, lorsque l'armée, se repliant sous Metz, abandonne une à une toutes ses positions avancées. Quelle prodigieuse accumulation de douleurs ! Les âmes ne sont plus assez grandes pour les sentir toutes. On passe vite comme ce sergent d'infirmiers dont il trace l'inoubliable silhouette. C'est le 1er septembre 1870, après la sanglante et

(1) Metz, 30 juillet 1870, samedi.
(2) Mardi, Metz, 2 août 1870.

inutile journée de Noisseville, les cacolets ramènent les blessés à Metz. « Un sergent d'infirmiers, chargé de compter, je crois, les blessés et les morts, s'en allait les enjambant et les tâtant les uns après les autres, pour savoir s'ils étaient vivants, et disant : Ah ! ça bouge, ça. » Voilà tout, et il le faisait simplement, car c'était un bon garçon (1). »

D'un trait aussi sûr, il note la lente désorganisation de l'armée par l'inaction, les ordres et contre-ordres, les faux-bruits les plus extravagants mollement démentis, la torpeur calculée du maréchal Bazaine, les vivres gaspillés au début, tardivement réquisitionnés, puis distribués d'une façon scandaleuse, les officiers recevant en abondance du pain blanc, les soldats réduits à 500 puis à 350 grammes d'un pain de paille et de son. Aussi, dès le 12 octobre, on sent si bien que tout est perdu que les soldats, en entendant le canon des forts tirer lentement et rarement, disent : C'est pour le roi de Prusse. « Les soldats s'en vont tristes, uniquement préoccupés de savoir où ils trouveront à manger. Partout les chevaux s'affaissent sous leurs cavaliers. Aujourd'hui, nous en avons vu un qui s'est affaissé dans l'eau en buvant ; on n'a pu le relever, il s'est noyé dans soixante centimètres d'eau ; le vent semble les faire tomber (2). » Le mot de trahison est sur tou-

(1) Abbé Rambaud, *le Siège de Metz*, p. 100.
(2) Abbé Rambaud, *le Siège de Metz*, p. 177.

tes les lèvres. Les généraux n'osent plus se montrer.

Dès le 26 octobre, les rumeurs les plus contradictoires circulent à dessein. La capitulation, dit-on, est signée, mais les officiers seront seuls prisonniers et les soldats et sous-officiers seront renvoyés dans leurs foyers. Dans cet espoir mensonger, l'armée infortunée rend ses armes. Le 28 au matin, elle se réveille frémissante, indignée, en apprenant qu'elle a été livrée intacte, non vaincue, et doit être internée en Allemagne.

A ces nouvelles, M. Rambaud, qui était avec l'abbé Gromaries à Queuleu, attendant une sortie, revient en hâte à Metz pour essayer d'obtenir des autorités prussiennes l'autorisation d'évangéliser les pauvres soldats prisonniers. Mais en arrivant à la porte Mazelle, ils rencontrent les longues colonnes qui défilent sous la pluie, mornes, hâves, épuisées par les dures privations du blocus, entre deux haies de soldats prussiens. Le cœur de M. Rambaud se fend : « Partons, partons avec eux... Non, c'est impossible, on ne peut laisser ainsi tout un peuple sans prêtres ; vouloir suivre les soldats pendant cinq ou six cents lieues avec un sac sur le dos, à travers la boue, paraîtra peut-être une entreprise folle aux yeux de beaucoup... et qu'est-ce que cela fait (1) ? »

La pensée de Lyon, de son œuvre, de ses pau-

____

(1) Abbé Rambaud, *Six mois de captivité*, p. 4.

vres sœurs, de M. du Bourg, ne peuvent le détourner de ce devoir impérieux. Il congédie son compagnon en le priant d'avertir M. Gillet de Lyon de sa détermination, refuse les offres bienveillantes de M. Worms, banquier, qui voudrait lui avancer de l'argent, et, avec un sac et un bâton, confiant en la Providence, il se met à la recherche de quelque régiment connu. A la ferme Belle-Croix, au dessus du fort des Bordes, il trouve, au bord de la route et entouré de son état-major, un général prussien. « On dit que c'est le prince Frédéric-Charles, grand Allemand, rappelant par la forme de son casque et sa belle barbe les anciens rois germains, tels que nous nous les représentions dans nos têtes d'écoliers. »

« Je m'approche timidement en lui demandant la permission de suivre nos soldats dans l'exil. « — Oh ! Monsieur, me répond-il, vous êtes libre, « vous n'avez pas besoin de permission ; allez, « allez, vous faites bien, très bien ; toutes les au- « torités prussiennes vous protégeront (1). »

Quelle triste route jusqu'à la gare de Cologne, les pieds dans la boue, sous la pluie incessante, les nuits passées en plein air dans les champs détrempés, enfumés plutôt que chauffés par le bois vert des feux de bivouac, transis de froid, affamés malgré les efforts louables du gouvernement prussien pour leur donner à manger au moins une fois

---

(1) Abbé Rambaud, *Six mois de captivité*, p. 7.

par jour, aussi les soldats ne cessaient de lui demander s'il était, lui aussi, prisonnier : « Pas du tout, leur répond-il, les prêtres ne sont jamais prisonniers. Je suis le prisonnier de Dieu, de vous, mais non des Prussiens... Je serai votre curé, j'irai vous voir, je vous dirai la sainte messe (1). » En attendant, avec cette singulière autorité de conducteur d'hommes, il calme et encourage les soldats, et obtient du capitaine chargé de les conduire quelques adoucissements à une discipline peut-être nécessaire, mais en tout cas bien rude pour ces pauvres malheureux à moitié empoisonnés par la viande de cheval corrompue mangée à Metz. Enfin, le mercredi 9 novembre, l'immense convoi arrive en gare de Kœnigsberg. Ce terrible voyage avait duré douze jours.

Après un défilé, un peu long, à travers toute la ville, « le gouvernement prussien ne devant pas être fâché de montrer un peu ses prisonniers afin d'encourager son peuple aux sacrifices que demande la guerre (2) », on les interna dans un bâtiment tout neuf en briques rouges et de fort belle apparence. Le colonel allemand Schulz, qui devait toujours se montrer bienveillant, sur un mot de M. Rambaud, renonce à le loger avec cinq ou six adjudants de dragons et lui donne un appartement pour lui. « Ce qu'on appelle ma chambre est une vaste salle voûtée avec des murs d'un

(1) Abbé Rambaud, *Six mois de captivité*, p. 7.
(2) Abbé Rambaud, *Six mois de captivité*, p. 69.

mètre d'épaisseur et munie d'un haut et énorme poële de faïence dont le besoin ne se fait pas encore sentir (1). « Les hommes sont divisés par escouade de vingt-cinq, et chaque escouade, ayant à sa tête un caporal prussien, va prendre possession de sa chambrée.

C'est ici que commence l'œuvre peut-être la plus merveilleuse de cet homme remarquable. Seul, sans la connaissance de l'allemand, ignorant complètement l'organisation politique et militaire de nos adversaires, en présence de plusieurs milliers de soldats, un peu plus de cinq mille au début de novembre, et, en décembre douze mille, irrités par la défaite, hantés par l'idée de trahison, condamnés, jeunes et pleins de sang, au supplice le plus cruel qui est l'inaction forcée, il saura calmer les défiances allemandes, consoler et animer d'invincibles espérances les prisonniers.

Tout d'abord, il s'agit de savoir où sont les malades et quels sont les projets du gouvernement prussien. Nous ne le suivrons pas dans ses courses émouvantes à travers les hôpitaux où se meurent de consomption et de petite vérole les infortunés soldats de Metz, tout prêtre, j'en suis sûr, eût rempli d'un même cœur ces devoirs de suprême consolation, mais nous irons tout droit aux baraquements où se développeront à l'aise ses puissantes facultés d'organisateur.

(1) Abbé Rambaud, *Six mois de captivité*, p. 79

M. Heubach, lieutenant préposé à la garde du camp, lui avait annoncé que l'on construisait sous les murs de la citadelle de vastes et nombreuses baraques qui formeraient le camp des prisonniers. Le lendemain, 12 novembre, M. Rambaud part en reconnaissance. A tout hasard, au risque d'être arrêté par la sentinelle, il franchit le pont-levis et, à travers une boue horrible, arrive au camp. « Mais au lieu de trouver de simples baraques, je trouve de vraies maisons en bois et plotets ou larges briques, c'est ainsi que sont construites la plupart des habitations rurales de ce pays. Cela m'effraie ; la Prusse pense donc nous garder bien longtemps ?... Chaque maison a cinquante mètres de long sur dix mètres de large ; elle est divisée en dix chambres dont chacune pourra contenir de vingt à vingt-cinq hommes ; il y a un plancher et un plafond en bois ; les tuiles sont remplacées par du carton goudronné. Un gros poêle en fonte est établi au milieu de chaque pièce ; il n'y fera pas froid, mais gare les rhumatismes, car si on nous y met bientôt, rien ne sera sec (1). »

Fort attristé et soucieux, M. Rambaud rentre dans sa chambre casematée. Il y apprend par le pasteur catholique, M. Dinder, et le lieutenant Heubach qu'il est suspect et qu'on se propose de le reconduire à Metz. Un amical entretien avec le général Von Borcke, gouverneur de la province, dis-

(1) Abbé Rambaud, *Six mois de captivité*, p. 81.

sipe ces nuages et il finit par obtenir une carte de
circulation, d'où il exige qu'on raye : *le soussigné
C. Rambaud, prisonnier de guerre*. Aussitôt, il entreprend avec succès toute une série d'habiles négociations pour qu'on édifie une chapelle au milieu
du camp des baraques. On ne peut laisser ces
hommes croupir dans un repos forcé, sans parler
à leur cœur, sans donner un aliment à leur intelligence, sans les arracher à l'horrible nécessité de
dormir jour et nuit, pelotonnés dans une couverture, sur la paille. Dès le 20 novembre, il est au-
torisé à dire la messe dans un long corridor case-
maté de cinquante mètres de long sur cinq ou six
de large. Pour occuper les trop longues soirées,
il imagine de faire un cours d'histoire et sa pensée
va tout droit à l'histoire romaine. Il trouve dans
un cabinet de lecture français, rue Fleschanken,
l'ouvrage de Michelet pour lequel il est singulièrement dur et peu juste : « Hélas ! Comment un tel
livre a-t-il pu être lu, imprimé et servir à l'éducation de la jeunesse ? Quelle négation de toute cer-
titude historique ! Avec quelle habileté on y sape
tout fondement de la croyance à l'histoire ! Et
on appelle cela le réveil de la critique (1) ! » Il
se plaint encore qu'on ne puisse « trouver dans ces
trois volumes une histoire romaine quelconque.
Celui qui la saurait d'avance aurait grand'peine
à en reconnaître les vestiges. » Certes, l'ouvrage

____

(1) Abbé Rambaud, *Six mois de captivité*, p. 123.

de Michelet ressemble peu au *De Viris illustribus* et aux beaux contes chers à l'orgueil latin et développés par Tite-Live avec tout le prestige d'une imagination et d'un cœur ému par tant de siècles de gloire, mais quelle résurrection des vaincus de Rome, comme le grand cimetière de la campagne romaine se peuple de nations frémissantes, pleines de vie, âpres à la lutte et dignes souvent, si elles avaient eu plus de constance, d'un meilleur sort. Je m'étonne vraiment que M. Rambaud, dont l'âme était grande, ait méconnu cette grandeur. Il était, ce jour-là, partial pour Rome à son insu, et regrettait trop le *De Viris* dont quelques bribes lui revenaient à la mémoire. Des centaines de porte-plume, du papier, de petits livres et des sacs de tabac distribués à pleine poignées, aident à tromper les longues heures de repos jusqu'au jour de l'installation au camp des Baraques. Le grand déménagement commence, le 10 décembre, pour les mille cinq cents hommes de Krausnek qui vont faire place à mille trois cent trente-trois soldats qu'on expédie à Kœnigsberg, puis les autres suivent à quelques jours d'intervalle.

M. Rambaud, depuis son arrivée à Kœnigsberg, n'avait cessé d'envoyer des nouvelles à la Cité. Ces lettres pittoresques et fort intéressantes, communiquées par le Frère Paul à quelques amis, leur avaient donné l'idée d'en publier dans les journaux de Lyon, le *Salut Public* et l'*Echo de Fourvières* et, plus tard, la *Décentralisation*, les passages qui étaient d'un intérêt général. Le succès fut grand et l'émotion profonde. De toutes parts, les dons affluèrent. Le bon M. du Bourg le constate dans ses lettres. On ne pense plus qu'aux prisonniers et il conseille à son ami d'aller fréquemment à la poste restante qui lui réservera certainement des suprises. Le brave homme y ajoute des détails bien amusants sur la Cité : « Un grand drapeau rouge flotte sur notre barrière, notre petit réfectoire est changé en corps de garde, nuit et jour nous avons dix hommes, la petite chambre derrière forme leur dortoir, je leur ai donné lit et paillasse... notre charbon si cher passe un peu vite, la grande salle de l'école est pour les conseils de discipline... la Cité sert pour les exercices de la garde nationale. Chez Gounon, il y a la cantine et je suis l'aumônier du 19ᵉ bataillon, mais mes hommes ne me donnent pas beaucoup d'ouvrage (1)... » Néanmoins, l'école continue à vivre et assez paisiblement dans ces conditions anormales : « Nos bonnes sœurs vont bien, sont pleines de courage, elles ont recommencé leurs classes. Elles ont quatre-vingts enfants. C'est curieux, très curieux de les voir faire leur classe avec calme, avec leurs appartements envahis en partie par les officiers et les soldats du bataillon et les membres du Comité (2). » Parfois même, les gardes

____

(1) Lettre de M. du Bourg à M. Rambaud, Lyon, le 14 novembre 1870.
(2) Même lettre.

nationaux, accoudés sur le rebord de la croisée, écoutaient sœur Jeanne expliquer à ses enfants les principes de la philosophie, et plus d'un, intéressé, amenait le lendemain son fils à l'école.

Quelques jours plus tard, le 24 novembre, l'église était transformée, sauf le chœur et le transept, en dépôt de foin (1). Pour un peu, le bon M. du Bourg était expulsé du reste de la sacristie. Mais avec une bonhomie narquoise et son air de grand seigneur, il sut si bien résister qu'on finit, de guerre lasse, par laisser les choses en l'état.

Le 9 décembre, il annonce l'envoi, par Genève, de quatre énormes caisses qui seront convoyées jusqu'à Kœnigsberg par André Rioffray. M. Rambaud aura, de cette manière, non seulement les renseignements forcément écourtés et secs d'une lettre ,mais encore pourra causer et s'informer de tout ce qui peut l'intéresser. Dans la caisse, M. du Bourg a soin de mettre un exemplaire de la *Méthode d'enseignement raisonné*, ce livre auquel M. Rambaud ne cesse de songer dans toutes ses conversations avec les Allemands instruits, et dans sa préoccupation incessante de connaître les méthodes et les programmes des écoles allemandes (2).

Devant cette affluence de ressources et les dons

(1) Lettre de M. du Bourg à M. Rambaud. Lyon, 24 novembre 1870.

(2) Le tout arrivait à Kœnigsberg le 17 décembre 1870. *Six mois de captivité*, p. 207.

importants de MM. Guérin, Arlès-Dufour, Mgr Mermillod, MM. Fortoul, Gillet père, pour ne citer que les principaux bienfaiteurs, M. Rambaud se transforma avec une joie, dont il s'accusera humblement, dont il se punira même cruellement, en industriel, négociant, entrepreneur. Avec l'aide de M. G. Bernhardi, un des principaux employés de la maison Erns Castell, grands négociants en grains de Kœnigsberg, qui l'ont mis libéralement à sa disposition, il fait chaque jour, aux meilleures conditions possibles, des emplettes colossales de vivres et surtout de vêtements. Car les pauvres uniformes tombent en loques et d'ailleurs ne peuvent protéger contre des froids rigoureux de trente degrés. Mais on se heurte à une difficulté insurmontable. Si l'on trouve assez aisément et à des prix raisonnables des pantalons, des chemises, des tricots et des bas, les chaussures font complètement défaut. M. Rambaud songe à créer un atelier de galochers.

A peine conçue, l'idée est exécutée : « Votre pauvre frère est toujours le même. Me voici achetant de belles planches de hêtre, de sapin, des collections d'outils pour les ateliers ; tout vit autour de moi. Dès que j'arrive, il s'établit un courant vers la chapelle. C'est là un bien, un double bien : les corps eux-mêmes s'en trouvent mieux. Voici nos galochers heureux comme des rois de leurs quatre croches ou cinquante centimes par jour. Nous achetons toutes les vieilles basanes, bottes et souliers du camp. Vous le voyez, vos aumônes fructifient et elles redonnent la vie à ce pauvre peuple (1). » En février, les hommes devenus plus habiles, gagnent jusqu'à un franc et un franc vingt-cinq par jour.

« Nous ne pouvions rien faire de plus agréable aux soldats et les prussiens admirent cette chaussure qu'ils ne connaissaient pas.

« Seulement, il en faudra bien faire quatre mille paires au moins et je n'ai pas assez d'argent (2). » Il y ajoute un atelier pour relier cinq mille exemplaires d'un petit livret de prières et d'instructions religieuses qu'il a fait imprimer à Kœnigsberg. M. Schwibé, éditeur, a prêté aux relieurs improvisés les instruments nécessaires (3).

Pour avoir des aides dans cette prodigieuse et difficile distribution et pour connaître de plus près et plus sûrement les misères à soulager, il crée une Société de Saint Vincent de Paul. Le président en est un excellent sous-officier de dragons, M. Piau, aimé et respecté de ses camarades et même des officiers prussiens. « Tout le monde semble content de cette innovation. Les membres sont mille fois plus heureux ; ils revivent... De plus, les malades seront visités dans les cham-

(1) Kœnigsberg, 15 janvier 1871. *Six mois de captivité*, pp. 238-239.
(2) Kœnigsberg, 20 février 1871. *Six mois de captivité*, p. 251.
(3) *Six mois de captivité*, p. 223 et p. 261.

bres... Nos soldats y prendront l'intelligence de la Charité, si rare parmi eux (1). »

M. Rambaud se laisse si bien griser par la joie d'agir, de prêcher à un auditoire de deux mille prisonniers, de disposer une chapelle et d'y placer une cloche avec un clocher en miniature, qu'il écrit à son bon Frère Paul : « Oh ! si ce n'était la Cité, je vous dirais de vite venir, mon bon frère ; nous nous partagerions cette immense province, où bientôt j'aurai vingt-cinq à trente mille hommes ; vous visiteriez les malades, feriez les distributions ; moi j'organiserais les choses (2). » M. du Bourg, pour répondre à cet appel, obtient du cardinal l'envoi à Kœnigsberg de M. l'abbé Reynard, vicaire de Bessenay. M. Rambaud, heureux de recevoir un collaborateur, écrit : « Vous ririez de voir notre magnifique atelier de galoches. Depuis trois jours, il produit quatre-vingts paires par jour (3). » Il y joint un plan de l'immense baraque « qui contient la chapelle, ma chambre, nos ateliers, nos magasins de vêtements, de peaux, la provision des remèdes et du vin. Elle a cinquante mètres de long sur onze mètres de large. Elle est couverte en planches recouvertes de carton goudronné (4) ».

Mais comme elle est située au milieu d'un vaste étang tantôt gelé, tantôt dégelé, il fait construire

(1) *Six mois de captivité*, p. 238.
(2) *Six mois de captivité*, p. 238.
(3) Kœnigsberg, 26 février 1871. *Six mois de captivité*, p. 254.
(4) *Six mois de captivité*, p. 257.

avec des briques une longue chaussée qui traverse l'étang de boue (1).

Au milieu de cette véritable ivresse d'un homme qui a enfin trouvé l'emploi de ses talents et vit avec une plénitude souvent désirée, rêvée, mais impitoyablement refrénée par une volonté de fer, il reçoit de Lyon deux lettres qui lui feront faire le plus cruel examen de conscience. Voici quelques passages essentiels de la première : « Je vous avoue, mon Père, que votre brièveté dans les quelques mots de politesse que vous nous adressez par les lettres du Frère Paul et plus encore votre espèce de silence au sujet de notre œuvre m'ont bien douloureusement étonnée... Je différais toujours de vous écrire... mais chaque lettre est venue confirmer ma pensée... Vous croyant toujours un obstacle à tout..., vous nous abandonnez à nous-mêmes (2)... »

Puis M. du Bourg, avec une rare pénétration psychologique, lui écrit de Lyon le 20 mars 1871, et lui rappelle le devoir étroit qui le lie à la Cité et ne lui permet pas d'achever le rêve ébauché sur les bords brumeux de la Baltique : « Vous comprenez que, pour une âme grande comme la vôtre, toujours le même champ très restreint de l'école et de quelques vieillards de la Cité est trop petit. Vous voudriez, sans vous en rendre compte vous-

(1) *Six mois de captivité*, p. 265.
(2) Lyon, 1er janvier 1871, lettre de sœur Jeanne à M. Rambaud.

même, être évêque d'un vaste diocèse et aller dans trois ou quatre cents paroisses prêcher, exhorter... Le désir n'est pas absolument formé, parce que l'humilité chrétienne est là ; mais si les circonstances vous traçaient la route, vous la prendriez de suite. »

M. du Bourg avait frappé fort et juste. C'est le cœur saignant que M. Rambaud regagnera la France. On peut suivre dans ses lettres la trace des durs combats qui l'amenèrent, résigné, libéré de sa légitime ambition, à reprendre sa cellule silencieuse, le tracas d'obscures affaires, le souci cruel des dettes, le service des pauvres, des humbles et des petits.

C'est ainsi qu'il écrit aux sœurs, le 27 février 1871, ce troublant examen de conscience sur ce qu'il nomme son orgueil : « Oh ! si j'avais le courage de me faire petit... mais non, je m'élève toujours, j'aime le bruit, le mouvement... je suis comme un banquier, je fais de grands achats, j'ai de nombreux ouvriers... et moi qui rêvais en venant ici une vie de missionnaire ! Comment Jésus fera-t-il pour me sauver ? Oh ! j'ai aussi de l'orgueil même pour cela ; je voudrais me sauver en l'aimant, en le servant, en me sacrifiant ; en résumé, je voudrais lui donner, lui payer mon salut, mon Paradis et n'avoir pas l'humiliation de le recevoir gratis, en aumône... En voici de l'orgueil, mes bonnes Sœurs, vous ne connaissiez pas encore celui-là... »

« Je commence à avoir peur vraiment..., l'*Imitation* est bien vraie, où que l'homme aille il se retrouve toujours lui-même, il se reconstruit un entourage qui partout lui rend ce qu'il fuyait... et ce qu'il y a de malheureux, c'est que je ne m'en plains pas. » Le 7 mars, il revient sur ce sujet douloureux : « J'aimerais à me faire petit, si petit qu'on ne me voie plus..., si ma plume écrit ce que pense mon esprit, ce que mon intelligence me dit être le bien, elle n'écrit guère ce que je veux, ce que je fais ces jours-ci. »

Alors, dans son angoisse, éperdu entre le désir de l'action et l'horreur de trop l'aimer, il se retourne vers son école et met en elle tous ses rêves d'avenir. Peu à peu, par un prodigieux effort de volonté, il finit pas découvrir le néant là où il avait tout créé. Il est désolé en relisant la *Prise de Metz* qui a été imprimée sous la direction un peu gauche et lente de Rondelet qui a publié, malgré les efforts du Frère Paul (1), pêle-mêle, ce qui était écrit pour le public et ce qui ne l'était que pour les intimes. Il sent en outre que ce récit arrive trop tard pour le succès. La chute de Paris relègue au

(1) Lettre de M. du Bourg à l'abbé Rambaud, 27 mars 1871. « Ne vous tourmentez pas de cette publicité, j'ai retranché bien des passages trop intimes et des opinions un peu avancées... Ensuite, si j'avais encore une excuse à vous donner pour tant de choses qui y sont, c'est l'impossibilité de pouvoir nous entendre avec Rondelet que je n'ai jamais vu ici, puisqu'il est toujours resté à Clermont. Tout se faisait par lettres. Pitrat envoyait les épreuves feuilles par feuilles à Clermont... »

second plan le désastre de Metz. D'amères critiques venues de Lyon le désolent. On l'accuse d'avoir des sentiments prussiens, d'être incapable de juger, d'être enthousiaste pour tout ce qui est nouveau, de donner dans les erreurs et les rêveries du Père Hyacinthe qui disait à Saint-Jean, du haut de la chaire, que s'ils avaient vaincu à Sadowa, c'est qu'ils portaient la Bible dans leur sac (1). Le plus cruel, c'est que bon nombre de ces jugements injustes venaient sinon d'amis, du moins d'hommes qui ne lui étaient pas hostiles. C'était la rude rançon de son observation impartiale, de ce clair et froid regard jeté sur l'adversaire, par un homme qui ne croyait pas, et avec raison, que le patriotisme consistât à ne pas reconnaître la force, ni les mérites du vainqueur. Pour un peu, il eût détruit son journal de captivité. M. du Bourg eut le mérite de le décider à n'en rien faire et à ne pas se soucier de ces piqûres d'épingle en considération de ce que ces pages enfermaient de leçons utiles et profitables pour le public. D'ailleurs, par un tour propre à son esprit aussi prompt à s'enchanter qu'à se déprendre, il en vient lui-même, par une analyse douloureuse, à se dénigrer lui-même. Il écrit, en effet, de Kœnigsberg, le 22 avril 1871, au Frère Paul : « J'ai joué un assez piteux rôle dans toute cette campagne... Quand on en parle, quand on en écrit, en dorant un peu le tout,

(1) Lettre de M. du Bourg à l'abbé Rambaud, 25 janvier 1871.

c'est assez beau... mais en réalité, que d'errements, que de temps perdu en démarches inutiles et souvent ridicules. Aussi est-ce pour cela que je prends en horreur mes notes et même le volume imprimé ; on fait cela comme les chasseurs, on raconte non ce qu'on fait, mais ce qu'on aurait dû faire... Il n'y a pas là matière à triomphe. » Plus cruellement encore il ajoute ces rudes paroles qui devaient le crucifier : « Peut-être n'avons-nous pas été à la hauteur de notre mission. Vous auriez certainement mieux fait que moi parce que vous y seriez allé plus simplement... Mais dans ce monde rien n'est parfait ni complet ; les hommes simples, bons, saints même se mettent rarement en avant, de sorte que c'est à nous, malheureux pécheurs, qu'arrivent ces besognes effrayantes et je sais combien de choses j'ai manquées... » Jamais peut-être une grande âme, née pour les grandes entreprises, ardente à les concevoir, les préparant et les accomplissant avec une véritable ivresse de bonheur, n'a eu de réveils plus lucides et plus terrifiants. Quoi, voilà ce qui me ravissait ! Un peu de poussière arrosée de larmes, tel est le résultat de l'immense labeur de l'humanité. Malgré soi, en lisant ces paroles désespérées, on se surprend à penser à ces cartes de fin bristol qu'il offrait à ses danseuses : la tranche dorée, le satiné du papier, le délicat parfum qui s'en exhalait, une couronne de roses, étaient l'ironique parure de la tête de mort au rire grimaçant.

XII

M. Rambaud, cédant aux pressantes instances de M. du Bourg, qui était à bout de ressources, laissa, probablement le 1ᵉʳ mai, les malades de Kœnigsberg aux bons soins de M. l'abbé Reynard (1). Mais, craignant la mer et voulant, si possible, étudier lui-même l'organisation de l'enseignement en Allemagne, il revient par Berlin. Le comte G. de Pourtalès, président du Comité pour les blessés français, l'y reçoit avec beaucoup de bienveillance et, pour lui faciliter cette enquête, le met en rapport avec le docteur H. Gebzer (2). Il continue, malgré une longue causerie avec le savant docteur, à ne rien comprendre à Kant et « persiste, en quoi il est injuste et a tort, à le croire inintelligible », mais loue la méthode du gouvernement prussien qui, voulant réformer l'enseignement, « a commencé par envoyer étudier en Suisse, sous la direction du fameux Pestalozzi,

(1) Il y avait encore 2.500 hommes et 150 malades. Lettre de M. Rambaud à M. du Bourg, Kœnigsberg, 30 avril 1871.
(2) Abbé Rambaud, *Six mois de captivité*, p. 306.

douze jeunes hommes choisis avec soin dans ses écoles normales, lesquels, après plusieurs années d'études sérieuses, ont formé, à leur tour, des professeurs : et aujourd'hui tout marche » (1).

Cette conversation précise et délimite le rêve qu'il avait fait, le 15 avril 1871, au camp des Baraques et dont une lettre conservée, écrite à Sœur Jeanne, contient les idées essentielles. Il voudrait trouver dans les élèves de la Cité un corps de professeurs laïques lentement formés par cette culture philosophique : car « pour être fort dans ce genre de science, il faut en avoir été comme nourri dès sa jeunesse ; jamais vous ne ferez bien entrer cela dans la tête d'une personne mûre ; car on ne pourrait recommencer avec d'autres ce que nous avons fait ensemble... nos éternelles causeries ont eu plus de fruits que nous ne pensions. » Déjà même, il esquisse un programme, songe à une organisation financière, voit se dresser devant ses yeux éblouis une Université libre, mais ayant ses traditions, son rôle glorieux, comme la célèbre Université de Louvain en Belgique, c'est Perrette et son pot au lait. Il le sent lui-même et s'écrie : « Il me semble que je ne suis plus dans ma baraque et j'y suis bien cependant et encore pour bien des semaines... nous allons faire le mois de mai, il sera magnifique, notre chapelle est fort belle. » Nous avons vu comment ce soin fut laissé à l'abbé Reynard. Mais M. Rambaud revenait de Prusse

(1) *Six mois de captivité*, pp. 306-307.

avec une idée plus féconde, celle de donner aux jeunes filles un enseignement philosophique. Déjà, à plusieurs reprises, il avait agité ce projet dans ses lettres. Nous aurons bientôt l'occasion d'y revenir et le signalons simplement en courant.

Le 11 mai, il est à Coblentz et, sur une bande à demi déchirée, qui semble avoir fermé quelque pli officiel, il écrit toute une méditation suggérée par la lettre du Frère Paul. « Voyons, Seigneur Jésus, mon Dieu, aurai-je enfin le courage de redevenir vraiment votre prêtre, votre disciple, votre serviteur ?... j'aime à m'entretenir avec tous les êtres excepté avec vous... je suis sans force, l'âge m'a enlevé l'ardeur, ce je ne sais quoi que possède la jeunesse et qui la pousse à l'action... c'est à peine si j'oserais entreprendre quelque chose pour vous... c'est à peine si j'ose penser à mener une vie plus parfaite... hélas ! le souvenir des misérables douceurs des choses matérielles m'empêche de quitter ces choses pour aller à vous. »

Il roulait ces graves pensées en se promenant sur la berge du Rhin « cause de tant de discordes... et là, au confluent de la Moselle, je fus témoin, dit-il, du triste spectacle de nos propres soldats déchargeant sur les quais notre artillerie arrivée de Metz. Quelle leçon ! ô mon Dieu ! Quelle sera la limite de nos humiliations !... Puis, sur le coteau en face, j'apercevais trois soldats piochant paisiblement une vigne... (1) »

(1) Abbé Rambaud, *Six mois de captivité*, p. 314.

Il songeait à revenir par Strasbourg. Mais sur de mauvaises nouvelles de Paris, il prend la route de Genève où il salue et remercie Mgr Mermillod et, le 18 mai, il franchit le seuil de l'église de la Cité et trouve dans la chapelle de Notre-Dame de la Salette une plaque votive où il ne reste plus qu'à graver une date. « C'est, dit-il modestement, l'expression d'un vœu fait par nos pauvres vieillards pendant les incertitudes du siège de Metz (1). »

On ne décrit pas la joie de ces retours. M. Rambaud lui-même ne put dissimuler son émotion profonde. Pour échapper au flot envahissant des visites et pour fuir, ce qui était plus difficile, les rêves ébauchés à Kœnigsberg et les projets flatteurs formés par ceux qui l'avaient vu à l'œuvre et le jugeaient capable de diriger un diocèse, il reprit le lendemain même sa vie accoutumée, s'asseyant à la longue table de travail des Sœurs, tout au bout, et entreprenant de refondre son cours de philosophie d'après un plan esquissé à Kœnigsberg. De plus, il introduisit presqu'aussitôt dans l'Ecole l'enseignement de la gymnastique, tel qu'il l'avait vu pratiqué en Allemagne. Un immense portique avec les agrès les plus perfectionnés s'éleva en face de la maison Saint-Joseph et, chaque jour, à tour de rôle, les élèves petits et grands venaient y faire les exercices les plus variés avec un admirable entrain. Il reprit aussi, ce qui lui

(1) Abbé Rambaud, *Six mois de captivité*, p. 315.

coûtait le plus, la quête du vendredi. Mais je dois ajouter qu'au lendemain de la défaite, dans un admirable élan de générosité et de patriotisme, tous les bons citoyens se firent un devoir de contribuer libéralement à doter toutes les œuvres d'enseignement et de relèvement moral et civique. La France, mutilée mais non découragée, se mit courageusement à l'œuvre pour réparer les ruines et, dans cet accord unanime de tous ses enfants, étonna l'univers par la rapidité et la facilité de sa résurrection. M. Rambaud put, grâce à ses nombreux amis, trouver les ressources nécessaires pour faire face aux lourdes annuités et aux dettes criardes des trois dernières années.

Cette situation matérielle, assez prospère, laissait place, par une loi mystérieuse de la vie, à de graves chagrins intérieurs dont le principal artisan fut, je crois, M. Rambaud lui-même. Il était un peu comme un aigle en cage. Certes, son emprisonnement était bien volontaire, mais, à certain jour, brusquement il étendait ses ailes et allait donner de la tête contre un plafond trop bas. A demi étourdi, plein de remords, se martyrisant par des jeûnes excessifs, des veilles prolongées outre mesure, il voulait dompter ce corps de boue qu'il aimait, chasser ces beaux rêves d'action qui le ravissaient, se faire oublier et s'oublier lui-même. Peut-être, sans s'en douter, dans cet effort pour ne plus être homme, pour échapper aux dures lois qui unissent l'âme et le corps, en arrivait-il à un rigorisme et à un ascétisme qui confinent à la maladie. Il me semble trouver, dans quelques fragments de lettres des années 1871-1872, je ne sais quelle nervosité, quels accès de mauvaise humeur, quels ordres arbitraires suivis de touchants repentirs. Quelquefois, la cause en apparaît. Elle est d'ordre naturel. Après une absence de neuf mois, tout change dans une maison, et celui qui est parti, et ceux qui sont restés. Mais le changement s'est fait ici profond, très profond, par suite de la guerre. M. Rambaud a vu l'Allemagne et porte dans sa tête, consciemment ou non, tout un système philosophique et politique, bien différent au moins à cette date, septembre ou octobre 1871, de celui qu'il a enseigné aux Sœurs ; en outre, les Sœurs ont vécu comme elles ont pu, sans direction immédiate, obéissant à cette loi de la vie qui veut qu'on s'adapte au milieu. Femmes, elles ont subi très vivement, conformément à leur nature, cette influence. Il en résulta dès les premiers mois un désaccord latent, puis aigu. M. Rambaud, avec un peu de brusquerie, voulut imposer sa volonté ; il manqua, tout paraît l'indiquer, d'un peu de patience. Pour briser ce qu'il appelait, à tort, mauvaise volonté et résistance, il introduisit dans la maison des dames comme professeurs auxiliaires. Le résultat fut malheureux. Les Sœurs échappèrent un instant à la direction de sœur Jeanne, cette femme supérieure qui, par son énergie, sa décision et sa fermeté toute virile, avait maintenu l'école en pleine prospérité au milieu des gardes nationaux et du trouble matériel et moral apporté par la guerre. M. Rambaud, très effrayé des conséquences de cette scission, écrit à sa dévouée collaboratrice une lettre touchante et humble sur la bonté : « Nous effacerons ces quatre mois de notre mémoire et nous ferons cette année un grand effort, puis... au bout, c'est le ciel (1). » Mais, par une réaction trop complète, il ne veut plus s'occuper de l'école. Il se met complètement à l'écart et vit silencieux, distant et glacial, souffrant et faisant souffrir les Sœurs. Il écrit à l'une d'elles, en mai 1872 : « Il faut renoncer, je ne dirais pas aux discussions, causeries avec moi, mais à ces recherches de je ne sais quoi (2). »

Je me suis demandé bien souvent en parcourant ces papiers jaunis, écrits d'une main fébrile, si, aux raisons d'ordre moral énoncées plus haut, ne venait pas s'ajouter un malaise contracté pendant le blocus de Metz et l'internement à Kœnigsberg. Longtemps, en silence, sans une plainte, M. Rambaud lutta contre une insidieuse infirmité qui attaque la vie jusqu'à sa source. Elle éclata brusquement aux premiers jours de juillet 1873. M. le Dʳ Garnier diagnostiqua la redoutable affection de la pierre. Nous avons de ces mois de douleurs

(1) Lettre de fin septembre 1871.
(2) Lettre à sœur Jeanne qui l'interrogeait sur les causes et l'objet des changements qu'il se proposait d'introduire dans la vie de l'École.

une trentaine de billets écrits au crayon sur le bord de son lit. On ne sait ce qu'on y doit le plus admirer, ou d'une résignation presque surhumaine, ou d'une lucidité d'esprit qui lui permet, malgré d'intolérables souffrances, d'entrer dans tous les détails, même les plus infimes, de la vie de la Cité et de la maison.

Il accueille la douleur avec une espèce de fierté joyeuse : « Nous avons sans cesse à la bouche le nom de Jésus crucifié, et nous nous plaindrons lorsqu'il nous fera l'honneur d'être crucifié à côté de lui... » Il remercie Dieu de la lui avoir envoyée si fort à propos : « Mercredi soir, je revenais avec la pensée soucieuse que le lendemain il faudrait reprendre mes courses par la ville... eh bien ! ce n'était pas là le travail que Notre-Seigneur demandait de moi, il m'appelait à d'autres luttes plus salutaires et plus utiles en ce moment... Et admirez le miracle, ô mes Sœurs ! alors les amis riches accourent avec un empressement dont je suis tout confus, mettent tout à notre disposition... et Lui, Jésus, était seul sur la Croix... les riches ne sont venus qu'après sa mort... et nous ne chanterions pas le *Magnificat ! Vous en chanterez un de tout votre cœur* (1). »

Ailleurs, il raille joliment, de son lit de douleur, les beaux rêves de perfection où nous mettons nos caprices, notre exigeante personnalité, alors que « nous nous débattons contre les croix qui se pré-

____

(1) Dimanche, 25 juillet 1873.

sentent ». Notre héroïsme veut être exception et se refuse aux devoirs de tous les jours : « des caractères ingrats à aimer et à soigner, des enfants désagréables à instruire, des leçons difficiles à faire, des livres longs à lire, des observations pénibles à supporter, la régularité dans le travail (1). »

Puis revenant sur lui-même, à propos des atroces supplices qu'il endure, il console les Sœurs en leur disant : « Ne vous tourmentez pas de mon indisposition... je fais tant de théories qu'il faut bien que je fasse un peu de pratique (2). »

Sa pensée vigilante s'occupe de tout avec la même netteté et de l'ordre général de la maison et même du ménage. Voici quelques conseils à sœur Jeanne : « Sachez marcher un peu seule, il le faut ou il le faudra bien..., observez strictement ce que nous avons tant dit : ne négligez, ne changez rien, croyez en vous, en nous, en vos sœurs, en vos enfants..., que les sœurs utilisent leur temps à relire les dictées de philosophie du matin, à les mettre en ordre dans leur tête. Qu'on lise des livres sérieux... histoire surtout... (3) » Il veille sur le bon emploi d'une somme de cent francs remise par le Frère Paul et recommande de « tenir tout en ordre et en économie : « Il se fait soumettre les menus. Il écrit : « Sœur Jeanne, c'est fête aujour-

(1) Feuillet au crayon sans date.
(2) Feuillet au crayon sans date.
(3) Feuillet au crayon sans date.

d'hui... ne manquez pas de faire quelque chose
pour dîner... quand même vous avez eu du café
hier, vous pouvez encore en mettre aujourd'hui,
si vous voulez... faites comme vous jugerez convenable... (1) ». Rien n'échappe au regard de ce patient qui s'est fait transporter au-dessus de la sacristie, dans un misérable galetas au plafond surbaissé,
en pente, et chichement éclairé par une tabatière. Il
est là gisant sur une planche recouverte d'une
grosse couverture de laine, dur à lui-même, doux
pour autrui. Sur l'avis unanime des médecins, il
se soumet à une opération qui, on le reconnut ensuite, était complètement inutile et qu'il supporta
non endormi, sans une plainte (2).

A peine revenu à la santé, il a hâte pour remercier Dieu d'une guérison, en laquelle ni lui ni les
médecins n'espéraient, de se jeter dans la construction d'une école modèle et de nouveaux bâtiments
pour les vieillards (3). Une partie des cellules, construites en 1854, fut détruite et sur leur emplacement s'éleva, en 1875, un long bâtiment de deux
étages surmonté d'un dôme hardi recouvert en ar-
doise ; une porte ornée de colonnes doriques donnait accès à cet édifice percé de larges ouvertures,

(1) Feuillet au crayon sans date.
(2) Il n'avait pas la pierre. Les médecins avaient été
trompés par une horrible irritation d'entrailles, suite des
privations endurées pendant la guerre, suite encore d'un
véritable empoisonnement dû à la viande de cheval corrompue mangée à Metz.
(3) Maison Saint-François.

aux plafonds très hauts, aux classes vastes et bien aérées. Sous le dôme, on réserva une salle immense, pour réunir à l'Epiphanie tous les vieillards de la Cité. De longues tables, couronnées de fleurs et étincelantes de lumière, s'y dressaient pour ces pauvres vieux et bonnes vieilles dames, bien droits ce soir-là, dans leurs plus beaux habits, dans leurs plus belles robes, et autour d'eux, affectueux, souriants, se pressaient tous les amis de la Cité, bienfaiteurs et bienfaitrices, tenant à honneur, dames et jeunes filles, de revêtir le tablier blanc, jeunes hommes d'enrouler la serviette blanche autour du bras et d'être, simplement et cordialement, les très humbles serviteurs des vieillards de M. du Bourg et de M. Rambaud. Après un bon repas, coupé de quelques chansons, ces braves gens tiraient les Rois. Deux couronnes en carton doré et, ce qui valait mieux, deux petites boîtes contenant chacune une pièce de 10 francs, rendaient fort agréable au roi et à la reine le souvenir de leur royauté éphémère.

Le grand corps de bâtiment s'éleva sur la rue Rabelais ; en équerre, au couchant, on construisit une aile d'un étage pour l'école des jeunes filles. M. Rambaud fit réserver pour l'usage des Sœurs une partie de la primitive chapelle construite en 1854. La maison qui avait servi d'hospice fut consacrée désormais à l'habitation des Sœurs. Un mur à hauteur d'appui avec une légère barrière entoura ces bâtiments et délimita deux cours, l'une réservée aux ébats bruyants des jeunes gens, l'autre aux jeux plus calmes des jeunes filles.

L'école pour les jeunes filles s'était ouverte en 1872. Elle procède, à mon sens, d'idées nées et mûries en Allemagne pendant la captivité. M. Rambaud, en visitant le pasteur de Pillau, apprit avec étonnement que cette petite ville de 4.000 âmes avait cinq écoles avec une population scolaire de près de six cents élèves, et se récria fort en entendant dire que les garçons et les jeunes filles étaient mélangés dans les écoles au moins jusqu'à l'âge de douze ans.

« Ah ! Monsieur, dit le Pasteur, vous connaissez bien peu le cœur humain ; croyez-vous qu'il n'est pas dangereux de séparer aussi complètement pendant leur enfance ceux qui sont appelés à passer leur jeunesse ensemble ; que voyez-vous donc là de si extraordinaire dans cette réunion de jeunes filles et de garçons, est-ce que dans le monde, dans les relations ordinaires de la vie, ils ne se trouvent pas continuellement réunis ? Quel mal y a-t-il donc à ce que le frère amène sa sœur à l'école, la voie assise à côté de lui, la protège s'il y a lieu ? Et, croyez-moi, il résulte de ceci une émulation, une espèce de contentement qui n'existent certainement pas dans vos écoles et il est presque sans exemple qu'il en soit résulté des inconvénients. Ne savez-vous pas que les jeunes gens et les jeunes filles, honnêtes, je m'entends, sont les uns pour les autres comme de véritables gardiens ?... Que doit être l'école, si ce n'est le prolongement de la famille (1) ? »

M. Rambaud dut reconnaître la justesse de ces arguments et si, de retour en France, il n'osa pas rompre avec nos habitudes, qui sont sur ce point d'une pruderie exagérée et un peu sotte, il fut amené à réfléchir profondément à ce difficile et délicat problème de l'instruction et de l'éducation des jeunes filles. Cette communauté d'enseignement et de direction de l'école allemande, qui se retrouve d'ailleurs en France même, dans bon nombre d'écoles de villages à population très faible, fut pour lui une révélation. Pourquoi, puisqu'on ne pouvait réunir filles et garçons, ne pas donner aux jeunes filles un enseignement philosophique dont leurs frères tiraient un profit si évident ? Faites à l'image de Dieu, douées de raison, nées pour pratiquer le bien voulu librement, elles avaient théoriquement un besoin égal à celui des garçons de se connaître elles-mêmes, d'apprendre par l'analyse méthodique de leurs facultés et, par l'étude, n'ayons pas peur du mot, d'un peu de métaphysique, à transformer ce délicat instinct moral, cette espèce de pudeur d'une âme vierge, en un sentiment réfléchi, conscient et pleinement libre. Il restait pratiquement à tenter un essai qui, hâtonsnous de le dire, justifia et au delà les espérances conçues. Plus facilement que leurs frères, elles surent observer cette vie si riche, si ample et si com-

(1) Abbé Rambaud. *Six mois de captivité*, pp. 190-191.

plexe de l'âme humaine. Leur finesse native en fit d'admirables psychologues. On aurait même pu croire à un danger, celui de les voir se complaire trop dans ces analyses ténues et subtiles, mais elles y échappèrent bien vite par l'éveil de l'idée du devoir. Naturellement passionnées et parfois vibrantes à l'excès, cédant aux entraînements d'une imagination trop facilement émue, elles furent effrayées en voyant mieux et plus clair l'origine, le prolongement et les conséquences de ces troubles qui annihilent toute prudence, mais laissent entière la responsabilité. Lentement mais sûrement, sans rien enlever ni à la grâce ni à la séduction de la jeune fille, la philosophie affermit et illumina sa raison. L'école ne fit pas des philosophes, le terme serait prétentieux et inexact, mais des femmes de bon sens et capables de goûter une littérature plus sérieuse, plus nourrissante et plus saine que celle du roman-feuilleton, capables aussi de s'intéresser aux préoccupations religieuses, politiques et sociales de leur mari et de leurs enfants.

Mais, par sa nature propre, la jeune fille, à côté de cette culture générale, commune en son ensemble à celle des garçons, a besoin d'une formation particulière, puisqu'elle doit être épouse et mère. Pour elle, M. Rambaud dicta aux Sœurs, puis éprouva dans de longues conversations, fit enfin enseigner tout un corps de doctrine résumé dans un livre exquis en son fond, fin et spirituel en sa forme, qui a été imprimé en 1886, sous ce titre :

la Mère de famille ou la Maîtresse de maison (1).
Je crois bien que c'est son chef-d'œuvre.

Ce petit volume ne procède d'aucun ouvrage antérieur. C. Rambaud, c'est sa force et un peu sa faiblesse, n'a pas l'esprit livresque. Volontiers même, le travail achevé, il lira ses prédécesseurs, ou plutôt, sur le conseil de ses amis, il les parcourra d'un coup d'œil rapide, ordinairement pénétrant, mais parfois bien distrait. Cette façon de travailler étonne singulièrement des gens formés aux méthodes en usage dans nos Universités. Il ne pouvait comprendre nos boîtes ni nos cartons et ne se fût pas fait scrupule de les jeter au feu. Il laissait à d'autres ce travail de compilateur et, comme il le disait, de *rapetasseur*. Pour lui, il causait, regardait, lisait au hasard et laissait la réflexion faire son œuvre ; de temps en temps, de son écriture menue et très fine, il couchait sur des feuilles de papier, à la lueur de mauvais bouts de bougie enlevés par le sacristain aux chandeliers de l'église, l'idée originale, le développement personnel, suggéré par un incident de la vie quotidienne. D'ordinaire, ce premier jet est excellent, vif d'allure, net de tour, avec une certaine outrance paradoxale qui rappelle son étincelante conversation. Malheureusement, M. Rambaud retouche, rature, amplifie et gâte. Il en a conscience, mais quoi qu'il en soit,

(1) Lyon, 1886, Vitte et Perrussel, in-12, VIII-104, sans nom d'auteur. — Réédité chez M. Paquet, 46, rue de la Charité, Lyon, in-12, VIII-128, également sans nom d'auteur.

il n'a jamais pu se guérir de ce défaut qui provient, je le crois, de ce qu'il n'a pas fait de rhétorique. Il avouait, non sans ennui, qu'il ne savait pas composer.

La Mère de famille échappe presque à ce reproche, peut-être un peu à cause de ses dimensions modestes. Elle sort tout entière d'une idée générale, qu'on retrouve dans tout ce qu'il a écrit : les armées, les flottes avec leurs monstrueux cuirassés, les usines, le commerce, les sciences et les arts n'ont d'autre raison que d'être les conditions de la vie intérieure, de la vie de famille. Le monde entier est organisé pour protéger un berceau. De là, découle cette conséquence d'une extrême importance que la femme « comme épouse, mère, veuve, ou simplement fille ou sœur... appelée à présider à la vie intérieure, à en être la directrice, la maîtresse, la reine (1) », doit être formée à ce rôle essentiel en tenant compte des aptitudes et des dons qu'elle a reçus de la nature, ou sinon il n'y a plus de société possible, puisque la femme en est la clef de voûte, ni de véritable civilisation, puisque la paix et le bonheur du foyer domestique en sont les premières et les plus absolues conditions.

C'est une vue profonde et juste. Dans le décor mobile des siècles, depuis l'âge de la pierre jusqu'à la locomotive électrique et au téléphone, elle res-

____

(1) Abbé Rambaud, *la Mère de famille*, p. 4.

titue la partie immuable : un enfant sur les genoux
de sa mère. Mais que de caresses passionnées, de
paroles ardentes, de saintes colères, de sourires et
de larmes ne faut-il pas pour éveiller à la vie morale ce bambin à la joue rose qui doit être le roi
du monde ! Dès trois ou quatre ans, sachez-le bien,
ô mères, l'homme est déjà formé. L'école ne
pourra plus que développer puissamment ses bonnes tendances et combattre, mais faiblement, hélas ! ses mauvaises. Vos fils sont deux fois à vous,
par votre sang et par votre cœur ; ils seront ce que
vous les aurez faits.

Cette thèse redoutable mais incontestable posée,
M. Rambaud trace en quelques traits, finement
observés, le portrait de la femme... « Epouse,
mère, veuve, ou même simplement fille ou sœur...
elle aura l'esprit de patience, de persévérance,
d'amour de sa maison ; elle sera timide, craintive,
subira volontiers la protection, saura se plier aux
idées de son époux, les accepter (1). » Sa puissance pour le bien et le bonheur de sa maison, elle
la tirera de sa faiblesse native « qui lui rendra
faciles et aimables ses occupations » et aussi de
sa bonté et de sa bonne grâce, qui en est la manifestation extérieure et toute-puissante. Ce rap-
prochement de la bonté et de la bonne grâce exclut
toute comédie et tromperie, comme il ne permet
pas de confondre la bonne grâce et le charme de

(1) Abbé Rambaud, *la Mère de famille*, p. 4.

la beauté. La bonne grâce, c'est le reflet sur le visage et dans un sourire d'une belle âme, habituée aux nobles et généreuses pensées, inclinée comme naturellement vers ce qui est bien et ce qui est beau. « Rien ne peut la détruire, ni l'âge, ni la maladie, ni l'infortune, ni les malheurs, ni rien (1). »

Réjouir et consoler, telle est la mission de la femme dans le monde : « c'est pour cela qu'elles ont été créées, c'est la raison de l'espèce de culte qu'on leur prodigue, de l'indulgence qu'on a pour elles, des loisirs qu'on leur laisse si volontiers, du luxe dont on aime à les entourer... (2) » Le cabaret, les cercles et souvent pis encore, n'existeraient pas, ou, en tout cas, auraient moins de puissance, si nos épouses, nos sœurs et nos mères ne sacrifiaient pas trop au singulier plaisir d'être maussades. M. Rambaud, qui avait recueilli tant de confidences intimes, n'hésitait pas à écrire : « Ce que nous disons là, s'adresse aussi bien aux personnes âgées qu'aux personnes jeunes, aux personnes riches qu'aux personnes pauvres, le pauvre tout autant que le riche, le riche tout autant que le pauvre, ont besoin de trouver la joie, le repos et la consolation dans la maison... Où iront-ils ces meurtris du travail et des affaires, où iront-ils puiser de nouvelles forces pour les luttes du lendemain, si celles pour lesquelles ils vivent

(1) Abbé Rambaud, *la Mère de famille*, p. 8.
(2) Abbé Rambaud, *la Mère de famille*, p. 9.

les leur refusent..., si elles font comme tant de malheureuses, qui ont l'air de s'ennuyer, en tournant la tête, dès que leur mari leur parle de ses peines et de ses affaires ? (1) »

Avec quel accent du cœur, il nous conte l'histoire de cette dame lyonnaise dont il venait, certain matin, vers onze heures, solliciter la charité : « Nous allions nous retirer, lorsqu'elle nous dit : Oh ! Messieurs, il faut bien que je vous fasse voir mes enfants... Elle passe dans la chambre à côté et nous amène six petits enfants tous bien propres, bien habillés, en beaux cols blancs. « Ils vont sortir, lui disons-nous. — Oh ! pas du tout. — Eh ! pourquoi sont-ils si bien rangés ? — Ah ! répond cette mère intelligente, c'est que le papa va venir déjeuner, et il faut bien qu'il soit un peu réjoui par la vue de ses enfants... Pauvre papa, il a tant de soucis, tant de peine dans ses affaires (2). » Quel tendre et charmant réconfort pour un cœur d'homme ! Cet heureux époux ne devait avoir aucune tentation d'aller dîner au cercle.

Mais M. Rambaud ne se dissimule pas l'objection de ses lectrices : « Eh ! quoi, diront-elles, tout doit-il donc venir de nous ? est-ce qu'après tout l'homme ne devrait pas s'inquiéter lui-même de ne pas donner à sa femme tant de motifs d'ennui (3) ? » C'est vrai, beaucoup d'hommes manquent à leur

(1) Abbé Rambaud, *la Mère de famille*, p. 12.
(2) Abbé Rambaud, *la Mère de famille*, p. 14.
(3) Abbé Rambaud, *la Mère de famille*, p. 15.

devoir, il en fait l'aveu sincère et contrit. Mais
à quoi bon récriminer ? « La femme a certainement des droits égaux à ceux de son mari (1). »
Qui saurait le contester ? Seulement, de quelle
utilité immédiate est cette affirmation purement
théorique ? M. Rambaud fait appel « à son cœur, à
sa vertu, à sa force d'âme et enfin à son amour de
ses enfants et du père de ses enfants (2) », bien
persuadé qu'elle tient dans ses faibles mains le
sort de la famille, de la patrie et du monde.

La bonne grâce qui est la bonté morale, si ma-
gnifiquement louée, M. Rambaud passe aux qualités pratiques de la maîtresse de maison et qui
sont la manifestation de la bonté sous sa forme
matérielle. Il y reconnaît six parties : la préparation des aliments, la couture, le soin des appartements, l'ordre et la propreté, le lavage et repassage, les achats et enfin le soin des enfants. Il y
a dans cette étude un curieux et original mélange
de hautes vues philosophiques, et de détails techniques très précis et pratiques. Nous n'examine-
rons d'un peu près que ce qu'il dit des repas et des
enfants.

Il ne tombe pas dans le travers des mystiques
qui voient dans les repas « une triste nécessité ou
une douloureuse conséquence de l'infirmité humaine (3). » Tout d'abord, il ne peut pas imagi-

(1) Abbé Rambaud, *la Mère de famille*, p. 15
(2) Abbé Rambaud, *la Mère de famille*, p. 15.
(3) Abbé Rambaud, *la Mère de famille*, p. 17.

ner des hommes qui n'auraient pas besoin de manger, et comprend et montre clairement que la vie sociale est fondée, en grande partie, sur cette obligation. Elle repose, en effet, sur la nécessité du travail, le sentiment que notre vie et celle des nôtres dépend de nos efforts, et sur cette étroite intimité morale, qui se développe dans ces deux ou trois réunions, chaque jour, des membres de la famille autour d'une même table. Facilement il donnerait au repas en commun le nom de « sacrifice (1) », de communion des cœurs et des esprits : « Entrons dans le moindre des ménages. C'est l'heure, tout le monde est arrivé, mais avant de commencer, on se tient debout et recueilli, le père, à la place d'honneur, fait le signe de la croix et prononce les paroles de la bénédiction. Ensuite, on se met joyeusement à table, la mère sert chacun selon son goût et, la première faim apaisée, les langues se délient. C'est l'heure de l'expansion et aussi pour les parents l'heure de salutaires observations (2). »

Avec une connaissance parfaite, je ne dis pas de la gourmandise masculine, le mot serait peut-être excessif, mais du plaisir que nous éprouvons à nous laisser gâter, M. Rambaud conseille à la maîtresse de maison de bien veiller aux apprêts

---

(1) Le repas... « devient un véritable sacrifice, si l'on y observe les lois de l'abstinence. » Abbé Rambaud, *la Mère de famille*, p. 21.

(2) Abbé Rambaud, *la Mère de famille*, p. 21.

des mets même les plus simples. Elle ne doit jamais dire : « *Ah ! c'est bien bon comme cela*, elle doit, au contraire, vouloir que ce soit très bon et très bien... combiner de temps en temps d'agréables surprises par quelque petit plat nouveau ou imprévu... que de maris ou de pères s'empresseraient de rentrer au lieu d'aller au café, s'ils avaient le secret espoir de trouver ainsi des attentions chez eux, attentions auxquelles l'homme tient infiniment plus qu'on ne le croit (1). »

En artiste, il lui conseille encore, si pauvre ou modeste que soit son intérieur, de lui donner la gaieté de l'ordre et de la netteté. Voici, en quelques lignes, un véritable tableau d'intérieur, digne du pinceau d'un maître flamand : « Un jour, nous allions voir l'enfant malade d'un pauvre maçon ; le déjeuner attendait le père et le fils aîné ; sur une table brillante de propreté, fumait une belle soupe couverte de choux et de pommes de terre ; à côté étaient placées des petites raves bien lavées, un fromage blanc ; le vin était dans un vase d'eau fraîche et sur le poêle des pommes de terre cuisant avec quelques petits morceaux de mouton répandaient un parfum des plus appétissants. Je fis mes compliments à la ménagère. « Dame, Monsieur, » me dit-elle, « ces pauvres hommes ont tant de peine ! « Ils travaillent loin d'ici, il faut bien un peu les en- « courager. » Quelques instants après arrivèrent,

(1) Abbé Rambaud, *la Mère de famille*, p. 24.

en effet, son mari et son fils, allongeant leurs grands
pas de maçon et je ne m'en étonnais pas : on
viendrait de loin pour avoir un tel déjeuner et
échapper à l'odeur nauséabonde d'un restaurant
ou d'une gargotte (1). »

Il souhaite encore que la maîtresse de maison
serve elle-même son mari, ses enfants, ses convives et veille à ce qu'ils prennent les morceaux de
choix. Je rougirai certainement de les prendre,
« de les entourer de l'assaisonnement voulu, rien
n'a l'air plus bas, tandis qu'au contraire je serai
charmé de voir mon assiette gracieusement servie
par ma femme, ma fille, malgré mes protestations
de désintéressement (2). » C'est dans un sentiment
analogue et fort juste qu'il blâme l'abus des domestiques pour le service de la table. Leur présence importune empêche de causer à cœur ouvert
et la maîtresse de maison perd presque toute occasion d'être aimable, « de s'attacher ses convives, de
leur montrer qu'elle est heureuse de les avoir (3). »

Que de préceptes utiles, de conseils dictés par
une profonde connaissance du cœur humain, on
pourrait encore glaner çà et là, mais mieux vaut
aller au point culminant de l'ouvrage, aux chapitres consacrés à l'enfant, car il est certain
que cette douce association de l'époux et l'épouse,
formée dans un rêve infini de bonheur, ne s'achève

(1) Abbé Rambaud, *la Mère de famille*, p. 26.
(2) Abbé Rambaud, *la Mère de famille*, p. 27.
(3) Abbé Rambaud, *la Mère de famille*, p. 27.

pleinement qu'autour d'un berceau. Ce sont les
joies et les douleurs d'une naissance qui unissent
ou rompent quelquefois, nous verrons comment,
ces liens sacrés.

L'écueil de la famille ouvrière, pour qui surtout est écrit cet ouvrage, est la question terrible
du travail de la femme. M. Rambaud, qui a vu de
près le fléau comme fabricant et comme prêtre
d'un quartier industriel, l'aborde en économiste
sagace, en moraliste avisé.

Il démontre tout d'abord que la femme qui travaille hors de chez elle perd plus qu'elle ne ga-
gne. Le lavage, le racommodage, le repassage, la
confection des vêtements, la préparation économique de la nourriture, les petits travaux d'aiguille
possibles à la maison dépassent, à qui compte
bien, les deux francs qu'elle peut recevoir comme
salaire maximum dans une usine, pendant une
vingtaine de jours par mois, si l'on tient compte,
et il le faut, de la maladie et des indispositions
propres à son sexe (1). Le calcul, très précis dans
son détail, est irrécusable. L'insistance avec laquelle M. Rambaud l'a développé prouve qu'il
savait bien que le travail à l'atelier est devenu
une tentation presque irrésistible pour un trop
grand nombre de femmes. « Habituées à gagner,
à recevoir de l'argent, se plaisant peut-être aussi
dans les libertés de l'atelier, ces malheureuses

(1) Abbé Rambaud, *la Mère de famille*, pp. 50-53.

tiennent à leur travail ; il leur semble qu'elles s'ennuieraient chez elles... Il n'est pas mal de mères qui poussent leurs filles à conserver leur travail en se mariant. « Va, lui dit la mère, ne l'écoute pas, au moins tu pourras faire ta volonté, tu auras de l'argent dans ta poche, c'est ennuyeux de tout devoir à un homme, d'être toujours pendue après lui, tu seras plus libre... (1) » Il semble, en lisant ces mots, y saisir l'accent populaire et faubourien qui leur donne une saveur canaille.

Les raisons d'intérêt et de chiffres débattues, M. Rambaud passe aux considérations morales. C'est la femme presque incapable d'être mère : « Si elle le devient, on ne voit pas trop comment elle pourrait, sans danger pour l'enfant qu'elle porte et pour elle-même, travailler pendant une grande partie du temps de sa grossesse, car nos jeunes femmes de la ville n'ont que bien rarement la force de supporter les fatigues de la maternité et les fatigues du travail (2). » Mais enfin, supposons que, tant bien que mal, l'enfant arrive à terme, ce sera un être malingre, chétif, dégénéré, honte et non consolation et joie de ses parents. L'usine, comme le Minotaure, dévore les générations de nos villes en rendant la mère inféconde ou, ce qui est pis, en faisant naître d'elle des rachitiques, des phtisiques et des déments.

C'est aussi le foyer inhospitalier, la chambre

(1) Abbé Rambaud, *la Mère de famille*, p. 73.
(2) Abbé Rambaud, *la Mère de famille*, p. 60.

mal tenue, les repas mal préparés, pris à la hâte et froids ; parfois même le mari, le soir, est libre avant sa femme. Dès lors, comment rentrer dans cette chambre sans feu, solitaire, sale et sentant le renfermé, dont le lit n'est peut-être pas seulement fait ? « Où aller, si ce n'est au café, la tentation est grande. Alors, adieu le ménage (1). »

C'est encore l'enfant mis nécessairement en nourrice, ou à la crèche. Ici, M. Rambaud insiste de nouveau et avec raison sur le calcul absurde qui fait donner plus à la nourrice que le travail de la mère ne peut gagner, mais avec quelle admirable science du cœur humain il pénètre dans cette famille que l'absence de l'enfant va très probablement ruiner. D'un trait discret, sans appuyer, il note cette époque, si critique pour l'amour, des mois qui précèdent et suivent la maternité. La jeune femme souffre et « a une relevée de couche bien plus longue que si elle nourrissait, elle *traîne*, comme on dit, devient une charge peu agréable pour son mari, la maison est triste, mal tenue ; de là, désaffection... ennui et tout ce qui s'ensuit (2). »

Mais supposons que le mari reste fidèle à ses devoirs, que deviendra l'enfant mis en nourrice ou, plus rarement, car il y faut des circonstances toutes d'exceptions, à la crèche ? Le pauvre petit ne manquera peut-être d'aucun soin matériel,

(1) Abbé Rambaud, *la Mère de famille*, p. 53.
(2) Abbé Rambaud, *la Mère de famille*, p. 56.

mais il perdra totalement, et perte irréparable,
l'éducation du cœur. « Que de caresses, que de
baisers, que de paroles ardentes ne faut-il pas
pour faire surgir chez l'enfant le moindre signe
de joie ou de vie (1). » Or, il faut songer que, pendant cinq ou six ans, sept ans quelquefois, l'enfant sera privé de cet admirable enseignement moral qui va se modifiant de jour en jour, d'heure
en heure, avec cet instinct maternel qui, guidé
par l'amour, est plus sûr et plus pénétrant, plus
ingénieux et plus souple, que toutes les pédago-
gies... N'est-ce pas là, peut-être, la raison de l'in-
fériorité de tant d'enfants qui appartiennent à des
familles riches ou aisées ? La bonne et la nourrice,
puis les domestiques, en viennent peu à peu à
remplir tous les devoirs de la mère de famille.
Or, il ne faut pas se le dissimuler, ce bébé, qui
devrait recevoir de sa mère et de son père les qualités du cœur et de l'esprit qui émanent naturellement d'un homme et d'une femme distingués, « ne
reçoit, au contraire, que ce qui peut sortir d'une
petite bonne à laquelle on a mis un fin tablier
blanc, mais qui n'en est pas moins souvent une
fille ignorante, souvent mal élevée et plus grossière qu'on ne croit, qui ne possède, en tout cas,
rien de ce qui est nécessaire pour former une
âme appelée à posséder une fortune, à régir un
jour une grande maison, à tenir une place dans

(1) Abbé Rambaud, *la Mère de famille*, p. 62.

le monde, peut-être à le gouverner (1). » M. Rambaud est convaincu, et toute cette analyse le prouve, que l'éducation maternelle surtout peut l'emporter sur nos tendances natives. L'enfant sera pour une partie ce que nous le ferons. Volontiers, il reprendrait à son compte le vieux proverbe français : Nourriture passe nature. Le corollaire de cette doctrine consolante est l'étroite obligation pour la mère d'allaiter et d'élever, autant que faire se peut, ses enfants.

M. Rambaud clôt son beau livre par une série de réflexions profondes sur le rôle bienfaisant de la douleur dans la vie, qui lui ont été inspirées, en partie, par Blanc de Saint-Bonnet (2). Ni la mère ne doit aller faire ses couches à la Charité, ni elle ne doit aller à l'Hôpital, ni elle ne doit y envoyer les siens tant qu'il y a un moyen d'éviter ce redoutable danger moral. Il faut que le père soit au chevet de la jeune mère pour la consoler, la plaindre, l'encourager et sentir son cœur se fondre de joie au premier vagissement de son fils. L'égoïsme masculin le plus exigeant sera vaincu et une affection peut-être déjà compromise ou refroidie, se transformera en amour profond, plus calme et plus sûr, traversé de rêves d'avenir pour ce bébé dont il faudra faire un homme.

La mère à l'Hospice et les enfants à la Charité, c'est la maison nue, froide et vide. Nous en con-

(1) Abbé Rambaud, *la Mère de famille*, p. 77.
(2) Cf. *la Douleur*.

naissons déjà les dangers pour le mari. Tout l'invitera le soir à chercher chez des amis, au cabaret et ailleurs, des distractions et peut-être même des liaisons qui deviendront funestes à la famille. De plus, ils y perdront, lui l'occasion de servir sa femme, et les enfants celle de s'attacher à leur mère par les soins qu'ils lui prodigueront. C'est par la douleur et la compassion que le cœur s'ouvre.

Mais quel sera le rôle de la mère si elle laisse les siens sans nécessité absolue aller à l'Hôpital, ou même si, riche, et dans une situation aisée, elle les confie trop volontiers à une garde-malade. N'est-ce pas, comme le disait une dame de Lyon, « perdre l'occasion très précieuse de se montrer réellement épouse et mère... sera-ce donc une étrangère qui recevra les plaintes de mon enfant, qui soutiendra sa tête endolorie, qui le consolera et rendra un autre jour les mêmes services à mon mari... hélas ! (1) »

Nous craindrions d'affaiblir par un commentaire ces nobles et profondes paroles qui résument excellemment l'esprit de *la Mère de famille*. C'est une œuvre toute imprégnée d'une tendresse virile. Elle a été conçue par le plus aimant des fils et dans cette admirable peinture de l'épouse et de la maman, il y a l'hommage respectueux et attendri de M. Rambaud à sa mère. Elle a enfin ce mé-

______

(1) Abbé Rambaud, *la Mère de famille*, p. 90.

rite unique de répondre pleinement à son objet. Bien qu'écrite spécialement pour la jeune fille de condition modeste, toute femme peut y trouver le secret de rendre heureux les siens. Le détail technique y a la place qu'il doit avoir, mais il est subordonné, comme il convient, à la loi morale du sacrifice volontairement accepté et condition nécessaire du bonheur. La maîtresse de maison n'y est plus seulement la reine de la ruche, ce qui est déjà bien, mais elle y est encore l'éducatrice des âmes et des cœurs, ce qui est mieux, et remontant le cours des temps, il lui donne pour modèle et pour sœur la Vierge des *Pieta* de la Renaissance italienne, celle qui accompagna son fils jusqu'au pied de la croix et le berce encore, inanimé et sanglant, sur ses genoux.

XIII

Ce livre exquis et original de *la Mère de famille* lui avait demandé quinze ans de réflexions
et d'observations. La plénitude des pensées, le détail caractéristique, l'adaptation exacte au milieu
sont le résultat heureux de cette lente élaboration.
Parallèlement il entreprenait, dès 1879, la rédac-
tion d'un *Cours d'Economie sociale et politique*
à l'usage des élèves de son école. Nous en différe-
rons provisoirement l'analyse pour étudier brève-
ment, pendant cette période qui va de 1879 à 1886,
l'histoire de la Cité, où nous trouverons, en partie
du moins, l'origine et l'explication de certaines
préoccupations sociales propres à M. Rambaud.

Nous avons déjà noté plus haut combien il était
l'homme de son temps, attentif à observer les moindres symptômes d'évolution, prompt à prévoir
leurs conséquences et toujours prêt à encourager
toutes les initiatives généreuses. Il écrivait de
Rome à Sœur Jeanne, le 11 juin 1883, ces mots

qui peignent au vif son caractère : « Si Dieu me prête vie, je ne renonce pas à faire du nouveau... *Faire sans cesse du nouveau est la loi du monde*, il faut bien se mettre cela dans la tête. » Et, pour illustrer sa pensée, il évoque Rome, « un entassement de trois ou quatre civilisations successivement détruites et remplacées », et il ajoute : « Ce qui est vrai des monuments *est vrai des idées et des méthodes...* » Or, à ce moment il assiste en spectateur singulièrement intéressé et clairvoyant au prodigieux accroissement et déplacement de Lyon à l'est, vers Villeurbanne.

Le long du cours Lafayette, sur cette artère vitale de la nouvelle ville, les constructions se multiplient, l'immense plaine dauphinoise se hérisse de cheminées et la vie intense d'une ruche industrieuse du Nord s'y déploie avec une rapidité et une audace qui stupéfient les vieux Lyonnais. M. Rambaud n'hésite pas, dès 1873-1874, à pousser son ami M. Renard, un des grands teinturiers de Lyon, à quitter la Chana où il est trop à l'étroit, pour édifier à la Cité Lafayette une vaste usine qui, par l'ampleur et la hauteur des ateliers, l'aération bien entendue, la largeur des dégagements, la facilité de manutention, le souci de la santé des ouvriers, donnait un bon exemple industriel et marquait un très réel progrès hygiénique. Peu à peu, avec une certaine hésitation, les quatre ou cinq cents ouvriers de M. Renard quittèrent leur vieux quartier lyonnais et vinrent chercher un

logis à proximité de leur travail. Le difficile était
d'en trouver, la demande étant supérieure à l'offre.
C'est pourquoi, à l'exemple de la Cité ouvrière de
l'Enfant-Jésus, mais sans tomber dans l'erreur
cruelle des années 1855-1866 et mêler la religion là
où elle n'avait rien à faire, M. Renard construisit
économiquement, mais confortablement, un certain
nombre de maisons dont les appartements devaient
donner un revenu de 3 1/2 à 4 pour 100 et qui
étaient réservés de préférence à ses ouvriers, dans
le double espoir, qui ne fut pas déçu, de ramener
le terme des locations existantes à un prix raisonnable par une concurrence limitée, et enfin
d'inciter les propriétaires du voisinage à bâtir
des maisons mieux distribuées, plus saines et plus
riantes.

Ces quatre cents ouvriers et leurs familles firent
boule de neige, la Cité qui, jusqu'alors, se composait seulement de quelques maisons isolées le long
du cours Lafayette prolongé, devint bientôt un gros
bourg fréquemment visité par M. Rambaud qui se
désolait avec son ami, M. Renard, de voir tant
de braves gens sans secours ni enseignement religieux faciles et pratiques, quel que fût le zèle du
clergé de Villeurbanne et des Charpennes, car plus
de deux kilomètres de mauvais chemins séparaient
ces églises de la Cité et il n'y avait pas de tram-
ways. Il rêvait d'ailleurs d'un enseignement religieux bien différent de la lettre sèche et morne du
catéchisme, nous le verrons plus tard en étudiant

son livre si profond et si personnel de *la Religion*.
Il aurait voulu donner à cette population de véritables ouvriers aux mains durcies par le cal professionnel, une vue très haute et très juste de la vie
sociale dans sa complexité admirable et leur faire
comprendre par quels liens mystérieux, en apparence, mais réels et visibles pour qui veut bien y
faire attention, la vie matérielle n'est organisée
que pour la vie du cœur. Blanc de Saint-Bonnet,
devenu le véritable maître de sa pensée, l'a dit
excellement d'un mot : « Travailler et aimer, on
n'accomplit pas d'autres fonctions ici-bas. L'homme
sort de chez lui pour lutter, il rentre de la lutte
pour aimer... Douleur et amour, l'homme ne connaît que deux soupirs (1). » Mais la douleur qui
est au fond du travail et de l'amour, et sans
laquelle nous ne pouvons les concevoir ici-bas,
fait de la vie une énigme et une absurdité, si la
douleur endurée librement n'a pas pour raison de
nous rendre capable de sortir de notre égoïsme
et de nous élever jusqu'à l'amour infini. Cette
thèse explique la pensée entière de M. Rambaud.
C'est à elle qu'il était arrivé dans les deux ou
trois années qui suivent son retour de la captivité
de Kœnigsberg. Il la pénètre complètement et en
fait le fondement solide, dès 1878-1880, de tout
son enseignement religieux.

Pour amener à Dieu ces braves gens et leur ou-

(1) Blanc de Saint-Bonnet, *la Douleur*, pp. 28-29.

vrir un horizon vers la vie réelle, il songe avec
le concours dévoué de M. Renard, à construire une
chapelle à proximité de l'usine. Là, suivant la coutume de la Cité de l'Enfant-Jésus, la porte sera
toujours grande ouverte. Y viendra qui voudra, le
jeudi et le dimanche, entendre une parole qui ne
ressemble à aucune autre. C'est la maison de tous ;
nul n'y règne que l'absolue liberté. Avec une large
compréhension du temps dans lequel nous vivons,
de l'évolution légitime et nécessaire des idées, il
accepte pleinement et de grand cœur que l'Etat, la
société laïque, se chargent de besognes que
l'Eglise faisait jadis, alors que personne autre
qu'elle n'était capable de le faire et ne voulait s'en
occuper. Il ne croyait pas que nous eussions intérêt à ressusciter les Frères Pontifes, puisque l'école
polytechnique et l'école centrale fournissaient presque en surabondance des constructeurs de ponts.
Il n'estimait pas qu'il y eût une arithmétique, ni
une grammaire, ni une géographie, ni une histoire catholiques. Il en voyait le danger qui est
de donner une entorse aux faits au grand détriment de la vérité, et il s'y refusait énergiquement.
C'est pourquoi il réclamait, en retour, le droit
pour l'Eglise et pour lui, prêtre, d'enseigner une
doctrine qui, nous le verrons, donne un prix infini
à la vie, offre à toutes nos facultés un champ illimité d'action virile, et nous fait les serviteurs
loyaux et zélés de notre pays et du monde. M. Renard, séduit par ces nobles idées et entraîné par la

contagieuse ardeur de M. Rambaud, lui fit don, en 1879, de huit ou neuf cents mètres de terrain, sur le chemin de Saint-Antoine, des scories de son usine et de quelques milliers de francs. Bientôt, une chapelle de construction très économique s'y éleva. C'était une simple nef en pisé de mâchefer, voûtée en briques, largement éclairée par des baies en ogive ; l'église d'une mission dans un quartier industriel en formation. A droite et à gauche, furent construits deux modestes bâtiments aux murs blanchis à la chaux et meublés de bancs et de quelques chaises de paille pour les catéchismes. Le bâtiment de gauche fut réservé aux garçons, celui de droite aux jeunes filles (1).

Mais le plus difficile n'est pas de bâtir une église, il faut encore pouvoir l'ouvrir. Je ne sais si M. Rambaud avait eu la sagesse d'entreprendre les négociations préalables et nécessaires avec les deux paroisses lyonnaises de Saint-Joseph et du Sacré-Cœur et avec la paroisse de Villeurbanne qui, bien que située dans le département du Rhône, est restée rattachée à l'évêché de Grenoble. Il est fort probable qu'il eut le tort de s'en être assez peu soucié pour se heurter à des obstacles qui ne furent aplanis que par l'intervention de Mgr Fava, tout ému de rencontrer devant lui cet homme

(1) En 1880-1882, M. Rambaud fit construire deux petites maisons pour y loger des vieillards. La mort ne lui a pas permis d'agrandir cette Cité Lafayette qui rendrait de très grands services dans ce quartier qui compte aujourd'hui plusieurs milliers d'ouvriers.

vraiment supérieur par le génie et l'ardente foi.
Néanmoins, l'évêque ne put lui accorder qu'une autorisation précaire et pleine de réserves, limitée au
droit de dire la messe et de faire un catéchisme
d'enfants sans préparation immédiate à la première
communion. Ce fut probablement la cause heureuse
d'une entreprise mieux conçue et plus féconde. Il
songeait déjà à s'établir dans le quartier de l'Industrie, lorsqu'à l'inauguration de la chapelle de la
Cité Lafayette — 25 août 1879 — il annonçait à
son immense auditoire, en paroles très simples et
très hautes, le miracle de cette journée : l'arrivée
de Dieu civilisateur et consolateur au milieu d'eux.
« Partout, ajoutait-il, on devrait désirer sa venue,
mais nulle part plus que dans ces quartiers voués
aux rudes travaux de l'atelier qui éloignent trop
souvent le père et, hélas ! la mère du foyer. Dieu
seul pouvait rétablir la famille en inspirant au
père un amour encore plus tendre pour sa femme
et ses enfants, en élevant si haut son cœur qu'il
eût la légitime ambition de gagner à lui seul par
plus de travail et de vertu le pain quotidien, pour
que l'épouse retrouvât sa place à côté du berceau
et de nouveau fût la joie et la lumière de la famille. » On sentait dans tout ce discours, qui malheureusement ne fut pas sténographié, l'ardent
désir de se donner, de se dévouer et d'entreprendre
même au delà de ses forces.

Un an plus tard, à la suite d'une conversation
avec M. Gillet père, il achetait un terrain dans le

quartier de l'Industrie, entre la rue des Docks et la Saône, sur la commune de Saint-Rambert-l'Ile-Barbe, au nord de Vaise. Sur un plan plus vaste il édifia une chapelle tout aussi économique dans sa construction que celle de la Cité Lafayette, et il y ajouta bientôt une maison pour cinquante vieillards (1). Il ne semble pas qu'ici M. Rambaud ait rencontré aucune difficulté ecclésiastique. L'archevêque de Lyon l'aimait et sentait trop vivement l'utilité de cette œuvre pour ne pas lui être pleinement favorable. En tout cas, il n'y eut pas de restrictions et M. le curé de Saint-Rambert accepta de grand cœur la collaboration des Sœurs et de M. Rambaud pour la préparation à la première communion, qui s'y fait chaque année à la fin des grandes vacances.

Le hasard, ou mieux la Providence avait ramené M. Rambaud en face de la propriété où s'étaient écoulées ses années de jeunesse et où il avait fait ses premiers rêves si doux d'adolescent. De l'autre côté de la Saône, sur le quai de Cuire, il voyait émerger du milieu des arbres le toit de la maison paternelle et, au flanc du coteau, grimpait toujours le sentier qu'il avait suivi tant de fois en se

(1) Il aimait à y passer ce qu'il appelait ses vacances. Le labeur de sa longue journée était accablant. Néanmoins, il ne se décidait pas, le soir, à prendre un repos bien gagné et nécessaire. Il veillait tard, causant avec une ardeur inlassable de tout ce qui le préoccupait. Vers dix ou onze heures, il congédiait ses auditeurs en se louant d'avoir passé des heures trop courtes et si heureuses dans des pensées qui consolent, et font le véritable prix de la vie.

rendant à son bureau. Bon nombre de ceux qui l'écoutaient au jour solennel de la bénédiction de la chapelle (15 août 1881), attendaient presque une allusion et plus d'un eût cédé, j'en suis convaincu, à la douceur d'une confidence et d'un retour ému vers le passé. Leur curiosité fut déçue. Cet homme évangélique s'oublia complètement et ne parla que de Dieu Père avec une profondeur d'accent qu'aucun de ses auditeurs n'a certes oubliée.

Il retrouvait là de véritables ouvriers dans ce quartier de l'Industrie. De tout cœur et avec une tendresse, dont il s'étonnait lui-même, il se donna entièrement à eux, étudiant leur vie, scrutant leurs pensées, attentif à leurs aspirations et rêvant d'aider par des moyens nouveaux à leur ascension vers le bien et le bonheur. Dans d'infinies causeries, il s'entretenait de cette population ouvrière avec ses amis, M. Magloire Martin (1), qui contribua géné-

(1) M. Magloire Martin fut le type achevé du Lyonnais. Naturellement passionné pour les œuvres d'art, la musique, il se refusa tous ces plaisirs, si légitimes qu'ils fussent, pour pouvoir donner généreusement et s'imposer, au milieu de la richesse, la plus dure des privations volontaires. Une quinzaine de lettres de M. Rambaud à M. Magloire Martin ont été conservées. J'en dois la communication à Mme Ch. Galle. Elles vont du 13 novembre 1880 au 9 août 1893. M. Rambaud confie avec tremblement à M. Magloire Martin son angoisse (20 septembre 1883). « ...Vous m'avez dit d'avoir recours à vous, si j'en avais besoin... oh ! oui, j'en ai grand besoin, plus que je ne le dis... » et il s'accuse très humblement de ce qu'il appelle ses erreurs. Le 28 septembre, il remercie son ami de sa charité. Il lui annonce que la maison « se peuple chaque jour un peu plus de vieillards » et qu'il « com-

reusement à la construction de la maison Sainte-Claire consacrée aux vieillards, et surtout M. Gillet père. C'était son incessante préoccupation au milieu d'inextricables difficultés financières dont quelques billets nous ont conservé des détails singulièrement cruels. Un de ses amis les plus chers lui dit avec une délicatesse touchante, dans une lettre du 10 janvier 1883 : « Vous m'écrivez sous une impression un peu triste ; cela ne vous est pas habituel. Avez-vous quelque difficulté spéciale ? Certainement votre tâche est lourde ; vous avez agrandi peut-être un peu trop ces années-ci le cercle de votre action... Vous vous êtes mis de la famille nouvelle sur les bras, donc du souci et du travail (1). » Un mois plus tôt, ce même ami lui avait envoyé douze mille francs pour payer une dette criarde. Il lui écrivait vers la même époque (27 novembre 1883) : « J'irai vous voir un de ces jours, nous causerons de vos ennuis : vous aurez du mal à remettre les choses sur le pied où elles étaient il y a quelques années... mais aussi, que de bien aura été accompli. » Il ajoutait à ces doux reproches un peu mérités, car M. Rambaud avait accru la dette de la Cité de près de deux cent mille

mence à moins en vouloir à sainte Claire » qui lui mit dans la tête de bâtir cette maison. Or, *Claire* était le prénom de Mme Martin, décédée depuis plusieurs années. Cette maison sous le vocable de Sainte-Claire et un vitrail, consacré à la même sainte, perpétuent à la Cité de l'Industrie le souvenir de la générosité de cet homme de bien.

(1) Lettre de M. J. G.

francs (1), cette définition, entre toutes exacte, de cette âme ardente : « Il n'y a pas de milieu pour certaines natures : ou ne rien faire, et alors à quoi bon vivre ? ou bien donner toute sa mesure et lutter chaque jour jusqu'au dernier jour. » Ce noble ami qui, à mon sens, a le mieux compris et aimé en M. Rambaud l'homme fait pour l'action et capable des plus grandes entreprises, lui écrivait encore, la même année, ce saisissant parallèle de leur activité : « Je vous suis par la pensée dans vos travaux. Pendant que nous poursuivons notre tâche matérielle, que nous cherchons à faire des affaires, à exciter les commandes..., à améliorer notre travail de manière à faire mieux que nos concurrents, pendant que nous faisons souvent la guerre, vous poursuivez un autre but. Votre champ est illimité... Vous n'avez pas à craindre d'encombrement dans la carrière que vous avez choisie. Nous, nous avons toujours peur que le champ nous manque (2)... »

Il est difficile de raconter par quels prodiges de générosité la Cité fut sauvée d'une ruine totale. L'huissier vint, certain samedi matin, pour exercer son ministère. Le dimanche soir, on devait célébrer la fête des rois dans la salle du Dôme ; tous les préparatifs étaient faits. M. Rambaud les montra à l'huissier et le supplia d'attendre au lundi matin, en lui disant qu'un jour n'était rien pour les créan-

(1) La dette totale s'élevait, en décembre 1883, à 420.000 fr.
(2) Lettre de M. J. G. à M. Rambaud, 8 octobre 1883.

ciers, que c'était beaucoup pour Dieu et sa bonté. Le brave homme finit par y consentir. Rarement fête fut plus joyeuse. Par un admirable effort sur lui-même, M. Rambaud sut dissimuler son angoisse profonde. Mais un ami la devina. Tout en causant, il glissa dans le tiroir entr'ouvert, car il était vide, une liasse de plusieurs billets de mille francs. M. Rambaud, le lundi matin, les trouva. Le cœur ému d'une profonde reconnaissance, et l'âme transportée par ce miracle de l'amitié, il calma, encore une fois, des créanciers trop exigeants.

Au milieu de ces inquiétudes, il se décida, en juin 1883, à se rendre à Rome, avec le bon Frère Paul. Une demi-douzaine de billets conservés nous offrent, avec les raisons de ce voyage, quelques détails caractéristiques sur les deux compagnons et la Cité. Un ancien élève de l'Ecole avait formé le projet de devenir prêtre et de coopérer, dans la mesure de ses forces, à l'œuvre de son maître. M. Rambaud, ravi, voulut lui faire donner, aussi profondément que possible, la connaissance de cette philosophie de saint Thomas d'Aquin qu'il avait entrevue pendant son séjour à Saint-Sabine et, plus tard, moins pénétrée et assimilée que conquise de vive force et un peu violentée pour la faire cadrer avec ses propres idées. Or, Léon XIII venait de publier son Encyclique fameuse sur le Grand Docteur. La philosophie reprenait sa place légitime dans la théologie. Rome, à nouveau, indiquait la véritable voie. Le pape conviait à faire ce qui, depuis si longtemps, se pratiquait dans une modeste école primaire. Il fallait donc partir pour Rome. Mais quelle déception ! Le 8 juin, M. Rambaud écrit : « Voyez ce que sont les choses de ce monde. C'est à Rome, le Pape a parlé, il a demandé que l'on étudie saint Thomas. Eh bien ! Je ne sais pas encore si Baptiste pourra suivre les cours de saint Thomas en venant au séminaire Français. » Un peu plus loin, il conte l'éblouissement de Frère Paul et le sien, car il ne se souvenait plus suffisamment de ce qu'il avait vu, devant les galeries et la bibliothèque du Vatican. Et il ajoute ces paroles profondes : « Quel fardeau pour la Papauté !... L'Eglise a eu la mission de sauver l'esprit humain en conservant les lettres et les arts au milieu des invasions barbares et des agitations du moyen-âge. Mais aujourd'hui est-il encore nécessaire qu'elle conserve cette mission qui n'a qu'un rapport éloigné avec sa véritable mission ? » A notre grand regret, il tourne court au milieu de ses réflexions et renvoie ces considérations pour Lyon. D'ailleurs, il vit par la pensée bien loin des merveilles d'art qu'il contemple... « A travers tout cela, dit-il, je ne vois que la Cité, Vaise, Villeurbanne, cet amas de choses imparfaites, mais qui sont peut-être bonnes parce qu'elles sont imparfaites ; lorsqu'elles seront parfaites, il y règnera peut-être l'affreuse négligence que l'on voit... dans ces chefs-d'œuvre d'architecture. » Il écrit encore d'Ancône, sur le même sujet : « Ce matin... nous avons dit la Sainte Messe chez les Dominicains. Quelles nappes !... où étiez-vous, belles nappes blanches, linges blancs des sœurs... Les plus beaux autels de marbre, s'ils sont négligés, ne valent pas un autel de bois... » L'âme et l'esprit formés par l'expérience de la vie, les longues réflexions, les lectures historiques, il comprend qu'un monde nouveau naît. A Lorette, dans la *Santa Casa*, il assiste, dit-il, « au plus remarquable exemple de ce que peut la Foi dans les âmes... rien de plus singulier (1)... Mais tout n'est pas certainement à y louer... cela s'en va... Autre chose vient et la Foi doit nous faire dire que ce ne sera pas moins bien. » Il a surtout trouvé dans son voyage le désir plus ardent de continuer l'œuvre essentielle de sa vie, l'enseignement philosophique : « Attachons-nous bien à notre méthode... tout ce que je vois ici (à Rome) ne peut que la faire aimer davantage (2). » Son projet est de mettre, dès son retour, ses cahiers bien en ordre et d'achever son traité d'*Economie Sociale et Politique.*

(1) Il s'agit probablement de l'originale procession déjà décrite, en 1749, par M. Visse, directeur au séminaire de Saint-Irénée à Lyon : « Comme la chapelle (de Notre-Dame de Lorette) est isolée, la dévotion des pèlerins est d'en faire le tour sur leurs genoux. La répétition fréquente de cette cérémonie a creusé le marbre, de sorte qu'on voit tout autour la place des genoux marqués. » Un pèlerin lyonnais à Rome et à Lorette, en 1749, par M. J.-B. Vanel, *Bulletin de la Société Littéraire, Historique et Archéologique de Lyon,* octobre-novembre-décembre 1904, p. 184.

(2) Lettre à Sœur Jeanne, du 11 juin 1883.

XIV

C'est dans une cellule de quelques pieds carrés, blanchie à la chaux, sur une table faite de quatre rondins et d'un plateau à demi-écorcés, à côté d'un grabat recouvert de deux grossières couvertures en laine grise, qu'a été composé l'ouvrage d'économie politique (1) le plus compréhensif peut-être, le plus accueillant certes à toutes les réformes légitimes, plein de pitié virile pour le pauvre, rempli de hauts et sages conseils pour les riches, et animé partout d'un admirable optimisme qui n'a rien de béat, car il repose sur les connaissances profondes d'un financier, d'un industriel rompu aux affaires, d'un véritable homme d'Etat.

M. Rambaud l'a écrit avec une passion et une joie qu'il ne peut se dissimuler, dont il est confus et dont il s'excuse. Très humblement, il se demande

(1) *Economie Sociale et Politique ou Science de la Vie,* par l'abbé Camille Rambaud, in-8, xii-359 p., 1887, Lyon, Vitte et Perrussel, Paris, Victor Lecoffre.

si le prêtre a le droit de s'occuper d'une science considérée jusque là comme profane (1). Il ne se rassure qu'en découvrant, derrière les questions de production et de consommation, le régime des douanes et des monnaies et les intérêts de telle ou telle industrie, la science sociale par excellence, celle *des lois de la vie* pour les hommes groupés en société (préf., p. VII). Or, l'existence des sociétés fait partie du plan divin ; c'est une des conditions nécessaires pour que nous puissions ici-bas atteindre la fin pour laquelle nous avons été créés. Il en résulte donc que, religieusement parlant, nous devons connaître les lois fondamentales et les institutions essentielles de notre pays, pénétrer la raison d'être des phénomènes sociaux, sinon il peut nous arriver, comme le dit spirituellement M. Rambaud, qu'après avoir, dès le matin, remercié Dieu de la nouvelle journée qu'il nous donne, nous ne fassions ensuite que murmurer, pendant toute cette même journée, contre les moindres accidents de la vie, contre les moindres charges imposées par cette société civile à laquelle nous appartenons et à laquelle nous devons tant. « Je fais profession, ajoute-t-il, de croire que Dieu veille sur le petit oiseau qui voltige de branche en branche... et par ma conduite, je ne semble pas croire qu'il veille sur ce monde industriel, commercial et administratif qui m'entoure (2).. »

(1) *Économie Sociale et Politique*, préface p. VI.
(2) *Économie Sociale et Politique*, préface, p. VIII.

C'est une ignorance coupable, puisqu'elle peut amener le *découragement* (1). Rassuré par ces considérations à la fois ingénieuses et profondes, en tout cas très nobles, M. Rambaud s'abandonne à ses conceptions sociales, déroule le large tableau du monde civilisé, dresse les budgets, étudie le mécanisme des impôts et les relations qu'ils soutiennent avec la prospérité des peuples dans un ravissement où nous retrouverons le jeune fabricant de 1848, l'homme qui avait rêvé un grand rôle politique et à qui, malgré son renoncement volontaire et son sacrifice total, ces souvenirs à demi évoqués sont infiniment doux.

Il rédige ses notes au courant des années 1882-1885 avec la préoccupation d'agrandir l'horizon intellectuel de ses amis, des jeunes fils de fabricants et des élèves de la Cité de l'Enfant-Jésus. Nous avons cité plus haut une lettre du 11 juin 1883, envoyée de Rome, dans laquelle il se proposait de faire tout son possible pour mettre ses cahiers bien en ordre. Parmi ces cahiers, le plus avancé est celui d'Economie politique. Provisoirement la méthode d'Enseignement raisonné, publiée en 1869, suffit. Si M. Rambaud n'a cessé, dès Kœnigsberg, d'en modifier le plan, d'en rédiger, pour la sixième ou septième fois, une exposition qu'il juge plus claire et qui, en tout cas, est beaucoup plus personnelle, il n'est pas encore satisfait. Cet

(1) *Economie Sociale et Politique*, préface, p. IX.

homme d'action, ce causeur étincelant, ce professeur incomparable, voit son système et le fait voir à ceux qui l'écoutent, dans une lumière prestigieuse, l'anime de sa passion, le colore des plus riches couleurs de son imagination si vive ; mais, lorsqu'il est devant un cahier de papier blanc, son enthousiasme tombe, il lui manque un auditoire, et le dieu s'est enfui, le laissant tout seul bien embarrassé et bien désenchanté. Lui-même l'a dit en un mot mélancolique : « Je sais bien mieux dire que faire. »

C'est l'impression que nous éprouvons en relisant ce livre qu'il a intitulé si justement *Economie Sociale et Politique ou Science de la Vie*. Pour le goûter pleinement, il faut le concevoir causé, restituer le geste, l'accent de la voix, l'outrance paradoxale de l'affirmation et se souvenir qu'il n'est qu'un canevas de leçons autrement vivantes et réellement faites aux Sœurs et aux élèves de la Cité. Par là s'expliquent son plan et sa forme. Il débute par une ample et originale exposition, un peu longue (1) à la lecture, « de la multitude des choses nécessaires à un peuple civilisé (2). » Ici, tout détail est essentiellement lyonnais. Nous sommes, bien que l'auteur ne le dise pas expressément, au pied de la montée du Griffon, sur la place Tholozan, où l'on salue très bas un homme affairé et soucieux devant lequel chacun se range. Est-ce

(1) Cf. pp. 7 à 47.
(2) *Economie Sociale et Politique*, p. 6.

un haut fonctionnaire, quelque profond diplomate ?
Un grand écrivain ? Cherchez moins loin, vous
êtes à Lyon ; notre homme est tout simplement le
chef d'une immense usine qui fabrique ou teint
des millions de petites bandes de tulle ou de
satin « dont est orné le bonnet de la fillette qui
passe » (1). Mais cet hommage va, non sans raison,
à ce créateur d'entreprises, à ce promoteur de travaux grâce auxquels « des centaines de familles
peuvent vivre d'un travail honnête, élever leurs enfants et, en résumé, atteindre le but pour lequel
Dieu les a créées » (2). On voit, j'imagine, le causeur et avec quelle souplesse et quelle ingéniosité
il nous entraîne du détail pittoresque, amusant et
local, aux plus hautes considérations. Il se joue
encore, quelques lignes plus loin, à opposer les
torrents de fumée d'une gigantesque cheminée,
les wagons de charbon qui se déchargent à la
porte, le bruit d'une puissante machine à vapeur,
le tout pour quelques écheveaux de soie à teindre,
un peu de gomme à étendre sur des « étoffes si légères qu'un souffle les soulève » (3). Mais ce labeur,
si futile qu'en soit la cause première, met de l'aisance au foyer et une part des bénéfices du patron
ira enfin faire vivre l'asile des vieillards... qui est,
je suppose, celui de la Cité. Sans défaillance, avec
un entrain croissant de page en page, et cette

(1) *Economie Sociale et Politique*, p. 7.
(2) *Economie Sociale et Politique*, p. 7.
(3) *Economie Sociale et Politique*, p. 8.

passion d'enseigner qui le caractérise, M. Rambaud n'oublie rien de ce qui peut faire comprendre à son élève l'extraordinaire complexité du monde et la nécessité d'en étudier les lois plus essentielles à connaître, pour remplir son devoir de citoyen et d'homme, que celles des sciences physiques, chimiques et naturelles. Nous ne le suivrons pas dans ce détail infini ; nous n'en retiendrons que ce qu'il y a d'original et ce qui peut nous faire mieux entrer dans l'intimité de ce pénétrant observateur : sa conception spiritualiste de l'organisation matérielle du monde, la famille, le travail, la noblesse de la carrière commerciale, l'utilité de concevoir et d'exécuter, si possible, de grands projets.

Cet homme si passionnément épris d'action, heureux de tracer à grands traits l'histoire de ce monde économique, de rêver, plume en main, à ce qu'il aurait pu faire, ne se laisse pas arrêter à la surface brillante des choses et, derrière la matière, il aperçoit et montre l'esprit. Ni commerce, ni industrie, ni civilisation, affirme-t-il, ne pourraient exister sans études littéraires et sans philosophie (1). Nous retrouvons ici l'idée maîtresse qui lui avait inspiré, en 1869, sa *Méthode d'Enseignement raisonné*. Au dessus des hommes techniques, il faut, en effet, dans tout commerce, dans toute industrie et dans toute société policée, des âmes hautes et nobles, des intelli-

(1) *Économie Sociale et Politique*, p. 83.

gences qui aient entrevu l'unité, la constance et l'ampleur des lois qui régissent le monde derrière les phénomènes infiniment variés, discontinus et transitoires. C'est à elles qu'incombe la lourde et indispensable tâche de l'humanité : opposer à la puissance brutale de la matière, d'abord pour l'empêcher d'être oppressive, ensuite pour la discipliner et enfin pour la rendre bienfaisante, l'intelligence qui calcule et prévoit, le cœur qui compatit. Mais qui peut donner aux hommes ce tact, ce sens, cette lumière presque divine, sinon la vision du beau réalisé par les peintres, les sculpteurs et les poètes, le monde révélé dans sa continuité et ses lois par les grands historiens, l'homme scruté par les moralistes, l'unité, l'ordre, la méthode substitués au chaos des faits par la philosophie ? C'est ainsi que se réalise, dans les meilleurs de nous, comme un tableau abrégé mais fidèle de l'univers. Ils portent en eux comme une image de toute l'humanité, et leur conscience s'agrandit et se fortifie par la vue très claire, très haute, très nette, de nos destinées. Par là, ils se préparent à exercer, avec plus ou moins de sagesse, ce gouvernement supérieur des choses. Mais même dans un domaine plus étroit, cette haute culture littéraire n'en reste pas moins indispensable. Le mathématicien, le physicien, l'astronome, le chimiste qui créent et reculent les bornes de nos connaissances, ne sont, à les regarder de bien près, que des poètes. Ils vont à l'inconnu, guidés par de mystérieuses intuitions ; leur imagination puissante a d'abord dressé l'hypothèse audacieuse, pressenti le réel avant de le découvrir et de le vérifier expérimentalement. Quand nous les connaissons bien et que nous pouvons pénétrer jusqu'à l'âme d'un Galilée, d'un Képler, d'un Newton, d'un Ampère, d'un Pasteur, d'un Berthelot, nous découvrons en eux des trésors de philosophie et d'art lentement accumulés par leurs lectures et leur contemplation des chefs-d'œuvre. C'est émus et transportés par les vers d'un grand poète et les conceptions d'un profond penseur qu'un jour ils ont entrevu, dans un ravissement infini, l'harmonieux équilibre des mondes, les affinités moléculaires, l'infini pullulement de la vie, les mystérieuses synthèses de la chimie.

Nous voilà bien loin des traités ordinaires d'*Economie Politique*. Mais on aurait tort de sourire. Cette puissance impondérable de la pensée et de la haute culture n'en reste pas moins le véritable ferment nécessaire à l'organisation de la vie civilisée. Que tous les économistes ne soient pas capables de la concevoir ni de l'étudier, c'est possible, mais leur impuissance ne prouve rien que leur impuissance ou leur myopie. Le problème n'en existe pas moins et il rentre légitimement dans le programme que s'est tracé M. Rambaud : *la description raisonnée de nos sociétés* (1). C'est guidé par le même sens spiritualiste qu'il trouve dans la famille, le

(1) *Economie Sociale et Politique*, pp. 217-218.

centre vital et les lois essentielles de la société (1).
Tout ce qui la favorise est bon, tout ce qui lui est
contraire est mauvais. Le monde n'est intelligible
qu'en tant qu'il est la protection d'un berceau et
la condition des vertus qui se développent dans
le cœur du père, de la mère et de l'enfant. Or,
comme « la femme épouse, mère, fille ou sœur
est la base, l'auteur... de cette vie intérieure (2) »
toute institution sociale, toute loi, toute industrie
n'est légitime et acceptable que si la femme peut,
à son abri, remplir sa mission.

Voilà le *critérium* infaillible, toujours présent à sa
pensée, au nom duquel il examine, éclaire et juge les
phénomènes sociaux. Il le rend tout d'abord fort indulgent pour les temps où nous avons, dit-il, le bonheur de vivre. Car, en somme, jamais dans son ensemble la paix sociale n'a été plus profonde et la possibilité de fonder une famille et de l'élever à l'abri
des lois plus assurée. Certes, rien n'est parfait, le ciel
n'est pas toujours sans nuages, mais faut-il le regretter ? Si nous avons besoin de la paix sociale, nous
devons redouter la paix qui amènerait la torpeur et
l'engourdissement des âmes. De là, un libéralisme
singulièrement ferme et prudent. Nulle solution
sociale, si hardie puisse-t-elle être, ne l'effraie
tant que la famille ne court pas le risque de périr.
C'est ainsi que, devant le problème inquiétant du
machinisme et des grandes usines, il arrive à ce

(1) *Economie Sociale et Politique*, p. 227.
(2) *Economie Sociale et Politique*, p. 224.

jugement entre tous profond et équitable. La machine et l'usine sont un bien auquel nous devons
de n'avoir plus l'appréhension de la famine; auquel
nous devons une libération plus grande de l'âme,
puisqu'elles donnent à l'homme plus de temps pour
la pensée (1). Ses inconvénients pour l'ouvrier sont
presque nuls. Ils peuvent être vaincus chez le
travailleur par une formation plus vigoureuse de la
volonté, par une éducation plus virile et plus
haute de l'intelligence et de la raison. Le patron
doit lui-même s'élever à une conception plus morale de son devoir social et par l'élargissement du
cœur et la pratique personnelle de la bonté, devenir, comme jadis M. Frossard à la Buire, un
conducteur et un directeur d'hommes personnellement connus, appréciés et aimés. Enfin, le dimanche, « cette fête de l'humanité », rigoureuse-
ment observé, lui accorde la trêve sacrée indispensable pour réparer ses forces physiques, aimer et
emplir son âme des plus nobles et des plus conso-
lantes émotions que la famille, la nature et Dieu
peuvent donner. Mais le travail de l'ouvrière est
un mal nettement irréparable. C'est un crime contre nature. Avec la femme à l'atelier disparaît la
vie du cœur pour le mari et l'enfant, et toute véritable civilisation. Notre barbarie réelle, si ce mal
empirait, serait, malgré l'apparence, plus grande
que celle des hordes sauvages de Gengis-Khan ;
car, sous la tente de poils de chameaux, le Tartare

(1) *Économie Sociale et Politique*, p. 228.

au nez écrasé trouvait une épouse et une mère qui avait le temps d'aimer son mari et ses enfants.

Donc, tout ce qui retarde, plus qu'il ne convient, l'âge du mariage et diminue les naissances et rend moins sûr et moins intime le foyer, est mauvais. C'est par là que M. Rambaud s'élève au nom de l'enfant, des époux et de la société elle-même, contre le divorce. Sa simple possibilité est un effrayant danger que le moraliste signale d'après, je crois, des observations personnelles. Il est bien rare que le premier enchantement passé, peut-être même par suite de cette ivresse du cœur trop forte pour pouvoir durer et s'accroître, les deux jeunes époux ne se croient plus heureux pour l'avoir été trop. A la vie d'exception et à ses joies succèdent les devoirs quotidiens, la monotonie des jours qui n'ont plus rien d'imprévu, les heurts de caractères, les petits égoïsmes, les désirs confus, inavoués, imprécis, qui, bien souvent, transforme-raient l'amour en haine injustifiée, mais d'autant plus féroce, si la tentation du divorce existait. Le bienfait de l'indissolubilité du mariage est de faire passer sur ces petits défauts, puis « l'âge venant, l'habitude aidant, on finit, tout en souf-frant peut-être encore un peu... par être mille fois moins malheureux que si l'on s'était séparé (1). »

(1) Un rien suffit pour rompre des liens que l'attrait na-turel avait seul formé, et qui ne reposaient pas sur notre secret amour pour tout ce qui nous coûte et nous fait souf-frir. *Économie Sociale et Politique*, p. 218 et p. 339.

La propriété ne lui paraît pas avoir de fondement plus solide que l'instinct paternel et la nécessité d'un foyer stable pour y établir une femme et des enfants. Il connaissait et répétait avec esprit, et fort à propos, tout ce qu'on a dit de raisonnable sur l'origine des biens, mais en sentant que là n'est pas la véritable raison (1). Certes, personne ne peut raisonnablement contester que si une terre en friche, absolument improductive, ne devient une terre à blé que par l'énergique et rude travail d'un homme, cette transformation logiquement ne lui crée un droit sur la terre. Mais est-ce un droit pour toujours ou à temps ? Nous avouons qu'à notre sens aucun économiste n'a donné une solution pleinement satisfaisante à ce problème. Entre l'axiome de Proudhon « *la propriété c'est le vol* » et le *jus utendi et abutendi* des jurisconsultes joint à l'idée de pérennité, il y a place pour la vue profonde, si je la comprends bien, de M. Rambaud. Le père, suivant les belles paroles de Platon dans le *Phèdre*, participe par la paternité à l'immortalité des dieux. Il transmet une part de vie éternelle à son fils qui la transmettra à son tour à ses petits-enfants. Cet acte créateur, il le répète dans la main mise sur la terre ; il la façonne pour son fils et il la lui lègue comme un

(1) Il est bon de noter que M. Rambaud a promis un chapitre XXI sur la propriété. Il y renvoie même à la page 219. *Nous avons dit plus haut, chapitre XXI, ce qu'était le droit de propriété*, mais il ne l'a pas écrit, ou du moins imprimé.

moyen de soutenir et de perpétuer cette vie qu'il lui a donnée. Propriété et génération sont les deux formes du même instinct paternel, par elles nous nous survivons et accomplissons l'obligation innée en nous. S'il en était autrement, si le foyer déjà si éphémère de nos villes devenait la loi ; si nous vivions en égoïstes, au jour le jour, avec le souci de dévorer tout ce que nous acquerrions, puisque nous ne pourrions plus le « transmettre » à nos fils après notre mort et nous « survivre » par « cette belle et sainte loi de l'hérédité (1) », alors les véritables familles disparaîtraient, la véritable civilisation, qui est celle du cœur et des nobles sentiments, ferait place à la plus triste des barbaries, celle qui combine, sous l'élégance du décor, tous les vices des sauvages et des décadents.

Mais si le foyer-propriété est lié à l'idée de paternité, ne faudrait-il pas que l'Etat en assurât un à chaque citoyen qui veut fonder une famille ? M. Rambaud eût repoussé avec horreur ce présent. L'acquisition de la propriété doit provenir d'un acte libre ; elle doit être le résultat du travail et de l'épargne pour être formatrice du cœur et développer en l'homme le sentiment de la responsabilité et de la dignité. Ce n'est qu'à ce titre qu'elle est un accroissement de la personnalité. C'est par là que cet homme, qui avait renoncé pour lui-même à tous les biens d'ici-bas, n'a cessé de pousser ses amis à entreprendre sans cesse de

(1) *Economie Sociale et Politique*, p. 220.

nouvelles industries, des constructions, des défrichements, et à les lancer dans tous les domaines de l'activité humaine ; c'est pour cette raison qu'il a écrit tout à la fin de son livre ces chapitres si nouveaux sur la noblesse ou grandeur de la carrière commerciale (1) ; sur l'obligation où est le fils d'un négociant de continuer l'industrie de son père sous peine de déchéance (2) ; sur la formation qu'il faut donner à nos enfants pour leur faire comprendre qu'ils doivent être les citoyens de leur temps et consacrer une partie de leur loisir, de leur fortune et de leur vie au bien de l'Etat.

Je ne pouvais m'empêcher de songer, en parcourant ces pages toutes vibrantes d'une mâle émotion, d'un entrain juvénile, au plaidoyer de Mathevon devant le Père Lacordaire. Par un singulier contraste, ce sont les idées dont se raillait le Père Lacordaire en 1852 et M. Rambaud lui-même, que notre auteur reprend ici pour son compte. Le temps et l'expérience avaient enseigné à cet homme, dont les qualités maîtresses furent toujours l'absolue sincérité et le don de vieillir en apprenant, que le renoncement est vertu d'exception, mais que le labeur quotidien, le goût et le sens des grandes affaires, la probité du commerçant, le courage du soldat, la science du savant, les calculs de l'homme d'Etat, sont les conditions essentielles et normales de la marche du monde. Il n'y a pas

(1) *Economie Sociale et Politique*, p. 289.
(2) *Ibid.*, p. 287.

contradiction ici, il y a simplement enrichisse-
ment.

Quel beau programme d'action M. Rambaud trace
aux chrétiens et comme son livre répond aux
injustes critiques de ceux qui ne voient dans la
doctrine du Christ qu'un élément de résignation
passive et presque d'abêtissement volontaire, de dé-
sertion sotte de la lutte et de l'effort pour améliorer notre condition et celle de nos concitoyens. Il
leur montre tout grand ouverts les chemins qui
conduisent à la fortune et à l'honneur. Il y a,
dit-il, de la place pour tout le monde dans toutes
les formes du travail : « Tu as une tête, mon ami,
une force quelconque, des bras, utilise-les, fais-
toi une place, tu le peux, et ne t'inquiète pas, tu
ne prendras la place de personne, la place que
tu auras, ce sera toi qui l'auras créée (1). » Ce
conseil viril du travail, il ne le donne pas seulement à ceux qui ont reçu de la nature, avec la
pleine santé intellectuelle et physique, la volonté qui
maîtrise la fortune, mais plus encore aux débiles,
aux faibles, aux moins bien doués : « Et, fais-y
bien attention, il est même de ton intérêt de te
tenir debout et de lutter avec courage tant que tu
le pourras, car si dans le grand combat de la
vie les faibles, les blessés et les déserteurs de-
viennent par trop nombreux, alors il se passe dans
la société ce qui se passe à la guerre dans les dé-

(1) *Économie Sociale et Politique*, p. 286.

routes... les blessés ne sont plus relevés, mais impitoyablement délaissés et foulés aux pieds (1). »

Il ne craint pas, lui, prêtre, de promettre, comme fruit et récompense du travail, la fortune et le luxe honnête qu'elle permet. Ce goût naturel en nous de la parure, des beaux meubles, des tableaux, des œuvres d'art, de tout ce qui peut illuminer notre vie d'un rayon d'idéal, lui semble « une des manifestations les plus éclatantes de la sagesse et de la puissance de Celui qui a su mettre dans notre âme tant de désirs, tant d'ambitions, tant d'élans vers l'inconnu, non seulement afin que nous ayons toujours devant nous d'inépuisables motifs d'activité, mais encore pour nous révéler notre grandeur native, nos destinées éternelles (2)... » Il sait que la somme de vertus engendrées par le travail, le souci, l'épargne, la conception et l'exécution des grandes entreprises au milieu des incertitudes et des agitations du monde, sera toujours supérieure aux dangers du luxe et d'une vie élégante, incapables d'ailleurs de remplir une âme humaine. Son expérience personnelle, les aveux de ses amis, ne lui ont rien laissé ignorer de l'ennui profond qui ronge le cœur des oisifs et de leur incurable désespérance. Eux aussi, il les appelle à l'action. Qu'ils se dévouent à leur pays, lisent l'histoire, étudient le droit, les budgets des États et des villes, voyagent pour se préparer à

(1) *Economie Sociale et Politique*, p. 267.
(2) *Economie Sociale et Politique*, p. 313.

servir leurs concitoyens. Que si le malheur des temps ne leur permet pas l'accès aux fonctions publiques, il leur restera toujours le gouvernement des grandes affaires, les œuvres sociales de charité, le devoir de faire une opposition éclairée, prudente et prévoyante sans bouderie, ni mauvaise humeur, ni gronderie, aux projets qu'ils jugeront dangereux pour l'avenir de leur pays.

C'est ainsi que s'achève cette œuvre si profondément originale par son inspiration spiritualiste, sa sympathie pour le monde moderne, son intelligence de tous nos besoins sociaux, son amour de la vie. M. Rambaud n'est pas épouvanté par le désarroi des esprits et le bouleversement apparent du monde. Il voit dans ce grand effort de transformation ce qu'il enferme de généreux, ce qu'il contient de fécond et il sait, appuyé sur l'expérience et l'histoire, que si les hommes de cœur et de bonne volonté veulent faire leur devoir de citoyens avec un peu d'intelligence et de constance, nous sommes non à la veille d'un cataclysme, mais d'une évolution et d'une rénovation d'où sortira, pour une génération au moins, un peu plus de bien-être, de liberté et certainement d'élévation d'âme et de moralité.

XV

La composition de son *Économie Sociale et Politique* n'absorbait pas toute l'activité de M. Rambaud. A la demande de Mme Morel, présidente de
la Société pour l'encouragement à l'allaitement
maternel, il ne cessa, dès 1882, je crois, jusqu'à
sa mort, de prêter son concours le plus actif à une
œuvre qui répondait à ses plus constantes préoccupations. Un cahier fort heureusement conservé
nous rend suffisamment, par des analyses qui me
semblent fidèles, le ton, l'accent, la verve, la grâce
paradoxale des singulières et originales conférences faites aux dames bienfaitrices une fois par
mois, sauf quelques interruptions dues à la maladie ou à l'absence. C'est pour l'essentiel la doctrine de la *Mère de famille*, dont il annonce d'ailleurs l'impression dans une conférence du 3 mars
1886, sous le titre plus étroit et moins exact de

la Bonne ménagère (1). Il n'y a pas de plan dans ces libres causeries qui naissent des incidents de la vie, d'un entretien avec un ami, de la lecture d'un livre, d'un journal ou d'une revue feuilletés. Néanmoins, l'unité en est réelle. Elle résulte de ce que M. Rambaud veut instruire, est un professeur qui sait merveilleusement ce que ces dames ignorent, ce qu'on n'a pas voulu ou pu leur apprendre, et ce qui, seul, leur permettra de remplir leur rôle d'épouse, de mère et de sœur.

Personne plus que lui n'a senti, aimé et redouté le charme de la femme qui glisse plus qu'elle ne marche, enveloppée de longs voiles et de mystère. Mais si la rose s'effeuille en une journée, peu de semaines, peu de mois, peu d'années certainement suffisent à détruire ce qui, dans l'amour, n'est qu'illusion et nouveauté. C'est à côté seulement d'un berceau que l'épouse devient la reine de la ruche, si du moins elle le mérite. Car, trop rares sont les mères qui ont le sentiment des devoirs que leur confère ce pouvoir presque divin de donner la vie, et de transmettre ce qu'il y a de meilleur dans leur âme par leur lait, leurs caresses, leurs tendres reproches, leurs doux et puissants encouragements. Le foyer matériel et moral repose sur elles. La maison est froide, triste, inhabitable, si le cœur d'une mère et d'une épouse ne la réchauffe pas. C'est pourquoi, avec une au-

(1) *Cahier de Madame Morel*, p. 70.

dace chaste et charmante, il n'hésitera pas à donner à la jeune mère de famille de délicats conseils de coquetterie. Soyez simples autant que vous voudrez, mais habillez-vous, dans votre maison, comme vous souhaiteriez de l'être, si vous deviez recevoir une visite à l'improviste : « Faites pour les vôtres ce que vous feriez pour des étrangers (1). » N'attendez pas dix heures du matin pour faire votre toilette, celle de vos enfants et votre ménage. La camisole et le bonnet de nuit portés jusqu'à midi ont désuni bien des ménages. Trop souvent Monsieur est allé déjeuner au restaurant et quelquefois souper ailleurs, pour n'avoir pas ce spectacle affligeant d'un minois malplaisant dans un paquet de chiffons.

Mais le même homme qui sent si vivement le charme de la netteté, de l'ordre et de la bonne grâce, ne s'attarde pas outre mesure à ces détails de vie extérieure. Il sait que deux êtres ne peuvent vivre vingt, trente ou quarante années ensemble, dans la joie et la paix véritables, qu'à une condition : c'est de mettre sans cesse, dans l'unité et la constance de leur amour, la vie qui résulte d'un agrandissement quotidien de l'esprit et du cœur. Aussi n'hésite-t-il pas à interrompre le cours d'une instruction religieuse par un enseignement, en apparence, bien différent. Il avait été obligé de s'absenter pour demander une aumône aux Chartreux. C'était au lendemain de cette terrible année 1883,

(1) *Cahier de Madame Morel*, p. 63.

qui avait, nous l'avons vu, rouvert le gouffre des dettes, et il n'avait pu donner la conférence du 7 octobre 1886 : le R. P. Biolez l'a suppléé et a parlé à ces dames du Sacré Cœur de Jésus. Lui-même eût aimé, dit-il, à les en entretenir. Mais « souvent je me pose cette question... faut-il parler piété ? faire un sermon ?... ou ne vaut-il pas mieux faire profiter ces dames de ce que je trouve dans mes lectures (1). » Bravement, il se décide pour le second projet, en faisant observer que d'autres bien mieux que lui sauront leur parler de la religion et de Dieu ; mais il croit, sans le dire explicitement par modestie, que peu d'hommes pourraient, comme lui, leur « apprendre à réfléchir, à méditer, à tirer bon parti » des lectures sérieuses « auxquelles vous vous habitueriez vite si vous vouliez vous en donner la peine (2). » Et résolument, il entreprend de leur analyser, avec une admirable lucidité et fermeté de pensée, en y mêlant des aperçus originaux, un travail de M. Thamin sur Kant. Il en détache les parties vraiment remarquables qui ont trait à l'éducation de l'enfance. Sous l'influence de Kant et de M. Thamin, il fait, pour la première fois, lui l'apôtre trop enthousiaste peut-être de la bonté et du cœur, une place plus large à la méthode, à la raison, à la discipline dans la formation de l'âme

(1) *Cahier de Madame Morel*, p. 26.
(2) *Cahier de Madame Morel*, p. 27.

de l'enfant. Ici encore, il n'y a pas contradiction, mais achèvement d'une vue juste et incomplète.

Il est vraisemblable que cette conférence, véritable leçon de Faculté faite dans une Église, avait ému quelques scrupules, car le mois suivant, le 2 décembre 1886, M. Rambaud y revient. Peut-être a-t-on trouvé « singulier de m'entendre commenter ici un auteur protestant (1) », mais vous n'ignorez pas que l'homme n'a pas d'idées par lui-même. Il faut les chercher hors de soi, par la conversation, la lecture, l'observation. Un mot profond, une vue pénétrante, sont un véritable trésor, si nous savons en profiter. Et il conclut par un pressant encouragement à lire des ouvrages sérieux d'histoire, de morale et de philosophie.

Mais cet apôtre d'une formation toute virile du cœur et de l'esprit de la femme pour qu'elle puisse s'associer aux préoccupations et aux travaux de son mari, être l'âme de son âme, n'oublie pas que sa nature est différente et que des devoirs particuliers lui incombent. Avec une liberté et une autorité que lui donnent l'âge, sa vie d'ascète, son absolu renoncement à toutes les joies de la vie, il peut, d'un trait aussi gracieux que sûr, tracer l'admirable tableau de deux jeunes cœurs qui s'aiment et nous donner une des lois profondes de l'amour. Il avait esquissé le parallèle de l'éducation anglo-saxonne de la femme avec la nôtre et, brusquement, se tournant vers ses auditrices, il

(1) *Cahier de Madame Morel*, p. 87.

les mettait en garde contre les excès d'un engouement irréfléchi. Que deviendrait, disait-il avec finesse, l'épisode charmant de Paul et Virginie, si, au moment de traverser le ruisseau, portée dans les bras de Paul, la jeune fille dédaignant l'aide du jeune homme, franchissait d'un seul bond le ruisseau en gymnaste rompue à tous les exercices du corps ? Paul, peut-être, ajoutait-il non sans malice, resterait sur l'autre rive. On sentait bien à l'accent que M. Rambaud eût été de cet avis. Il voulait que la femme fût et demeurât femme. L'égalité de droits entre la femme et l'homme, que personne de sensé ne conteste, n'implique pas nécessairement, affirmait-il, uniformité, mais bien plutôt diversité partielle, au moins, d'éducation, d'occupations, d'action, conformément aux aptitudes innées.

On pourrait extraire de ce cahier un grand nombre d'observations piquantes, de remarques ingénieuses, de vues rapides dont l'outrance et le paradoxe sont voulus, mais nous devons nous borner. Je n'en retiendrai ici qu'une double confidence de M. Rambaud sur lui-même. Après avoir exhorté vivement ses auditrices à ne pas oublier de marquer par un bon plat, une friandise, les jours de fête, il leur avoue que sa mère connaissait bien son faible pour le vin blanc et les raisins et en profitait. « Elle faisait placer vers son lit une très jolie assiettée de raisins » et lorsque j'allais lui dire adieu avant de me rendre au magasin, elle m'en

offrait. Alors, « elle me disait ce que je n'aurais
certainement pas pris la patience d'entendre, si
je n'avais pas eu de raisins à manger (1). » Nous
croyons qu'il se calomnie un peu pour le vin blanc,
lorsqu'il ajoute : « Je me souviens encore de ces
fêtes de mon enfance ; je me souviens encore de
la gourmandise avec laquelle j'absorbais tout le
vin blanc et ne laissais que l'eau à ma sœur et à
ses petites amies (2). » Si j'ai recueilli ces anec-
dotes en apparence futiles, c'est non seulement
parce qu'elles contiennent une bonne leçon pour nos
mères et nos sœurs, mais encore parce qu'elles ajou-
tent un nouveau trait au portrait de M. Rambaud. Cet homme à la vie si rude, d'une sobriété
effrayante, dont la ration était une ration de famine, a eu faim toute sa vie volontairement, mais
il a compris que ce qu'il se refusait, il était bon
de l'accorder à tous ceux qui ne vivaient pas de
sa vie d'exception.

Il nous a encore laissé un aveu particulièrement
expressif, sur son loyalisme républicain. Dans la
conférence du 1ᵉʳ juillet 1885, à propos d'une
lettre du pape Léon XIII, il aborde la redoutable
question de nos obligations à l'égard du pouvoir
établi. Il proclame bien haut que l'Eglise n'est
l'adversaire d'aucun régime, que le devoir d'un
catholique est « d'être de son temps. » Le « mal,
ajoute-t-il, est que ceux qui pratiquent la reli-

(1) *Cahier de Madame Morel*, p. 62-63.
(2) *Cahier de Madame Morel*, p. 11.

gion s'acharnent trop souvent à vouloir retourner en arrière (1)... » On ne peut pas davantage remonter le cours des siècles que celui des années. Le temps marche et les idées se modifient avec lui : « Au XIX° siècle on ne saurait penser et agir matériellement et politiquement comme au XVII° (2). » Nous retrouvons ici ce sens pratique et exact des nécessités sociales que nous avons déjà signalé à tant de reprises. C'est pourquoi il conseille à ses auditrices de ne pas parler politique. « Ne vous moquez pas non plus, ne critiquez pas, quelle que soit votre opinion à cet égard, la fête du 14 juillet qui s'approche. C'est une fête nationale. Quant à moi, je vais faire placer un beau drapeau à nos Cités (3). » Il veut même que l'on ne reste pas indifférent aux joies populaires: « Dimanche passé, c'était la vogue de Vaise. Les jeunes gens sont venus jouer sous les fenêtres des Sœurs. Je leur ai donné cinq francs pour qu'ils s'amusent bien et très convenablement (4). » Le narrateur ajoute que ces jeunes gens ont été bien contents, je le crois volontiers ; il affirme encore que « tout s'est très bien passé », j'en suis moins sûr ; mais s'il y a un moyen de rétablir la paix sociale et de rendre à nos fêtes publiques un caractère familial et patriarcal comme en Suisse, M. Rambaud l'a indiqué et, ce qui vaut mieux, pratiqué.

(1) *Cahier de Madame Morel*, p. 4.
(2) *Cahier de Madame Morel*, p. 4.
(3) *Cahier de Madame Morel*, p. 5.
(4) *Cahier de Madame Morel*, p. 5.

L'Académie de Lyon couronne la Méthode d'enseignement raisonné (1883). — Rapport de M. Heinrich. — M. Rambaud publie sa Philosophie, 1894. — L'introduction dans nos écoles de la philosophie et de leçons d'idées est le seul moyen de rendre vivant l'enseignement de la morale.

Les années semblaient glisser sur ce vigoureux sexagénaire, droit, sec, la figure coupée de mille plis très fins, les yeux vifs, les cheveux à peine grisonnants, et rêvant toujours de nouvelles entreprises. Rien n'avait fléchi dans ses austérités personnelles ; il se levait toujours au milieu de la nuit pour prier (1) ; dès quatre heures et demie,

(1) Pour comprendre cette incessante prière de M. Rambaud, il faut lire deux opuscules posthumes publiés par un de ses amis, le premier, chez Paquet, à Lyon, en 1902, *Rosaire récité habituellement par l'abbé Camille Rambaud ;* le second, chez P. Lethielleux, Paris 1903, *Réflexions et prières en forme de chapelet sur la vie de N.-S. Jésus-Christ et sur les principales vérités de la religion.* C'est une évocation du drame sanglant du Calvaire, devenu présent, sensible, personnel. Les siècles qui nous séparent de la Passion ne sont plus. Au milieu des formules consacrées du chapelet, *pater et ave,* passent des cris d'effroi dix fois répétés, comme « Jésus frémissant de douleurs sous les coups de marteau... sainte Marie... embrassant le front ensanglanté de votre fils aimé... », puis d'ardentes supplications : « Je vous salue, Marie... et Jésus se préparant à supporter toutes les humiliations et tous les supplices pour m'arracher au

il quittait définitivement la planche, revêtue d'une épaisse bure, sur laquelle il couchait, et alors commençait la plus rude des journées. Il vivait porte ouverte, dans la cellule que nous avons décrite, écrivant, lisant, interrompu cent fois, accueillant les pauvres avec une inépuisable charité, les importuns avec des trésors de patience, les amis avec la plus exquise tendresse et la plus cordiale et la plus douce affection. Qui redira le charme infini de sa causerie ailée, l'originalité et la profondeur de ses vues, les trésors de pensée prodigués sans compter, les nobles sentiments éveillés dans les âmes et son infinie séduction pour amener ses amis à entreprendre, à oser, à faire du nouveau dans tous les domaines, commerce, industrie, colonisation, gouvernement, charité ? L'âge ne se remarquait en lui qu'à une douceur plus grande pour les hommes, leurs intentions et leurs œuvres. Chaque jour le rendait plus accueillant, plus optimiste, plus large encore, si possible, et plus tolérant.

Par une loi nécessaire de la vie, ce long effort de charité et de pensée ne pouvait, si modeste que fût son auteur et si décidé à faire le silence autour de lui, car, disait-il sans cesse : « le bien ne fait pas de bruit », ce long effort, et j'ajouterai ce succès évident, ne pouvaient passer complète-

malheur éternel », et enfin ces exclamations de triomphante espérance : « Je vous salue... Jésus montant dans le ciel avec un corps comme le mien ! » Ici nous pensons à Pascal. La même foi donne spontanément à M. Rambaud le même accent.

ment inaperçus. L'Académie de Lyon, dès qu'elle fut en possession du legs généreux de Lombard de Buffières, tint à honneur de couronner non seulement la *Méthode d'Enseignement raisonné* publiée par M. Rambaud en 1869, mais surtout le zèle et l'infatigable dévouement du créateur de cette école primaire fondée sur la philosophie. Le rapporteur de l'Académie, M. Heinrich, alors doyen de la Faculté des Lettres, au milieu d'éloges venus du cœur, nota d'un trait très fin la difficulté de l'entreprise sans nier ses résultats. Je crois utile de citer ces paroles qui sont à méditer sérieusement : « La tentative de M. Rambaud me paraît une de ces œuvres individuelles qui valent ce que vaut l'homme et ne produisent leurs fruits que sous sa direction absolument exceptionnelle. Donnez-moi un homme supérieur qui ait reçu une éducation philosophique complète (1) ; arrachez-le, par un de ces miracles que le dévouement chrétien opère, au milieu social distingué dans lequel il semblait destiné à vivre ; faites-en le compagnon et l'ami des faibles et des petits. Il saura se faire tout à tous ; il puisera dans son intelligence et dans son cœur ces images familières et précises qui mettent à la portée des commençants les problèmes les plus difficiles. Mais ceux qui ont la pratique de l'enseignement savent ce qu'il en coûte

---

(1) Nous savons que ce ne fut pas le cas pour M. Rambaud. Il acquit tardivement, par lui-même, et un peu au hasard, ce qu'il sut de la philosophie.

de peine pour être à la fois intéressant, clair et court, et combien il faut être supérieur pour pouvoir être élémentaire. On ne peut espérer pour le recrutement général de l'enseignement primaire une succession indéfinie de semblables bonnes fortunes. J'ai lu, ajoutait-il enfin, avec un intérêt passionné, les leçons de M. l'abbé Rambaud ; mais je ne pouvais m'empêcher de songer avec une certaine mélancolie à ce qu'elles deviendraient en passant par la bouche ou par les commentaires de la grande majorité des élèves de nos écoles normales (1). »

Le prix de 1.500 francs décerné par l'Académie était pour la pauvre cité de l'Enfant-Jésus une aumône généreuse qui permettait de payer quelque dette pressante. M. Rambaud ne pouvait qu'en être ravi. Mais le rapport de M. Heinrich était, avec ou malgré ses éloges, le plus terrible réquisitoire qui eut encore été dressé contre la *Méthode d'Enseignement raisonné*. Le doigt était cruellement, mais sûrement mis sur la plaie. M. Heinrich, qui ne connaissait pas l'expérience, à demi-infructueuse, tentée à Genève, en 1868, avec les Frères des Ecoles chrétiennes, avait retrouvé, quinze ans plus tard, presque mot pour mot les expressions découragées dont M. Rambaud s'était lui-même servi : « Le difficile est décidément la science du

(1) *Mémoires de l'Académie de Lyon*, 1883, vol. 22, pp. 306-307.

professeur (1) », c'est-à-dire l'art et le don d'enseigner.

Je sais, pour le lui avoir entendu dire, combien M. Rambaud fut sensible à cette observation qui répondait trop bien à ses secrètes inquiétudes. Il ne cessa pendant plusieurs années d'en faire l'objet de ses méditations. Mais toujours, il dut revenir à cette constatation expérimentale. Le succès de la méthode était indéniable avec les dames qu'il avait formées ; les enfants s'assimilaient facilement et avec profit la doctrine qui leur était enseignée sous sa direction. Malheureusement, son âge, l'âge même de ses collaboratrices, la difficulté de leur trouver des aides et des remplaçantes limitait l'Ecole de la Cité à n'être qu'un exemple et une expérience sans lendemain. Il ne pouvait faire qu'une chose, perfectionner la méthode elle-même, l'ordonner avec une précision et une netteté plus grandes. Ce fut le travail qui l'occupa près de douze années. Il ne cessa de reprendre ses vieux cahiers, de les revoir, de méditer sur chacun des problèmes posés, de leur chercher une solution plus simple afin de laisser un corps de doctrine qui pût se suffire par lui-même. Quand il crut avoir amené son système à l'unité et à la clarté nécessaires, il le publia, en 1904, sous ce titre : *la Philosophie* (2).

(1) Genève, 17 février 1868.
(2) *La Philosophie*, par l'abbé Camille Rambaud, de Lyon, Paris, Gaume et Cie, in-8, XV-448 p.

Je regrette, je l'avoue, ce titre un peu ambitieux, malgré les explications dont M. Rambaud l'accompagne. « ...La philosophie que présente ce livre n'est pas, dit-il, cette science transcendante qui cherche à pénétrer les secrets de l'être, ne demande qu'à elle-même la vérité sur toutes choses... La philosophie que présente ce livre est, au contraire, la philosophie pratique, celle qui se renferme dans l'étude des facultés de notre âme et nous apprend à discerner les motifs de nos actions (1)... » C'est en somme ce qui était l'objet de la *Méthode raisonnée*. L'ordre seul est un peu différent et meilleur. Vingt-cinq années d'enseignement avaient prouvé qu'avant toute étude de l'âme il était nécessaire de posséder un vocabulaire des idées. L'ouvrage débute donc par une ontologie très simple, d'un tour fort net et ingénieux. L'enfant apprend à distinguer deux ordres de connaissances : celles qui nous viennent exclusivement de nos sens et sont d'ordre matériel, et celles qui, dit M. Rambaud, nous viennent des *mots* qui sont leurs signes et sont d'ordre intellectuel (2). Il y a là cent trois pages remarquables. Elles renferment à peu près tout ce qui est nécessaire pour comprendre les idées abstraites. C'est, si j'osais le dire, à côté de leçons de choses, qui ont peut-être plus de vogue qu'elles n'en méritent, des

(1) *La Philosophie*, préface p. II.
(2) *La Philosophie*, pp. 14-19.

leçons d'idées qui ont une toute autre importance et mériteraient d'être enseignées partout.

Ce fondement solide posé, M. Rambaud rentre, ou peu s'en faut, dans le plan de la *Méthode d'Enseignement raisonné*. Il étudie successivement l'Homme, les Idées, la Sensibilité, l'Intelligence, la Volonté, les Habitudes. Je ne reviendrai pas sur ce que j'ai dit à propos de son premier ouvrage. Je ne pourrais guère que me répéter sans profit. Mais l'œuvre vue dans ce raccourci répond, je crois, en grande partie, à l'objection de M. Heinrich. Il y a peu d'élèves d'École normale qui ne puissent, si des cours leur étaient faits un an ou deux par de bons professeurs de philosophie, introduire des enfants dans ce domaine délimité avec un rare bon sens et une longue expérience de l'enseignement. Tout s'y rattache à la psychologie et à la morale pratiques ; tout, par conséquent, est donc matière d'observation immédiate et, en somme, facile. Il n'est besoin pour le professeur et les élèves que de faire un instant silence dans leur âme et d'en épier la vie prodigieuse ; quelques jours suffiront à leur donner cette habitude et à mettre dans ces leçons un intérêt passionnant. L'enfant à qui on vient de révéler, par exemple, sa volonté, ce mystérieux pouvoir de rester lui-même, de se refuser à faire, malgré les punitions, les coups, la mort même, ce qu'il ne veut pas, se sent très fier et grand. Vous verrez comme il se redresse et se drape dans sa

dignité jusque là insoupçonnée. Mais patience,
montrez-lui maintenant le revers de la médaille.
Puisqu'il est libre, c'est de lui seul que dépend son
bonheur ou son malheur, car il peut faire le mal
ou le bien. Cette révélation de sa responsabilité
tempérera son orgueil. Enfin, la méthode socratique, la seule qui convienne à l'enseignement des
idées, fait, si on l'emploie avec intelligence, de
la classe une véritable fête de l'esprit et du cœur.

Nous croyons donc bien fermement que la rénovation de l'enseignement primaire est là. Tous
nous avons lu dans les journaux pédagogiques les
plaintes des inspecteurs et des maîtres sur la difficulté et le peu de fruit de l'enseignement moral.
L'absence d'un enseignement philosophique, dans
la mesure si judicieuse où l'a conçu, réalisé et
pratiqué M. Rambaud, en est la cause. Qu'on essaye avant tout de faire des leçons d'idées, si
le mot *ontologie* effraye, et l'on verra bien vite les
enfants intéressés à l'étude du cœur humain et,
par suite, aux leçons de morale. Il ne s'agira plus,
comme aujourd'hui, d'une science lointaine, toute
en spéculation ou ridiculement terre à terre, ayant
parfois l'allure d'une casuistique déplaisante ou
d'un sermon laïque, mais d'obligations immédiates, pratiques, impérieuses et tirant leur autorité
de notre propre consentement et sans cesse véri-
fiées et confirmées par l'étude et la vue de notre
âme.

XVII

M. Rambaud avait eu, au milieu de ses longues et quelquefois douloureuses méditations suscitées par l'incisive critique de M. Heinrich, la joie très vive d'être couronné, en 1888, par l'Académie des Sciences morales et politiques (1). Son livre d'*Économie Sociale et Politique*, par une bonne fortune méritée, mais toujours rare, rencontrait en M. Georges Picot, un peu renseigné, je crois, par un ami commun, M. Edouard Aynard, l'esprit large, l'intelligence alerte et accueillante, la chaude sympathie qui étaient nécessaires pour entrer pleinement dans une œuvre peut-être trop originale et, en tout cas, conçue en dehors des traditions d'école.

Dans un rapport lumineux et pénétrant (2), il compare justement et ingénieusement l'ouvrage de

(1) Elle lui décernait un prix de 2.500 francs.
(2) *Comptes rendus de l'Académie des Sciences morales et politiques*, 1888, pp. 279-281.

M. Rambaud au *Petit Citoyen*, de Jules Simon.
Le trait commun à ces deux grands esprits est
de n'être ni l'un ni l'autre des hommes de partis.
Ils n'ont pas eu, un instant, l'idée d'opposer le
présent au passé, soit pour le dénigrer, soit pour
l'exalter. Ils préfèrent le comprendre, bien persua-
dés que c'est la bonne façon de l'aimer et de le servir. Jules Simon y a complètement réussi pour
les enfants, mieux même, à mon sens, que M. Rambaud n'y a réussi pour les pères de famille, les
jeunes gens, les professeurs, dont il s'est particulièrement préoccupé. La preuve en est dans une
certaine systématisation voulue de l'analyse de
M. Georges Picot. Il semble tout rattacher à quatre
chefs: 1° l'idée de patrie et « comment la patrie peut
seule satisfaire » les besoins de l'homme ; 2° la
forme du gouvernement, en soi assez indifférente,
mais avec une préférence très nette de M. Rambaud
pour la République ; 3° « la paix sociale indéfinie » qui « ne peut être espérée sous aucune forme
de gouvernement », car « elle est contre l'essence
des choses » ; 4° l'admiration de M. Rambaud
pour l'ordre relatif des nos sociétés, ordre qui n'est
si souvent violé que « parce qu'il ne se trouve pas
toujours, au rendez-vous du devoir, des âmes assez
énergiques et en assez grand nombre pour récla-
mer en faveur du droit et prendre courageusement sa cause en main. » Assurément, tout cela
se trouve dans l'*Economie Sociale et Politique*.
Mais il y a quelque chose de plus, trop sous-

entendu peut-être, en tout cas placé çà et là, tort à l'aventure, j'en conviens, parce que le livre est assez faiblement composé, c'est cette pensée essentielle : « la vie de la terre... est une question de cœur, une question d'amour paternel et maternel (1). » J'emprunte cette définition à une lettre de M. Rambaud à Félix Mangini. Voilà le mot que M. Rambaud aurait dû mettre à la première page de son *Economie Politique* et rappeler sans cesse au cours de ses chapitres. Par là s'explique la hauteur et la sérénité de l'œuvre si bien vue par M. Georges Picot, et ce mélange si rare d'idéalisme et de sens pratique. Car c'est le cœur, « avec ses raisons que la raison ne connaît pas », qui lui inspire son imperturbable optimisme. Dans quelques conditions, en effet, que soit l'homme, il peut aimer et se dévouer ; il peut donc et doit vivre en allégresse et confiance, car le dévouement et l'amour sont toute la vie. La reste n'est que la condition, la forme, indéfiniment mobile et changeante, de la véritable vie.

Le rapport de M. Picot contenait encore un juste et caractéristique éloge, auquel s'associèrent MM. Frédéric Passy et Bouillier, de M. Rambaud, « d'un maître admirable qui a créé à Lyon, dans un quartier pauvre, des logements pour les misérables... qui a construit des écoles... qui a créé des méthodes. Nous parlerons un jour à l'Académie,

(1) C. Rambaud à Félix Mangini, Lyon, 11 septembre 1899.

ajoutait-il, de tout ce qu'il a fait pour développer
la réflexion. » Je ne crois pas que M. Picot, distrait pas ses nombreux ouvrages, ait pu réaliser
son projet. Le fragment de lettre que nous citons
plus bas ne peut que nous faire regretter un travail
aussi précieux. « Je ne sais, dit-il, si j'ai écrit...
ce qui m'a laissé le souvenir le plus profond, c'est
la puissance de pénétration avec laquelle l'abbé
Rambaud, en présence d'un enfant, l'interrogeait,
l'amenait à réfléchir, entrait dans sa pensée pour
la développer, et arrivait ainsi à l'élever jusqu'à
lui. En l'entendant questionner l'enfant, on assistait, pour ainsi dire, à l'éclosion d'une âme, et
cette conversation d'un esprit supérieur avec une
élève de huit ans était si simple, si dénuée d'apprêt
et de pédantisme, si naturellement intelligente,
qu'après bien des années, elle demeure dans mon
souvenir et me fait comprendre la méthode de
Socrate et les dialogues de Platon (1). »

Combien d'autres témoignages pourrions-nous
citer, mais aucun ne serait plus expressif et mieux
vaut revenir aux événements de l'année 1888. Au
milieu de ce qui, pour tout autre, eût été une vive
satisfaction d'amour-propre, et de ce qui, pour
M. Rambaud, n'était qu'une occasion de douter de
lui-même, de se désoler de faire si peu, alors que
le champ du bien avait besoin de tant de travailleurs, son cœur fut cruellement déchiré par l'ap-
parition d'un livre. Il trouvait dans *la France*

____

(1) Lettre de M. G. Picot, du 23 octobre 1904.

Juive, avec ce sous-titre *la fin d'un Monde*, dont la vogue fut inouïe, non seulement en France, mais dans l'Europe tout entière, deux blasphèmes, l'un contre la Charité, l'autre contre les lois de l'organisation sociale. Prêtre et économiste, il fut également révolté par ces deux thèses criminelles qui mettaient les Israélites hors la loi et qui voulaient confisquer toute grande fortune. C'est pourquoi, le 6 janvier 1889, au jour de l'Epiphanie, il manifestait hautement son indignation dans une lettre qu'il fit imprimer chez Ramboz, à Lyon, à plusieurs milliers d'exemplaires et répandit autant qu'il lui fut possible. Il y disait : « De quel droit... et au nom de quels principes peut-on venir ainsi traîner dans la boue, dénoncer à la haine et proscrire toute une partie de la grande famille humaine... un peuple qui, par un dessein visible de la Providence, survit à toutes les ruines, se perpétue à travers les siècles et vieux comme le monde, reste toujours debout, témoin incontesté des plus grands événements de l'histoire sacrée de l'humanité et vivante prophétie de l'avenir ?

« Aussi, ému dans notre conscience de chrétien et de prêtre, nous a-t-il paru souverainement regrettable que pas une voix catholique ne se soit franchement élevée, pour demander pardon à nos frères de cette injure sanglante, injure qui est presque un crime ! qui en est un !... Et c'est pour demander humblement ce pardon que nous osons écrire ces quelques lignes. »

Alors, avec une admirable netteté de vue, il montre comment ces attaques contre la fortune naissent d'une erreur économique. Ces accumulations de capitaux en quelques mains ne se font pas au détriment de la foule, mais à son profit. Elles sont le « moteur » ou le « support » de cet immense mouvement commercial et industriel dont grands, et surtout petits, nous vivons. Cet or de la haute banque ne reste pas inactif dans ses caisses « comme les trésors de l'Arabe ou du Kabyle ». Ces capitaux « prêtés de ci et de là et jetés dans la circulation... vont suscitant de partout le travail et portant la vie jusque dans les derniers rangs de nos populations ». Ils font un office semblable « à ces grands fleuves qui prennent leur source sur les sommets neigeux de nos chaînes et de nos montagnes, recueillent dans leurs cours mille petits ruisseaux qui seraient perdus sans eux, puis vont féconder des centaines de lieues de pays avant de se jeter dans la mer d'où ils reviennent bientôt à leur origine par l'évaporation, par les vents et même par les orages... »

Le petit ouvrier parisien qui fabrique des bonshommes de bois ou de fer blanc, « qui sont le pain de sa famille », ne se doute pas assez que, pour les vendre, il a besoin des salaires que telle ou telle puissante compagnie de chemin de fer distribue à ses nombreux terrassiers, manœuvres et travailleurs. « Merveilleuse et providentielle organisation des choses où le grand aide le petit, après que le petit lui-même l'a aidé à s'élever ! »

Arrivé à cette hauteur et à cette largeur d'idées, il voudrait bien que ses lecteurs sussent au moins douter devant l'infinie complication et l'incidence redoutable des problèmes sociaux. Laissons-en, dit-il, « tout jugement à Dieu, lui seul connaît les véritables solutions. Qui vous dit qu'en maître économe qui ne laisse rien perdre et sait faire tourner tout à bien, il n'emploie pas la race que vous maudissez, précisément à la gérance de ces accumulations de capitaux si nécessaires à la vie sociale et que nous, chrétiens, nous serions peut-être incapables de conserver et d'administrer (1). » Quant à lui, il proclame hautement la nécessité de nous aimer les uns les autres, « car la vraie *fin du monde* sera lorsqu'il n'y aura plus de charité sur la terre ». Avec un sage et ferme optimisme, M. Rambaud affirme qu'il y a beaucoup de bien pour qui sait voir. Notre rôle à nous tous hommes est, au lieu de chercher à le détruire, de travailler à l'augmenter. Or, « le bien ne se fait jamais par le mal, le bien se fait par le bien : et le bien, c'est la bonté, c'est le dévouement, c'est l'indulgence, c'est le pardon... » C'est le Christ mourant pour nous.

Ainsi se termine cette protestation courageuse d'un économiste libéral et d'un chrétien. J'ai le

(1) On ne peut qu'admirer cette humilité sans s'y associer complètement. Nous devons d'ailleurs nous rendre dignes de remplir ce devoir social.

grand regret d'ajouter qu'elle fut peu comprise. On l'étouffa ; elle gênait. Les intérêts de parti l'emportèrent — trop souvent il en est ainsi — sur les principes. Les politiques haussèrent les épaules et ricanèrent. Nous pouvons aujourd'hui, en mesurant d'un coup d'œil les ruines amoncelées, juger ceux qui se moquaient du rêveur, du songe-creux, de l'utopiste fou à lier, et leur demander un compte sévère au nom de la justice, de la charité et de la liberté (1).

(1) L'affaire Dreyfus, qui lui semblait une conséquence logique du livre de Drumont, le désola. Sans hésiter, il se rangea du côté de l'opprimé et lutta pour la justice. Mais mon éloignement de Lyon pendant plusieurs années et l'ignorance où je suis des lettres qu'il dicta ne me permettent que cette brève mention.

XVIII

Cette courageuse et clairvoyante protestation ne surprit point ses intimes. Ils savaient que M. Rambaud, très ferme dans ses convictions de prêtre catholique, se plaisait à accueillir sans grand souci des haies confessionnelles, tous ceux qui tendaient à Dieu d'un cœur pur ou même simplement pratiquaient le bien avec un esprit de désintéressement et de bonté. L'essentiel, croyait-il avec raison, est l'absolue sincérité morale, l'accord total entre la pensée, la parole et l'acte. Toute générosité de cœur le ravissait, surtout chez ceux qui ne pensaient pas comme lui. Spontanément, il allait à eux, leur écrivait, les encourageait et tenait à honneur d'en faire ses amis. C'était merveille de l'entendre leur parler et s'élever sans effort et les élever à ces hauteurs sereines où il n'y a plus d'adversaires. Il n'y faut pas voir une réconciliation par une abdication mutuelle, qui est une duperie et souvent une lâcheté, mais par une compréhension plus large des questions religieuses et sociales, dégagées de nos préjugés d'un jour et de nos ridicules préoccupations personnelles. Il faisait encore œuvre meilleure. Non seulement il découvrait, dans ces efforts convergents vers le bien, l'universel et l'absolu qui seront utiles à la vie de l'humanité, mais il le révélait à ses amis venus de tous les horizons de la pensée. Par lui — ses lettres, quand on pourra les publier, en feront foi — un ardent saint-simonien comme Arlès-Dufour, un grand chrétien comme Gillet père, un protestant admirable comme Brœlemann, s'aimaient, se pénétraient et s'unissaient dans une pensée commune de solidarité, de charité et d'amour, tout en gardant leurs convictions intimes et leur personnalité.

Plus tard, à l'heure des calomnies mortelles, il essayera, ému d'une douloureuse pitié, de consoler l'âme désolée d'un Burdeau et de lui donner un peu de réconfort. Nous ne connaissons sa lettre que par la réponse si digne et si reconnaissante d'Auguste Burdeau, dont voici l'essentiel : « Je ne suis pas surpris de votre lettre, après tout ce que je viens d'apprendre par M. Aynard de votre esprit libéral et de votre générosité d'âme, mais j'en suis bien touché. Les épreuves comme celle que je traverse font grand peur au moment où on va les aborder... mais on s'y fait très vite et l'on y apprend à puiser sa force exclusivement aux sources les plus sûres et les plus hautes. Que peut sur moi la sévérité d'autrui, si je m'efforce d'être beaucoup plus sévère encore pour moi-même ? C'est un bon exercice de s'accoutumer à ne plus craindre que sa conscience.

« Il n'en est pas moins doux, à de pareils moments, d'apprendre qu'il y a des hommes de bien qui pensent à vous avec sympathie. Cette douceur a ceci de salutaire qu'elle vous préserve du stoïcisme orgueilleux où vous rejetterait le tête à tête exclusif avec la calomnie (1)... »

Cette main compatissante, loyalement et virilement tendue à tous ceux qui, sans distinction de croyances ni de partis, souffraient de l'injustice, était le geste instinctif de M. Rambaud. On le trouvait toujours, quelque danger qu'il y eût à prendre une initiative, « au rendez-vous du devoir » (2). Ni l'âge, ni la maladie, ni l'ingratitude n'avaient pu diminuer cette indomptable ardeur. Il semblait même qu'elle fût exaltée et rendue encore plus impérieuse par la pensée du peu de jours qu'il lui restait à vivre, et la crainte touchante d'être le serviteur infidèle qui remplit mal sa journée. La maladie, la cécité qui, nous le verrons plus loin, le frappa en 1894, ne lui sont que des raisons nouvelles d'aimer davantage, de se dévouer plus complètement et de répondre avec fermeté aux affectueuses représentations des Sœurs : Patience, j'aurai bientôt l'éternité pour me reposer.

Au courant de l'année 1896, il apprend la mort

(1) A. Burdeau à M. Rambaud, Paris, le 27 janvier 1893.
(2) J'emprunte cette belle expression à M. Georges Picot.

foudroyante du fils du pasteur Léopold Monod. Ce malheureux jeune homme, rentrant d'une course à bicyclette, avait bu, par inadvertance, au lieu d'un verre d'eau fraîche, je ne sais quelle solution photographique. A peine avait-il eu le temps de dire adieu à ses parents consternés. Sur l'instant, M. Rambaud voulut partir ; malgré la cécité et ses jambes déjà bien tremblantes, il gravit les cent trente-trois marches qui conduisaient à l'appartement du pasteur, puis, arrivé, il s'agenouilla au pied du lit funèbre et pria longuement (1).

Cette générosité de cœur l'attacha, dès le premier jour, à l'Œuvre lyonnaise de l'Hospitalité de nuit et de l'Assistance par le travail dont M. le pasteur Æschimann était le vice-président et M. Marc Aynard le trésorier. Cette aide discrète donnée à l'homme qui veut se relever, cette invitation à chercher dans le travail et non dans l'aumône le pain nécessaire à la vie, répondait trop bien aux idées maîtresses sur lesquelles était fondée la Cité des Vieillards, pour que M. Rambaud ne tînt à honneur de lui apporter non seulement l'autorité morale de son nom, mais encore son concours personnel le plus dévoué et le plus assidu. Aussi, lorsque M. Marc Aynard, à l'occasion de son mariage, eut l'idée d'offrir un bon dîner aux « hommes » de l'Hospitalité par le

(1) Voyez le récit touchant de M. le pasteur Léopold Monod lui-même, *le Lien*, 15 février 1902. Article non signé.

travail afin qu'eux aussi prissent part à son bonheur, M. Rambaud alla trouver M. Æschimann pour lui annoncer cette heureuse nouvelle et lui proposer de servir fraternellement ces pauvres gens. On vit alors prêtre et pasteur revêtus du même tablier bleu, au nom de la charité et du même Dieu, renouveler l'auguste scène où le Christ, serviteur volontaire des pêcheurs de Galilée, s'inclinait bien bas pour laver leurs pieds poudreux. L'étonnement et l'émotion des hospitalisés furent grands. Ce leur était une admirable leçon de tolérance, de christianisme et d'amour. Dieu, en retour, suivant le mot touchant de M. Æschimann, à qui j'emprunte ce récit, fit goûter à M. Rambaud et à son ami la joie suprême, celle de « servir en commun les petits et les humbles (1). » Aussi ne peut-on s'étonner que pour de nobles cœurs arrivés à ces sommets de la charité qui n'est qu'amour, il y ait une vision plus large, plus complète, plus sereine de la vérité. Par dessus les formules, toujours un peu étroites, parce qu'elles sont nées de la lutte et font partie d'un code, il y a l'esprit qui vivifie. C'est avec ce sens de la vie qu'il faut comprendre ce témoignage de M. Æschimann que je vais transcrire intégralement : « Quand j'appris — par un

(1) Rapport de M. le pasteur Jules Æschimann (*Congrès international d'assistance publique et de bienfaisance privée*). *Administration et gestion des œuvres d'assistance par le travail, dans les départements*, année 1900, p. 25. Cf. encore : *Une grande figure de prêtre social, l'abbé Rambaud*, pp. 31-32.

israélite — que mon vénérable ami était gravement malade, j'allai immédiatement le voir : il me fit l'accueil le plus affectueux qu'on puisse rêver. Il avait auprès de lui son jeune coadjuteur, le sympathique abbé Blanc... Voulant disposer favorablement celui-ci à mon égard, il sut trouver tout ce qui pouvait nous rapprocher l'un de l'autre, et, dans cette entrevue si touchante, pendant laquelle il m'embrassa deux fois au moment où j'arrivai et deux fois encore au moment où je pris congé de lui, le prêtre dit en parlant du pasteur : « Voilà « un vrai catholique », puis un instant après : « Il appartient à l'âme de l'Eglise ». Pouvait-il affirmer d'une façon plus délicate qu'à ses yeux je n'étais pas un hérétique (1). »

(1) *Une grande figure de prêtre social*, p. 32.

XIX

Il écrit et publie son ouvrage de la Religion *(1893) à la
demande du cardinal Foulon. — Acte de foi, hymne
d'amour plus qu'œuvre de science. — Ses lacunes,
son originalité.*

C. Rambaud, en écrivant, en 1854, à un ami
scandalisé, lui disait en de franches paroles que
nous n'avons pas oubliées : « Croyez-vous donc
que je veux imposer ma manière de voir à mes
amis?... Je sais bien qu'elle doit paraître très insensée. Elle me le paraît souvent à moi-même, et
elle a encore besoin de longues années de persévérance pour se justifier non seulement aux yeux du
monde, mais encore à ceux de Dieu ! » Vers 1889-
1890, après trente-six années de probation sans
aucune défaillance, de grandes œuvres inspirées
par la plus haute et la plus libérale charité, la
folie de 1854 commençait à paraître ce qu'elle était
réellement : le dévouement absolu d'une âme très
noble, très fière, singulièrement originale et puissante. Ce que ses amis intimes, les bienfaiteurs
admirables de la Cité avaient si bien compris dès
la première heure, ce que le peuple sentait confusément avec son instinct de tout ce qui est bien,
un archevêque et cardinal de grand cœur, Mgr Foulon, osa le dire tout haut. Il tint à faire de M. Ram-

baud son ami, quelquefois son conseiller, toujours le confident écouté de ses préoccupations de pasteur. Il voulut encore savoir le secret de l'inlassable bonté, de la confiance toujours renaissante, de la foi vraiment apostolique de cet homme de Dieu et, au cours d'une longue causerie, il lui demanda de résumer en un livre son enseignement religieux.

Depuis longtemps, d'ailleurs, M. Rambaud rêvait de composer une exposition de la foi chrétienne. Il l'avait déjà ébauchée peut-être, dès 1887, à la prière instante d'un de ses amis. Il lui écrit, en effet, de Romans, le 15 novembre : « Je veux beaucoup travailler à cet exposé de la Religion que vous voulez bien croire bon et me demander. » Il constate, en effet, que rien de ce qui a été publié ne suffit plus « tellement notre esprit est multiple dans ses formes, ses désirs, ses manières de voir et de raisonner. J'ai, ajoute-t-il, sur ma table un bel in-folio de D. Scott, de 1678... C'est bien, bon latin, clair et simple... et cependant on sent que ce genre de raisonnement et d'explication ne suffit plus à notre tournure d'esprit... » La plus grande partie probablement des années 1890-1891 fut consacrée, c'était son habitude, à causer du futur livre avec ses amis, à s'enthousiasmer puis à se désenchanter. Il est fort probable d'ailleurs que rien n'en eût été édité sans l'incessante intervention du Dr Rougier et l'opportune prière de Mgr Foulon.

C'est au commencement de novembre 1892 que M. Rambaud se décide à donner une centaine de pages à l'imprimeur (1). Puis, pour hâter la publication et surtout consulter quelques amis, vérifier certains textes, il se rend à Paris vers le 14 du même mois, et y reçoit l'hospitalité la plus généreuse de M. Balland, directeur de l'Ecole Bossuet. Là, suivant les jours et au hasard des causeries, il est plein d'espoir ou d'inquiétude : « Je recommence, dit-il, à trouver (le texte) bien laid... Hier, un lettré, mais à l'esprit un peu caustique, m'y a trouvé de grandes fautes (2). » Heureusement que ses amis, MM. Georges Picot, Edouard Aynard, de Vogüé, Auguste Isaac, lui rendent courage. Il s'abandonne d'ailleurs à la séduction de cette vie intellectuelle de Paris, dont la fièvre, l'entrain et la plénitude le ravissent. Ses lettres le disent presque à chaque page.

Parti pour un voyage de trois ou quatre jours avec M. du Bourg, il laisse son compagnon revenir seul à la Cité et se jette à corps perdu dans des conférences, des causeries sans fin et d'effrayantes veillées de composition, puis de corrections d'épreuves. « Jamais, dit-il, je n'ai tant travaillé... de sorte qu'en rentrant à Lyon, je serai peut-être un

(1) « Il faut bien vous annoncer un grand miracle... le catéchisme est parti hier soir !... C'est à vous qu'est dû ce miracle... Hélas !... ça en vaut-il la peine ?... » M. Rambaud au D' Louis Rougier, 2 novembre 1892.

(2) M. Rambaud au D' Louis Rougier, 17 novembre 1892.

peu moins paresseux (1). » Il ne quitte Paris qu'aux premiers jours de décembre.

Le 28 du même mois, M. Rambaud, de retour à Lyon, porte au cardinal les cent dix-sept premières pages de sa *Religion*. « Mgr Foulon, dit-il, les a trouvées très bien... Il a eu la bonté de lire d'abord la Préface tout entière... et il donnait mille signes d'approbation... puis ensuite, (il a lu) beaucoup du reste (2)... » Invinciblement, sa pensée le ramène aux années de son adolescence et il ajoute ces paroles si touchantes : « ...En écoutant son Éminence, je pensais que, dans le Ciel, ma chère maman devait bien rire de voir son paresseux et brigand de fils soumettre un tel travail à un cardinal... O mystère de l'amour maternel et de sa puissance ! »

Des difficultés d'impression ramenèrent M. Rambaud à Paris en janvier 1893, puis en juillet et, enfin, dans le courant d'octobre. Hélas ! la mort imprévue de Mgr Foulon (3) dans les derniers jours

(1) M. Rambaud au Dʳ Louis Rougier, Paris, 24 novembre 1892.

(2) M. Rambaud au Dʳ Louis Rougier, Lyon, 29 décembre 1892.

(3) « Je me propose... d'aller veiller un peu auprès du corps de notre pauvre Cardinal, sa mort m'est une grande tristesse... L'avoir vu si plein de vie, si bon la veille de mon départ, puis plus rien... le silence, le néant... » M. Rambaud au Dʳ Louis Rougier, Lyon, 30 janvier 1893. Il avait déjà écrit de Paris, le 25 janvier, à M. Magloire Martin : « Hélas ! il avait une grande année de moins que moi... et cependant, malgré le court temps qui reste, il faut agir et travailler comme si on devait vivre encore vingt ans et plus... »

de janvier privait M. Rambaud du grand plaisir
de lui dédier son livre de *la Religion* « ce voyage
à travers le Ciel et la terre sondant le cœur non
seulement des créatures, mais même de Dieu (1). »

Cet exposé (2) de la doctrine chrétienne diffère,
à mon sens, de tous les ouvrages antérieurs ; il n'a
pas de modèle, il n'est ni la suite ni le prolongement naturel d'une apologétique déjà fixée, mais
il repose sur une conception personnelle et qui est
le fond solide de toute la pensée de M. Rambaud ; Dieu n'est intelligible à l'homme qu'autant
qu'il a, conçues sans limites, toute la bonté d'un
père, toute la tendresse d'une mère. Il crée parce
qu'il aime ; la création est une œuvre de l'amour
infini. La trinité elle-même n'est que le mystère de
la famille : Dieu, dans un acte infini d'amour engendre un être égal à lui, Dieu comme lui, son fils ;
l'amour éternel du père pour le fils, engendre à son
tour une troisième personne divine égale au Père et
au Fils « le Saint Esprit, parce qu'elle est le souffle
ou la flamme de l'éternel amour (3). » Et pour
rendre sensibles au cœur ces abstractions, M. Rambaud accumule avec une admirable prodigalité les
exemples les plus touchants de l'amour paternel,
depuis son père courant bride abattue, sans débotter, de Naples à Lyon (4), jusqu'à cette mère

(1) M. Rambaud au Dr Louis Rougier, Lyon, 23 mars 1893.
(2) *La Religion*, par l'abbé Camille Rambaud, de Lyon,
Paris, Gaume et Cie, éditeurs, 1893, in-8, I-XV, pp. 464.
(3) *Religion*, p. 43.
(4) *Religion*, p. 37.

héroïque disant, au milieu des douleurs de l'enfantement, à ceux qui la plaignaient : « Ne nous plaignez pas, nous, les mères, nous souffririons bien trop de ne pas souffrir pour nos enfants (1). » C'était l'aveu et l'écho de son cœur aimant. Il ne cessait nuit et jour de prier pour ses parents et de les consulter comme s'ils étaient présents et pouvaient lui répondre.

On comprend, cette thèse connue, qu'on ait pu reprocher à M. Rambaud d'avoir trop humanisé Dieu. Il nous le montre, en effet, suivant les hommes qui vont au mal, avec l'angoisse d'un père qui voit son fils mal tourner. Dieu souffre, Dieu se repent, Dieu craint. Certes, c'est là une grande hardiesse. Mais en retour de ce petit inconvénient dû pour une grande partie à l'infirmité de l'intelligence de l'homme et à ce que son langage a d'impuissant et d'incomplet, que d'avantages dans cette manière de concevoir, de faire comprendre et de faire aimer Dieu. C'est d'ailleurs la méthode d'un saint François et d'une sainte Thérèse. Dieu n'est plus seulement l'esprit infini, tout puissant, du catéchisme, mais un père, un frère, un ami ; nous sommes de sa race ; en nous il a imprimé quelques traits de sa grandeur ; nous nous rapprochons de lui par la tendresse paternelle et maternelle. Nous pouvons et nous devons aller à lui en pleine confiance, car il a pour chacun de nous un amour infiniment tendre et compatissant.

(1) *Religion*, p. 38.

Cette conception, M. Rambaud l'a trouvée dans son cœur et dans la lecture des mystiques et en particulier de sainte Catherine de Sienne. Il le reconnaît tout à la fin de son œuvre, dans un appendice destiné à répondre à quelques objections et il ajoute : « Ces pensées ont été notre lumière pendant tout notre travail, comme elles ont été la lumière de notre vie (1). » En effet, ce livre de *la Religion*, cet exposé de la doctrine n'est pas, à vrai dire, un livre de science, c'est uniquement et par dessus tout un acte de foi, le résumé d'une vie, le principe de tous les actes et de toutes les œuvres de l'abbé Rambaud. Le fabricant, l'homme rompu à la pratique des affaires a voulu, pour lui d'abord, et ensuite pour ses amis connus et inconnus, rendre intelligible sa foi. Il a voulu faire pour la religion ce qu'on a fait à si grands frais et avec de si grands efforts pour « vulgariser » les sciences humaines. « Au moyen-âge, dit-il, les simples fidèles n'apercevaient l'autel et les mystères sacrés qu'à travers les portes barraudées et voilées des jubés... Aujourd'hui, les jubés sont écroulés, les autels apparaissent au grand jour... N'attendons pas plus longtemps pour écarter les voiles qui cachent encore la science religieuse au plus grand nombre (2)... »

Ce beau programme a été incomplétement réalisé avec les limites que lui imposaient sa forma-

(1) *Religion*, p. 449.
(2) *Religion*, préface pp. XIII-XIV.

tion première et l'étendue de ses connaissances, un peu trop restreintes, d'autodidacte. Nous croyons que son système du Dieu créateur, parce qu'il possède à un degré infini toutes les tendresses d'un père et d'une mère, est vrai. Il est implicitement contenu dans les premiers mots de la prière que le Christ nous a enseignée : *Notre père qui êtes aux cieux...* C'est là, malgré quelques impropriétés ou quelques hardiesses d'expression le centre solide, le fondement durable de cet acte d'amour et de foi. Mais l'horizon historique est trop restreint, le sens critique est insuffisant. Il se préoccupe fort peu de l'Égypte et de l'exégèse. Sans la moindre hésitation, il reste fidèle à la chronologie traditionnelle et accepte l'impérieuse et hautaine vue de Bossuet sur le développement et l'organisation des sociétés. Avec de Bonald, il y introduit encore le traditionalisme le plus rigoureux. C'est d'ailleurs sans grande importance.

L'œuvre originale de M. Rambaud se réduit, en réalité, à cent cinquante pages, les cent cinquante premières, mais admirables, où il s'élève jusqu'à Dieu par son cœur, et à force de grandeur d'âme, de noblesse et de généreuse compréhension, nous fait entrer dans le mystère de l'infinie bonté du créateur. C'est souvent un hymne ineffable d'amour, plein de ravissement et de très haute poésie, confidence à mi-voix d'un saint prosterné devant Dieu qui lui est devenu visible et sensible à force de tendresse et d'adoration. Pardonnez-moi, mon

Dieu, lui dit-il, « d'oser ainsi écrire », sur vos « grandeurs » et sur vos « perfections infinies; car... c'est avec des chants et des harmonies qu'il faudrait raconter vos œuvres, votre amour et vos miséricordes. Mais, ajoute-t-il, la pensée se perd, comme dans un océan sans rivages, dès qu'elle cherche à vous concevoir... Elle entrevoit des choses merveilleuses qu'elle ne peut exprimer, des choses comme celles qui se murmurent dans le silence des âmes qui s'aiment, des choses douces comme la tendresse de nos mères et le regard de nos sœurs, aimables comme le cœur de l'ami (1). » Nous retrouvons ici l'accent divin de certains chapitres de l'*Imitation*. C'est la théologie du cœur. Là est la force, là aussi est la faiblesse de ce beau livre, le mieux écrit et le plus fortement coordonné de tous ceux que M. Rambaud a composés. C'est lui surtout qu'il convient de lire lorsqu'on voudra savoir le secret de cette vie si humblement dévouée aux pauvres et aux petits, aux vieillards et aux enfants. Nulle part cet homme de foi si haute et de si large esprit ne s'est mieux peint à son insu. Je résumerai volontiers cette œuvre et son auteur par ces deux mots que je lui emprunte : « Le cœur, c'est tout l'homme comme c'est tout Dieu (2). »

(1) *Religion*, p. 50.
(2) *Religion*, p. 55.

X X

Ce livre écrit avec tant d'amour, dans un ineffable ravissement et presque en confidence avec
Dieu présent aux yeux de ce croyant et de ce
voyant qui, pas un instant, n'a été ému de nos
angoisses critiques, ce livre fut le tourment, le
crucifiement de ses derniers jours. Quelques théologiens avec raison sans doute, mais avec une
raison peut-être trop intransigeante, lui refusèrent
le droit de mettre l'amour à la place de la science.
Ils ne voulurent pas comprendre qu'ils n'avaient
pas devant eux un traité dogmatique, mais des *élévations à Dieu*, et que le principal reproche à faire
au livre était son titre.

Quoi qu'il en soit, M. Rambaud souffrit beaucoup en silence, implorant ce Dieu auquel il avait
donné sans compter les heures de son âge mûr
et vers lequel il allait rêvant d'agrandir ses œuvres et de faire un peu plus de bien. C'est à une
de ces heures désolées qu'une amitié infiniment

douce vint l'encourager, l'aider et d'une main délicate panser ses plaies. Félix Mangini (1) avait fait sa connaissance tardivement, au courant de l'année 1888-1889 probablement, par l'entremise d'un ami commun, M. Ed. Aynard. La séduction fut réciproque. Ces deux grands bâtisseurs, ces deux créateurs d'œuvres, animés l'un et l'autre d'invincibles espérances, mais l'un tourné vers la terre et l'autre vers le ciel, s'étonnèrent d'être si semblables par le cœur sinon par la foi. Félix Mangini, par une rencontre singulière, s'était engagé dans toutes les voies tentées par M. Rambaud et dans toutes avait réussi avec un esprit entièrement laïque. L'*Enseignement professionnel*, fondé en 1864, répondait à une partie du programme tracé au mois de septembre 1848 par M. Rambaud, programme ambitieux peut-être, mais arbitrairement réduit, nous l'avons vu, par l'habile et souple diplomatie de Jules de Colmont, agent du prince Napoléon Bonaparte ; la *Société anonyme de logements économiques*, créée en 1888, était la solution pratique du problème nettement entrevu mais mal posé par M. Rambaud dans sa Cité ouvrière. Par contre, F. Mangini trouvait résolu pleinement à la Cité de l'Enfant Jésus le problème de l'assistance des vieillards vaincus de la vie. Il n'y avait qu'à

(1) Voyez sur F. Mangini, la conférence faite par M. Edouard Aynard aux Amis de l'Université lyonnaise, le 13 décembre 1902, tirage à part, Storck, imprimeur-éditeur, Lyon, 1903.

L'Abbé RAMBAUD, Félix MANGINI
et l'Abbé Paul du BOURG
(1895)

développer l'œuvre, à payer tout ou partie de ses
dettes, à lui assurer la durée par des ressources
permanentes. C'était une annexion à son programme qui comprenait encore dans sa lutte contre
la tuberculose, en plus des moyens préventifs —
logements ouvriers clairs, aérés, vastes, à bon
marché et une nourriture saine et abondante à prix
très réduit *(Société d'Alimentation*, fondée en 1891)
— des moyens curatifs par le sanatorium *(Œuvre
lyonnaise des tuberculeux indigents*, fondée en
1897). Cette union de deux âmes, également en-
thousiastes et pratiques à des degrés différents,
eut pour M. Rambaud, comme pour Félix Mangini,
une influence décisive, dont témoignent un certain
nombre de lettres heureusement conservées.

Par une lente et sûre conquête réciproque,
M. Rambaud, qui, pendant quarante années, n'avait
cessé d'entreprendre au delà de ses forces, confiant
en la Providence de Dieu, communique à F. Mangini son audace et l'entraine à faire ce que F. Mangini lui-même appelle ses folies dans la construction d'Hauteville (1) ; par contre, F. Mangini mo-
difie profondément la conception charitable de

(1) Félix Mangini à M. Rambaud, 13 août 1899 : « Je me
suis laissé entraîner... nous avons 500.000 francs en caisse
et nous marchons comme si nous possédions un million. »
2 février 1902 : « J'avais été bien hardi en faisant une telle
fondation, mais sans hardiesse que peut-on faire ? Vous
l'avez été bien davantage dans la création de votre belle
œuvre qui vivra toujours, qui ne peut périr à cause des
grands services qu'elle ne cesse de rendre. »

M. Rambaud et le ramène à une vue presque laïque de la charité. C'est ainsi qu'il écrit, le 18 octobre 1901, à son ami Félix Mangini qui sortait lentement d'une grave maladie, ces paroles significatives et que je crois à demi prophétiques : « Vous pourrez bientôt vous remettre à la tête de vos œuvres qui sont ce qu'il faut aujourd'hui, puisque les religieux ne pourront presque plus s'en occuper sans de très grandes difficultés... Au reste, je ne serais pas étonné que les idées changent bien à ce sujet, et il est certain que nous, prêtres, nous avons *tout intérêt* à nous dégager *des embarras et des incertitudes des affaires...* » Ce ne fut pour M. Rambaud, nous le verrons bientôt, qu'un espoir ; il entrevit, comme Moïse, la terre promise, mais ne l'atteignit pas.

En attendant, l'Académie de Lyon se hâtait de lui attribuer intégralement le prix de 4.000 francs, fondé par Clément Livet (1), sur un rapport sagace et pénétrant de M. Paul Rougier (2), lu par M. Caillemer, en l'absence du rapporteur malade, dans la séance publique du 19 décembre 1893. Ce fut un véritable triomphe. Tout ce que Lyon compte d'hommes remarquables se pressaient sous la coupole étroite de l'Académie, pour rendre hommage à ce pauvre vieillard, flottant dans sa soutane trop

(1) **Prix** fondé le 11 août 1887, par acte passé devant Mᵉ Rimaud, notaire. Jusque là l'Académie l'avait attribué par fractions aux petits et aux humbles. Elle voulait cette année récompenser *quelque éclatant service rendu à l'humanité.*
(2) Cf. Académie de Lyon. *Rapports* 1892-1896, pp. 143-154.

large et humblement assis au dernier rang, à côté
du compagnon fidèle de ses épreuves, le bon abbé
Paul du Bourg. L'archevêque de Lyon, Mgr Coullié, avait tenu à remettre lui-même à M. Rambaud
la médaille de l'Académie. Mais à ce moment,
M. Rambaud prenait son compagnon par la main,
le poussait en avant et le présentait à l'archevêque,
voulant qu'il fût à l'honneur, puisque, de tout
cœur, il avait été, pendant de si longues années, à
la peine (1).

Hélas ! presqu'au lendemain de la séance de
l'Académie, une congestion de la rétine priva
M. Rambaud de l'œil droit. Cet accident était dû,
en grande partie, au travail de nuit trop prolongé
à la lueur tremblotante de mauvais bouts de bou-
gies ou de rognures de cierges, enlevés à l'autel
par le sacristain et fichés sur un bougeoir à
pointes. Il ne s'en aperçut pas sur le moment. Mais
le lendemain, probablement le 2 janvier 1904, en
causant avec les sœurs, il leur dit : « Je ne sais
ce que j'ai ; quand je mets mon doigt sur cet œil,
je ne vous vois pas. » Elles le décidèrent à consulter M. le D' Rougier qui, justement effrayé, le
conduisit, en lui faisant une douce violence, chez
M. le D' Grand-Clément (2). L'habile praticien par-

____

(1) Je n'analyserai pas ici le rapport de M. Rougier, il
trouvera tout naturellement sa place avec le rapport de
F. Bouillier sur le prix Audiffred, un an plus tard.

(2) D'après le carnet de M. le D' Louis Rougier, on peut
fixer ainsi les dates essentielles de l'accident de M. Rambaud. Le 3 janvier 1894, l'œil droit ne voit plus ; le 4 janvier,

tagea les inquiétudes de son collègue et se résolut à faire une opération d'*iridectomie*, le 11 février 1894, pour éviter, si possible, une seconde congestion. Des maux de tête terribles la précédèrent. Ils arrachaient M. Rambaud à son lit. Une nuit même, il courut jusqu'à la maison de M. le Dʳ Rougier. Deux heures du matin sonnaient lorsqu'il arriva sous ses fenêtres. Il y resta presque jusqu'au jour, retenu par sa timidité et sans oser frapper ni appeler. A la Cité, les Sœurs qui, à 5 heures du matin, avaient constaté l'absence de M. Rambaud, étaient anxieuses. Il revint enfin, pâle, tremblant, souffrant un peu moins. L'accès terrible, cette espèce de feu qui le brûlait derrière le globe de l'œil et lui semblait flamber comme un fer porté au blanc, s'était calmé et lui laissait un court répit.

M. le Dʳ Grand-Clément constate que cet œil est perdu. M. Rambaud se rend à Paris le 16 janvier « malgré toutes les prescriptions de prudence », pour répondre à l'appel de Lucien Mangini malade. M. Balland, directeur de l'Ecole Bossuet, chez lequel il est descendu, le fait examiner par un « célèbre docteur oculiste » qui, « dans la crainte d'une inflammation possible... voulait pratiquer une opération d'*iridectomie*. » (Lettre au Dʳ Louis Rougier, Paris, 27 janvier 1894.) M. Rambaud s'y refuse : « Il me semblait, dit-il, monstrueux de me mettre ainsi entre les mains d'un étranger, lorsque je vous avais, vous et M. Grand-Clément, qui avez été si bons pour moi. » Le 11 février 1894, l'opération fut faite, à Lyon, par M. le Dʳ Grand-Clément, dans sa maison. M. Rambaud remercia avec effusion Mme Grand-Clément, qui assistait son mari. Le 21 mars, M. Rougier visite M. Rambaud, qu'on a dû reconduire chez M. Grand-Clément, par suite de la congestion de l'œil gauche. Le 31 mars, la cécité est définitive.

Le lundi saint, trois mois après sa première congestion, il disait la messe aux sœurs. A l'Epître, on le vit se pencher sur son missel, froisser les feuillets comme pour les tourner, relever et baisser tour à tour la tête avec de grands soupirs, passer et repasser sa main sur ses yeux. Alors, au milieu de l'angoisse et des pleurs, il se retourna péniblement et lentement, puis, se retenant à l'autel, il dit : « Mes sœurs, ne pleurez pas ; laissez tout en place ; allez chercher un prêtre. Quant à moi, qu'on me conduise partout à travers nos écoles et la Cité, pour que je puisse, une dernière fois, revoir notre œuvre... »

Ce fut un étrange, impressionnant et inoubliable spectacle que celui de ce vieillard passionné pour la vie et l'action, qui, appuyé sur le bras de son vieux compagnon le frère Paul, et suivi du cortège éploré des sœurs, s'en allait d'un pas hésitant, trébuchant dans les escaliers, mais voulant entrevoir une dernière fois toutes ses maisons, tous ses vieillards, son école, ses élèves, son église. Il se traînait, la tête dressée, le regard à demi éteint, faisant un suprême effort, refusant opiniâtrément de rentrer, de se reposer même un instant dans la crainte de ne pouvoir achever sa visite. Enfin, après avoir longuement contemplé, dans une brume qui allait toujours s'épaississant, la silhouette de plus en plus indistincte de son église svelte et harmonieuse, il se laissa ramener dans sa chambre. Quelques heures plus tard, comme une lampe qui vacille avant de s'éteindre, la douce lumière l'abandonnait pour toujours.

A cette entrée dans l'ombre redoutable, s'ajoutait le sacrifice du dernier projet caressé par M. Rambaud. Au cours de son séjour à Paris, en 1893, d'anciens et de nouveaux amis, séduits par la conception si profondément humaine et libérale de la Cité des vieillards, se réunirent, firent circuler une liste de souscriptions, où bientôt l'on put lire les plus beaux et les plus honorables noms de la France. Jamais cette âme ardente ne s'était refusée à ce qu'elle croyait un devoir, non par un enthousiasme irréfléchi, car il voyait bien vite et très nettement les difficultés, mais parce qu'il était au service des pauvres et de Dieu ; aussi, écrit-il à un ami, le 13 janvier 1893, avec un mélange d'inquiétude et de joie, ces paroles un peu énigmatiques : « On dirait qu'il y a des choses possibles ! J'ose à peine me les avouer... car ce serait vouloir faire quelque chose avec rien... c'est-à-dire créer. Or, cela n'appartient qu'à Dieu... Il est vrai que nous sommes ses serviteurs et disposons par conséquent de sa toute-puissance... qui sait donc si la Cité de l'Enfant-Jésus, enlevée par les Anges comme la maison de Lorette, ne viendra pas se transplanter dans quelques-uns de ces vastes terrains maraîchers qui entourent encore Paris en dedans de l'enceinte... et alors (1) ! »

(1) M. Rambaud à M. le Dr Louis Rougier, Paris, 13 février 1893.

Dans ce beau rêve où il se complaît, l'éloignement de Lyon et de ses amis voilà ce qui le désole. « Mais ne parlons pas de cela... j'y vois des tristesses bien grandes... » Le Christ lui-même a connu cette douleur : « Il pleure sur son ami Lazare et les Juifs s'écrient : « Oh ! comme il « l'aimait ! » Cet attendrissement dure peu. L'action le ressaisit. Le 20 janvier, il écrit au même ami : « On rédige une circulaire, on fait des photographies... on parle de nous installer en plein Belleville... Je ferai venir deux petites sœurs de Lyon... leur paquet sous le bras... et avant trois mois... des centaines d'enfants accourront vers nous. C'est comme un abîme qui s'ouvre devant moi... me voilà relancé par les rues... un étang de neige et boue fondues par le sel qu'on y jette... Mais ne craignez rien, il me semble que j'ai dix-huit ans (1)... » Nous connaissons cette ivresse de l'action chez un homme qui, fait pour les grandes affaires, conduire et gouverner des hommes, n'eut jamais pleinement l'occasion de donner sa véritable mesure. Mais à quoi bon multiplier ces extraits et suivre M. Rambaud dans ses innombrables démarches couronnées de succès à Paris, alors qu'à Lyon les soucis d'argent, une vieille amitié brusquement rompue et la cécité anéantissaient tous ces beaux rêves.

(1) M. Rambaud au Dʳ Louis Rougier, Paris, 20 janvier 1893.

XXI

*Comment M. Rambaud supporte la cécité. — Aveugle,
il entreprend à soixante-treize ans et achève une
Histoire des idées philosophiques (1898). — Projet
bien conçu, exécution imparfaite.*

Une lettre de remerciements à Mme Félix Mangini (15 juin 1894), qui lui avait envoyé des fleurs
et des fruits, nous montre avec quelle sérénité
il entrait dans cette nuit redoutable : « Je n'ai pu
voir les belles roses, mais j'ai senti leur parfum...,
les cerises trouveront de nombreuses dents pour
les croquer et j'en prendrai bien ma part...

« Quant à moi, il me semble que l'obscurité
dans laquelle je vis est comme illuminée par ces
belles choses du cœur et de l'âme et j'en regrette
moins la lumière du soleil, la vue des belles fleurs,
des beaux arbres, des bons sourires... Hélas ! c'est
encore ces bons sourires que je regretterais le
plus si je n'en avais un souvenir tellement vif, tellement présent qu'il me semble que je les vois,
surtout quand je vous écris... »

Écrire est ici une métaphore. M. Rambaud dic-
tait, mais la lettre achevée, il se faisait placer la
main sur le papier, à la place convenable, non seulement pour signer la lettre, mais y ajouter de sa

fine écriture, tremblée et hésitante désormais, un mot particulier d'affection où il mettait un peu de son cœur.

Cette cécité complète, à soixante-douze ans, éveille dans sa vive imagination, toujours jeune et puissante, d'éblouissantes visions du monde disparu. Longtemps, il avait lutté contre la séduction si douce de la lumière au matin, les lentes et envahissantes rêveries des couchants. Il craignait je ne sais quelle alliée du paganisme, dans les tièdes souffles du printemps dont l' « haleine, suivant l'expression d'Edgar Quinet, que je lui ai entendu citer, ressemblait à l'ambroisie, comme pour dire à la volupté ancienne : « Sois tranquille ! quoi qu'il arrive, je te reste fidèle (1). » Puisque son charme n'a plus de danger, il s'y abandonne. De son ombre froide, il écrit à des amis qui passent l'hiver à Cannes, ces mots où il y a un reflet de soleil et un rêve de vieillard qui grelotte à Lyon : « Je sens combien doit être agréable ce séjour en pleine lumière, puis ces promenades sur le bord de la mer vivante, puis par-dessus tout de se sentir là comme dans un lit bien chaud, isolé du monde (2). » Néanmoins, il veut agir, n'abandonner aucune de ses œuvres, visiter ses amis malades, causer avec eux, les toucher de sa main, puisqu'il ne peut plus les voir (3). C'est alors qu'il fut vic-

(1) Quinet, *Merlin*, I, 1, p. 8.
(2) M. Rambaud à Mme F. Mangini, Lyon, 2 mars 1895.
(3) Car cet homme, dont l'austérité intimide, aime pas-

time d'une abominable mystification. Il était parti à Cannes pour consoler ses amis F. Mangini qui venaient de perdre, à la veille de son mariage, leur fille Lucie. Le domestique chargé de le guider était, sans qu'on le soupçonnât, un ivrogne audacieux qui, sous prétexte de le conduire à l'église, le menait dans une salle attenante à un café. Et là, pendant que M. Rambaud priait, son domestique buvait longuement et lentement. Un incident, je ne sais trop lequel, renseigna ses amis, qui lui laissèrent plus ou moins entrevoir la vérité. A leur prière, il se résigna, mais difficilement, à une vie moins active, dont il sentait déjà la nécessité, comme on peut le voir dans une lettre du 13 juillet 1895 (1), où il donne quelques détails sur sa vie : « A la maison, le souvenir

sionnément sans aucun retour égoïste, avec une tendresse virile mais infiniment délicate et attentive. Son cœur s'ouvre compatissant à toutes les douleurs, joyeux à toutes les joies de ses amis. Il les suit dans le détail le plus épineux de leurs affaires, toujours prêt à leur suggérer une initiative, à les affermir dans une résolution énergique, à les consoler dans leurs déceptions. Il vit pour eux et accourt le premier, sans qu'on ait besoin de l'appeler, aux heures d'angoisses et d'épreuves, pour leur donner le réconfort tout puissant d'une sympathie, où les actes précédaient les paroles, nous le savons. Rien surtout ne l'arrête quand l'ange de la mort vient frapper au seuil d'une maison amie. Malgré la cécité, malgré ses jambes déjà tremblantes, malgré son pauvre corps cassé, il part à n'importe quelle heure de la nuit, quelque temps qu'il fasse, abandonne toute autre occupation pour s'agenouiller auprès de son ami, le consoler et adoucir par sa présence l'âpreté de cette lutte tragique.

(1) M. Rambaud à F. Mangini.

et le toucher remplacent en partie la vue ; au
dehors, il n'en est plus de même, et il est si triste
de voyager en n'avançant que dans le noir, en ne
sachant même pas si l'on change de place, et je sui-
vrai certainement votre conseil, remplaçant, autant
que possible, toutes visites par des lettres. »

Il eut alors un véritable moment de désespérance à la pensée de n'être plus qu'un jouet entre
les mains du premier venu chargé de le conduire.
Aussi, au milieu de ses projets d'avenir pour la
Cité, il rêve au repos, à la retraite définitive et
souhaite très sérieusement ce qu'il dicte sous une
forme plaisante : « Je suis trop vieux et trop
infirme pour penser à tant de choses. Nous fe-
rions peut-être mieux, avec M. du Bourg, d'aller
chercher deux billets d'indigence chez le commissaire de police pour nous faire admettre à l'hôpital.
M. Mangini nous protégerait pour nous faire donner deux lits de coin. *Bonheur parfait ! ! !* (1). » Ce
n'est que lentement, somme toute, que M. Rambaud s'éleva jusqu'au renoncement absolu qui paraît dans le mot héroïque recueilli par M. le pasteur Léopold Monod, qui était venu lui rendre
visite : « Je sais, lui dit-il, ce que c'est que servir
Dieu en y voyant clair, il m'apprendra ce que c'est
que le servir en aveugle (2). » Dès ce moment,
sans une plainte, presque joyeusement, il reprend

(1) M. Rambaud à Mme F. Mangini, Lyon, le 2 mars 1895. Les
points d'exclamation jetés au hasard, l'ont été de sa main.
(2) Cf. le journal *le Lien*, 15 février 1902.

sa tâche d'éducateur, de consolateur, d'ami des
pauvres, de promoteur d'œuvres et d'idées.

L'éducateur se souvient d'un projet jadis formé
au cours de ses lectures en peu discursives et au
hasard, il l'avouait sans trop de peine, mais toutes
orientées vers une pensée unique : il voulait savoir
par quelles voies les grands philosophes étaient
allés à Dieu guidés par leur raison. Alors, avec
l'aide d'une des dames formées par lui à l'enseignement philosophique, il entreprit de mettre de l'ordre dans ses notes, de les compléter autant que
possible par des lectures, et de rédiger pour les
élèves de la Cité et pour ses amis une *Histoire des
idées philosophiques* (1). On devine, sans qu'il soit
besoin d'insister, les inévitables lacunes, les erreurs par simplification excessive ou par méprise,
d'un travail accompli dans d'aussi mauvaises conditions. Mais ce que j'admire sans réserve, c'est
la vigueur d'esprit et l'activité de ce vieillard, de
cet aveugle de soixante-treize ans, qui n'hésite pas
à se faire lire des traductions d'auteurs grecs, des
textes latins, des philosophes anglais et allemands,
à en dicter des résumés, puis à organiser, par quel
effort de volonté, cette matière indigeste en un volume, somme toute intéressant à feuilleter.

Il contient moins une histoire de la philosophie

(1) *Histoire des idées philosophiques depuis le commencement du monde jusqu'à nos jours*, par l'abbé Camille Rambaud, de Lyon. Lyon, Imprimerie du *Salut Public*, 1898,
in-8, XII-552 p.

qu'une histoire de la pensée de M. Rambaud et, par
là, constitue un document précieux pour connaître
les esprits supérieurs qui lui inspirent de la sympathie, qu'il a rencontrés quelquefois et avec lesquels il aurait eu plaisir à voisiner et à vivre, si la
destinée le lui avait permis (1). On peut laisser har-
diment de côté toute la philosophie antique, Orient,
Grèce, Rome ; négliger presque tout le moyen âge
qui, sauf saint Thomas d'Aquin, ne lui est connu
qu'indirectement, comme le Dante, par exemple,
à travers les études d'Ozanam. Ces analyses d'analyses sont semées parfois de remarques et de traits
qui sont d'un homme éminent. Mais il n'est vraiment lui-même qu'avec Bonald, l'abbé Noirot, Ozanam, Blanc de Saint-Bonnet. Ce sont les amis de
sa pensée ; à peine peut-il séparer sa propre doctrine de leurs doctrines. Il les a si souvent lus, si
souvent à leur suite ou parallèlement il a conçu
le monde des idées qu'instinctivement il les comprend bien, les interprète supérieurement et nous
les fait aimer. Son livre, à le bien juger, se transforme insensiblement en une anthologie ou un
recueil de morceaux choisis, un peu lâchement
reliés, mais qui, pris un à un, sont exquis et ne

(1) « Je suis tellement ravi par la lecture réitérée de l'Introduction à l'opuscule des *Deux chanceliers*, par Ozanam,
que je vous envoie sans plus tarder ces deux volumes de
Mélanges... Quand on se met dans ces lectures admirables,
on entrevoit comme un monde infini dans lequel on regrette de n'avoir plus le temps de pénétrer assez avant... »
M. Rambaud au D' Louis Rougier, sans lieu, 25 juin 1896.

peuvent qu'agrandir l'esprit, ennoblir le cœur de tous ceux qui auront le bonheur de les lire (1).

Ici encore, M. Rambaud est un audacieux mais heureux et avisé novateur. Il a trouvé le moyen d'écrire pour des élèves d'école primaire un livre agréable, facile à lire, essentiel, qui va droit aux trois ou quatre problèmes d'où dépend toute la vie intellectuelle, morale et sociale : Dieu, l'âme, les méthodes, nos devoirs. On peut contester sur les solutions données, critiquer les thèses soutenues, mais il faut reconnaître qu'il importe au citoyen d'une cité libre, pour remplir son rôle de souverain, de savoir aussi exactement que possible comment l'humanité, à la suite de ses grands penseurs, a envisagé ces questions capitales sur lesquelles il devra nécessairement, un jour de vote, prendre parti. Ici encore la conception, on le comprend facilement, est de beaucoup supérieure à l'exécution. Mais il convient de reconnaître que le plan était bon et qu'un tel livre manque absolument aux maîtres et aux élèves de nos écoles primaires.

(1) « Si maintenant vous me demandez où en est l'*Histoire de la Philosophie*, on vous dira qu'on trouve des choses de plus en plus belles sur le Libéralisme... Augustin Cochin, Ozanam, quelles âmes ! nous causerons de tout cela cet hiver, car il y a là des trésors pour l'éducation de vos fils et même de vos filles. » M. Rambaud à M. le Dr Louis Rougier, Villeurbanne, 27 août 1897.

XXII

C'est au milieu de ce travail qui, en occupant
sa pensée, lui conservait la vie, que lui arrivèrent,
à peu d'intervalle, une grande joie et bientôt une
plus grande douleur : l'Académie des sciences
morales et politiques lui décernait, en 1895, pour
son *Economie sociale et politique*, le prix Audiffred, de quinze mille francs, sa plus haute récompense, l'abbé du Bourg perdait un œil par accident en 1896, et mourait deux ans plus tard.

M. Rougier, dans son rapport sur le prix
Livet (1), avait donné une des études les plus com-
plètes sur la pensée qui avait présidé à la création
de la Cité des vieillards, l'organisation de l'œuvre,
sa vie intime et ses résultats. Deux mois plus tard,
A. Pérut, dans trois articles du *Salut Public* (2),
y avait ajouté tout un ensemble de vues originales

(1) Académie de Lyon, 19 décembre 1893.
(2) 17 février 1894 et jours suivants.

qui méritent d'en être rapprochées. Enfin, M. Bouillier, le rapporteur du prix Audiffred, avec une précision toute philosophique, embrassait la vie entière et les œuvres de l'abbé Rambaud (1). Nous voudrions, à l'occasion de ces études, qui ont bon nombre de traits communs, dégager autant que possible les idées directrices de cette œuvre si originale et en tirer une leçon pratique. Nous le ferons à l'imitation de M. Rambaud qui, au cours de ses dernières années, aimait à revivre avec ses amis les années disparues, à rappeler avec une contrition sincère et une humilité touchante ses sottises, disait-il, et ses fautes d'où Dieu, par bonté, avait tiré un peu de bien.

Nous avons vu par suite de quelles déceptions la Cité ouvrière fit place à une Cité de vieillards et comment les frelons paresseux, turbulents et ingrats, durent être chassés hors de la ruche. La leçon cruelle avait porté ses fruits. Il était bien établi par l'expérience que le fait de payer un loyer,

(1) « La nouvelle est arrivée hier soir seulement par deux dépêches à M. Aynard et à M. Mangini, qui me les ont apportées tous deux avec le plus grand empressement, se distançant seulement de trois minutes. Une dépêche était de M. Léon Say, l'autre de M. G. Picot. J'ai écrit à ces deux Messieurs pour les remercier, ainsi qu'à M. Bouillier, qui était venu me voir sans rien me dire, et qui avait demandé des renseignements à Monsieur votre Père... Vous viendrez jeudi à la Cité fêter toutes ces bonnes choses (dont une était la guérison d'un fils de M. le Dʳ Rougier) en compagnie de M. Mathey qui... a corrigé presque toutes les épreuves du livre couronné. » M. Rambaud à M. le Dʳ Louis Rougier, Lyon, 5 mai 1895.

si minime fût-il, et même de ne le payer que rarement emportait comme conséquence l'absolue liberté du locataire et la non-intervention, même la plus légère, dans la vie morale du locataire. La Cité ouvrière, organisée pour Jésus-Christ, était donc une utopie. Il en résultait encore que, même en donnant gratuitement au vieillard une chambre, il fallait la lui donner avec la plus absolue liberté. Car le bien, la doctrine philosophique de M. Rambaud ne pouvait lui laisser aucun doute sur ce point, est en son principe un acte libre d'une volonté éclairée et consciente. C'est pourquoi, très logiquement et sans aucune hésitation, il fonda sur l'inviolabilité absolue du foyer la Cité des vieillards.

Mais de là découlaient nécessairement deux autres conséquences. La première, c'est que cet homme de soixante-cinq ou soixante-dix ans, s'il est un vaincu de la vie, incapable de payer son loyer, n'est néanmoins jamais entièrement isolé, séparé de tous liens de parenté, de toutes relations sociales. Il se rattache de mille manières à un groupe plus ou moins étendu de parents, d'amis, de connaissances. C'est là une part essentielle de sa personnalité, c'en est le prolongement légitime, et, par conséquent, une condition essentielle de sa liberté. M. Rambaud le comprit. Il voulut donc non seulement que le foyer du vieillard fût inviolable, mais encore pût s'ouvrir à tous ceux que le maître du logis voudrait y recevoir. Il n'y aurait pour lui aucune déchéance ; mari, il garderait sa femme ; veuf, ses enfants pourraient encore s'asseoir à sa table, le veiller à son chevet, l'assister dans ses besoins ; sans enfants ni parents, il y recevrait encore, quand il voudrait, ses vieux camarades.

La seconde conséquence, c'est que la liberté n'est pas entière non plus sans prévoyance ni responsabilité. Au logis donné gratuitement, M. Rambaud ne crut donc pas devoir ajouter le pain de chaque jour. Aussi longtemps qu'un homme conserve un peu d'activité et de force, il doit l'employer à subvenir à ses besoins. Il y a là, pour qui veut réfléchir, un intérêt social évident. Si faible que soit cette force, il faut l'utiliser ; si prête à abdiquer que soit cette liberté, il faut non seulement respecter son indépendance, mais faire effort pour la sauvegarder et la développer.

M. Rambaud, par une admirable charité, compassion et grandeur d'âme, à côté de l'Asile qui paraîtra, je l'espère, à nos neveux un reste de barbarie, construisit donc, dans un sentiment de profond respect pour la dignité de l'homme, ces maisons divisées en appartements d'une ou deux pièces octroyées une fois pour toutes jusqu'à la mort, à raison d'une pièce pour les célibataires et les veufs, hommes ou femmes, et de deux pièces pour les ménages. Il n'y eut qu'une condition à l'admission, la vieillesse et la pauvreté. Jamais on ne fit attention au culte de ces malheureux. Catholiques, protestants, israélites furent reçus également. M. Rambaud ne leur demanda que de rentrer chez eux avant dix heures du soir et d'assister aux offices du dimanche. Inutile d'ajouter que le premier point est une prescription, le second un conseil, d'ailleurs volontiers suivi.

De là le caractère unique de la Cité, vaste ruche bourdonnante et travailleuse, pleine d'entrain et de gaieté. Chaque vieillard y vit chez soi, avec sa femme, s'il a encore le bonheur de la posséder, et au milieu de son vieux mobilier auquel s'attache le souvenir, également doux, des jours heureux et malheureux. Le temps n'est pas un ennemi qu'il faut tuer comme à l'Asile ; il n'est jamais trop long pour qui sait s'ingénier. Des cinq cents vieillards logés rue Duguesclin (I), une centaine sont d'anciens ouvriers en soie, dont plus de cinquante ont pu garder leur métier monté et font de temps en temps une pièce ; des femmes dévident, repassent ; des hommes tournent, menuisent, relient ; d'autres font des filets, tressent des osiers, réparent des souliers, vendent des légumes, des journaux, fendent du menu bois d'allumage. Que de métiers nous oublions qui font vivre ces pauvres gens et leur laissent la joie de se sentir maîtres d'eux, de ne pas être un numéro ou, comme le disait expressivement M. Rambaud, « un lapin à l'engrais dans une lapinière ».

(1) Il en est de même pour les cinquante-deux vieillards de la Cité de l'Industrie et les quatorze vieillards de la Cité Lafayette.

Ce noble sentiment de liberté est si puissant que de pauvres vieux, débilités par l'âge, épuisés par la maladie, ne se résignent qu'à grand' peine à entrer à l'Hospice et à quitter leur cher chez eux (1). M. Rambaud l'écrivait, presque à la veille de sa mort, dans un mot touchant à F. Mangini, du 7 février 1902. Une pauvre vieille femme aveugle

(1) Trop souvent même, les vieillards, hommes et femmes, n'hésitent pas à se réfugier dans la mort volontaire pour échapper à la promiscuité de l'hospice et à la perte de leur liberté. M. Proal, magistrat à Paris, a publié, dans la *Revue des Deux-Mondes* du 1" mai 1898, pp. 115-148, un article effrayant sur les *Suicides par misère à Paris*. Il donne pour conclusion à son étude, dont l'horreur dépasse celle de l'*Enfer* du Dante, cette appréciation sur la Cité : « Pourquoi ne trouve-t-on pas à Paris d'œuvre analogue à celle que l'abbé Rambaud a fondée à Lyon pour donner le logement aux vieux ouvriers ? On a vu combien sont fréquents les suicides au moment de payer le terme du loyer... A Paris, les asiles pour les vieillards ne manquent pas, mais ils sont insuffisants et mal compris. Tout d'abord, ils brisent les liens de la famille, ils séparent les époux... transportés dans un dortoir d'hospice, les vieillards ne sont plus chez eux, ils n'ont plus leur petit mobilier. Aussi, qu'arrive-t-il ? Plusieurs de ces vieillards, logés, nourris, chauffés gratuitement dans ces maisons de retraite, en sortent volontairement pour reprendre leur liberté, et se suicident ensuite, parce qu'ils sont trop malheureux... La liberté est une si belle chose ! Manger son pain à soi, chez soi, c'est si bon !

« Voilà l'œuvre admirable qu'a fondée à Lyon l'abbé Rambaud. Je souhaite que Paris s'en inspire. C'est le meilleur mode d'assistance pour les vieux ouvriers. L'assistance ne doit pas être seulement dévouée, généreuse, elle doit être surtout éclairée, intelligente, en substituant de plus en plus à l'aumône l'assistance par le travail, en donnant du travail à l'ouvrier qui en manque et un logement gratuit à l'ouvrier âgé qui ne peut plus se suffire. » (*Revue des Deux Mondes*, art. cité, p. 147-148.)

qu'on cherchait à mettre dans un hospice, s'écriait,
en apprenant que, dans peu de jours, la Cité allait
leur offrir, à son mari et à elle, un appartement :
« Pétrus, mon Pétrus..., que nous sommes heureux, *nous ne nous séparerons pas.* »

D'ailleurs, ce bienfait de la location gratuitement octroyée est peut-être de tous le plus efficace. Il soulage plus sûrement que l'allocation
d'un somme annuelle de trois à quatre cents francs,
qui pourrait être dépensée de mille manières sans
avoir le même profit. Sur ce point, MM. Rougier,
Pérat, Bouillier sont unanimes. Il y a là par conséquent un avantage moral et matériel incontestable
en faveur de la Cité sur l'Asile et l'Hospice. Le
vieillard à la Cité reste un homme et, de plus,
son logement n'y coûte pas la moitié (1) de ce

(1) Néanmoins, c'est une lourde charge, à laquelle l'inépuisable charité d'amis n'a cessé d'être égale. A une heure
de difficultés exceptionnelles (1867-1868), lors de la transformation de la Cité ouvrière en Cité de vieillards, les Hospices de Lyon n'hésitèrent pas à lui venir en aide. « Leurs
chefs, tous citoyens marquants de notre ville, comprirent
que M. l'abbé Rambaud méritait de rencontrer en eux des
auxiliaires et ils agirent en conséquence. Leurs successeurs
furent animés des mêmes intentions, si bien que, après un
premier abaissement des prix (de location du terrain) qui
s'est trouvé insuffisant, le bail se résume en la somme de
500 francs par an, soit trente-six millimes le mètre carré,
juste de quoi sauvegarder le principe, et il en sera ainsi
jusqu'au 25 juin 1903, date de l'expiration de la convention
si généreusement adaptée aux circonstances. » *Salut Public*, 16 février 1894, article signé A. P. (M. Pérut). Il
reste encore à payer l'intérêt de l'argent prêté par la
Caisse d'Épargne de Lyon, grâce à la sympathie généreuse de ses administrateurs et de son ancien directeur

que coûterait son entretien à l'asile où la discipline nécessaire l'abêtit et l'oisiveté forcée le dégrade.

Car, chose singulière, l'ordre et la paix règnent tout naturellement dans cette agglomération de vieillards. Mais je ne saurais mieux faire que de citer ici M. Rougier qui demandait, non sans inquiétude, à M. Rambaud, ce qu'il devait advenir de si proches voisins excités par quelques malins propos, les passions, les difficultés de caractères, la jalousie dont la vieillesse n'exempte pas toujours.

« Voici la réponse : à l'origine des doutes étaient permis, des appréhensions semblaient justifiées, mais l'expérience de plus de trente années en a fait justice. La presque égalité d'âge, le besoin de s'entr'aider, l'agrément de distractions communes, un même sentiment d'indépendance et de respect du droit d'autrui dans l'intérêt de chacun, l'assistance aux mêmes services religieux le dimanche... font naître une similitude de goûts, d'humeur qui assouplissent les caractères et rendent la vie plus facile et plus agréable. Les habitants de la Cité sentent profondément que tout en étant chez eux, ils ne sont cependant pas seuls et qu'au besoin une main, un cœur ami et compatissant sont là dans leur voisinage immédiat pour les entr'aider et les soulager. »

M. Dumont, puis à faire les réparations locatives et enfin il faut acquitter de très lourds impôts qui retardent l'heure où il sera possible de doubler le nombre des vieillards de la Cité, et d'en recevoir 900. L'entretien de la Cité exige environ 20 à 25.000 francs par an.

A côté de ces secours d'amis et de voisins, il y avait, en effet, dans les cas graves, M. Rambaud et surtout son compagnon, M. du Bourg, qui avait le soin particulier des vieillards. Aussi longtemps qu'il en eut la force, il les visitait, s'enquérait de leurs besoins et, Providence discrète, veillait sur eux. Mais, à la fin de l'année 1896, le sacristain de la Cité, en fendant du bois, fit voler un éclat qui creva l'œil gauche du bon abbé. Il fallut bien vite se rendre à l'évidence, l'œil était malheureusement perdu (1). On ne pouvait que sauver l'autre. Au milieu de ses souffrances, l'excellent frère Paul ne songeait qu'à consoler l'auteur involontaire de l'accident et, pour marquer plus efficacement qu'il n'en avait aucune rancune, il doubla ses étrennes.

A la suite de cette blessure, peut-être par suite de l'ébranlement nerveux, la santé de M. du Bourg, excellente jusque-là, s'altéra graduellement. En 1897, il eut deux légères attaques de paralysie qui l'affectèrent beaucoup et le firent

(1) M. du Bourg fut conduit à Lausanne, chez le D' Veyret, par son frère Félix. Le 11 janvier 1896, M. Rambaud accepte d'y être accompagné par M. le D' Rougier. Il croit son compagnon très malade, et ne revient de Lausanne que médiocrement rassuré. Le 17 janvier, un neveu de M. du Bourg lui apporte des nouvelles : « La plaie... est toujours au même point. Comme l'avait prévu M. Grand-Clément, l'humeur vitrée est un grand obstacle à la cicatrisation. » (M. Rambaud au D' L. Rougier.) Le 10 février, M. Rambaud est à Lausanne, d'où il écrit au D' L. Rougier : « M. du Bourg va mieux, je l'engage à rester jusqu'à complète guérison, si elle est possible. » Le 22 février, M. du Bourg revenait à la Cité : l'œil était cicatrisé.

vieillir vite. Néanmoins, il ne changeait rien à ses habitudes et voulait faire lui-même tout ce dont il était chargé ordinairement (1). Brusquement, le 23 décembre, son état empira. Sans que la nuit eût été mauvaise, il ne put se lever. Le Dr Debauge, immédiatement appelé, ne dissimula pas son inquiétude ; il lui imposa le repos le plus absolu et lui ordonna de rester dans sa chambre, tenue très chaude.

C'était une pièce fort exiguë qui recevait le jour de deux petites ouvertures, percées à hauteur d'homme, au nord et au levant. Elle était naturellement assez froide. Le bon frère Paul y vivait très à l'étroit entre son bureau de sapin, son lit, une cheminée prussienne de son invention, qui, d'ailleurs, ne tira jamais, et une machine à découper. Cet homme vénérable, au milieu d'incessantes courses pour son peuple de vieillards, trouvait chaque jour une heure ou deux qu'il donnait au travail manuel. Il croyait à l'indispensable nécessité de fatiguer son corps, mais utilement si possible. C'est pourquoi il devint non seulement pour lui, mais pour ses innombrables neveux et cousins — il en comptait près de huit cents — puis pour ses amis, plus nombreux encore, un infatigable fabricant de cadres et d'étagères découpés avec beaucoup de goût et d'habileté. En quelques années, toute une paroi de sa chambre fut tapissée de cadres dont le des-

(1) M. Rambaud note dans une lettre du 27 août 1896 au Dr L. Rougier l' « état de faiblesse » de M. du Bourg qui « ne donne pas sa part de travail ».

sin, pour la plus grande partie, était emprunté au règne végétal, feuilles de platanes, de fougères, d'acanthe, tiges grêles de volubilis et que sais-je. Tout au milieu se trouvaient les portraits de sa mère, gracieuse et souriante sous ses bandeaux, de son père, imposant avec sa robe rouge de président à la Cour de Lyon.

La réclusion même au milieu de tous ces souvenirs, de toutes ces figures aimées, des tendres soins de M. Rambaud et des Sœurs, des visites de son frère Félix, de ses parents, de ses amis, lui devint bientôt un supplice insupportable. Il ne se croyait pas ou ne voulait pas se croire malade. Il mit, ou peu s'en faut, à la porte le médecin qui lui faisait une obligation de conscience de ne pas dire sa messe pour Noël et enfin, le jeudi 29 décembre, profitant de l'absence de M. Rambaud, il se leva, jeta par la fenêtre tous les médicaments et, malgré les sœurs, déclara qu'il voulait aller à la chapelle de Villeurbanne. C'était la première fois depuis son entrée à la Cité, en 1854, que le bon frère Paul se fâchait. Les sœurs, terrifiées, n'osèrent s'opposer à sa volonté. Il prit sa canne et résolut de partir tout seul, malgré un vent qui soufflait en tempête. Néanmoins, il consentit, une fois dehors, à se laisser accompagner par Collomb(1), mais à distance respectueuse. Lorsqu'en suivant le cours Lafayette il fut arrivé à la

(1) Un des plus anciens et des plus fidèles serviteurs de la Cité.

hauteur du boulevard des Casernes de la Part-Dieu, le frère Paul, dont les jambes flageollaient, dut appeler Collomb à son aide et se résigner à rentrer à la maison. Cette imprudente équipée ne parut pas avoir, immédiatement du moins, de suites fâcheuses. Il dîna, dormit assez bien, reçut, toute la journée du 31 décembre, les enfants auxquels il se plut à prodiguer les dragées. Le lendemain, 1ᵉʳ janvier 1898, il tint à dire la messe aux Sœurs dans leur petite chapelle, à 6 heures du matin. A l'évangile, il se tourna vers elles et, au milieu de leurs larmes et des siennes, il commenta, avec une émotion touchante, ce texte : « Encore un peu de temps, vous ne me verrez plus, mais encore un peu de temps, vous me reverrez. » Ces paroles ne sont pas, leur dit-il, des paroles de tristesse pour nous, elle doivent être au contraire des paroles d'espérance, puisque « *nous avons tous travaillé à la même œuvre* » ; il voulut ensuite remercier les sœurs des soins qu'elles lui avaient donnés, mais les larmes étouffèrent sa voix, il ne put achever (1)... »

Le reste de la journée du 1ᵉʳ janvier fut occupé par de très nombreuses visites reçues avec une exquise bonne grâce ; pauvres, riches, jeunes ou vieux, il eut pour tous un mot affectueux. Il dîna comme à l'ordinaire et ne rentra dans sa chambre

(1) Ces paroles et l'ensemble de ce récit ont été tirés de notes rédigées par sœur Jeanne Picolet, en partie peut-être sous la dictée de M. Rambaud.

qu'à 9 heures pour prier et se coucher à
10 heures, suivant la règle qu'il s'était prescrite.
C'était pour la dernière fois.

« Vers 10 h. 1/2, dit M. Rambaud, j'entends tout
à coup M. du Bourg se promenant dans la sacristie, frappant de sa canne les carreaux et criant :
« Levez-vous, levez-vous, venez, j'étouffe, j'étouffe ».
L'abbé Baptiste et moi, nous nous levons en hâte,
nous appelons les sœurs, M. Blanchet, pharma-
cien... Collomb va chercher M. le Dr Rougier ;
nous entourons M. du Bourg, nous l'asseyons
dans un fauteuil à côté du phare... » M. Blanchet,
le Dr Rougier assurent que le dernier moment est
venu. « L'abbé Baptiste parle alors de l'extrême-
onction, mais M. du Bourg lui répond fortement :
« Non ». Cependant, au bout d'un instant, il lui dit :
« Fais ce que tu voudras ». Et nous tous étant
agenouillés autour de lui, il reçoit l'extrême-
onction en pleine connaissance..., répond lui-même
aux prières, puis, malgré tout ce que peut faire le
bon Dr Rougier, aidé par M. Blanchet, il n'y
a plus, chez notre bon Frère Paul, que des
suffocations au milieu desquelles il trouve cependant le moyen de nous remercier ; il serre la
main du Dr Rougier, puis il expire dans une dernière suffocation. Il était minuit et douze minutes (1). »

(1) Tiré de la note de sœur Jeanne Picolet et visiblement
dicté ici par M. Rambaud. Je n'ai pas voulu interrompre le récit de M. Rambaud, mais il y manque un

C'était mourir debout, en pleine connaissance, en plein labeur, au service des pauvres, des petits et des vieillards. On ne peut souhaiter fin plus douce ni plus belle. Mais quel déchirement profond pour le pauvre aveugle resté seul, après quarante-quatre ans de vie commune, à la tête de cette grande maison criblée de dettes, à l'avenir incertain, et pour laquelle il ne pouvait plus quêter !

Le 5 janvier 1898, tous les amis et bienfaiteurs de la Cité, tous les vieillards, tous les élèves, suivaient dans le brouillard froid et humide ce modeste cercueil couvert du surplis et de l'étole du prêtre. Le frère du défunt, Félix du Bourg, donne le bras à M. Rambaud, qui marche péniblement. Le cortège fait le tour intérieur et extérieur de la Cité au milieu d'une haie ininterrompue d'ouvriers et d'ouvrières, de gens du quartier, qui, les larmes aux yeux, regardent passer le convoi de cet homme de bien. Si grande est la puissance de la charité et du dévouement, que cette foule trouve très naturel de voir en tête du cortège S. E. le cardinal

détail caractéristique, omis peut-être par une réserve excessive et crainte de parler de lui-même. Au moment où la mort était imminente et alors que M. du Bourg s'efforçait de tendre ses mains et de découvrir ses pieds au prêtre qui lui donnait l'extrême-onction, M. Rambaud se fit approcher tout contre le fauteuil et, tourné vers son compagnon, il lui dit, avec un accent d'inexprimable autorité et d'infinie bonté : « Frère Paul, réjouissez-vous, six mille vieillards à qui vous avez ouvert le ciel, vous attendent à la porte du Paradis pour vous faire cortège et vous accompagner jusqu'au trône de Dieu. » Le bon frère Paul souleva la tête comme pour regarder au loin et sourire à ces pauvres gens qu'il avait tant aimés.

Coullié entouré de son grand vicaire, M. Vindry, de son secrétaire particulier, M. Vignon, du supérieur du Grand-Séminaire, M. Lebas, de tous les curés des paroisses environnantes. Le mot si profond et si juste de Mgr Foulon s'était accompli littéralement. Il disait certain jour, à deux membres du haut clergé de Paris auxquels il proposait une visite à la Cité de l'Enfant-Jésus : « Vous verrez un homme qui a créé des merveilles dans notre ville, sans être en règle avec l'Académie, ni avec la préfecture, ni même avec l'archevêché, mais c'est un saint (1). » La moitié de cet éloge pouvait aller à son modeste compagnon qui, moins grand que M. Rambaud par l'intelligence, l'égala par la bonté, le dépassa peut-être par l'humble et quotidienne persévérance, qui est la condition essentielle de toute œuvre durable.

Par une autorisation bienveillante du maire de Lyon, M. le Dr Gailleton, le corps de l'abbé Paul du Bourg fut déposé dans un caveau creusé dans la chapelle Saint-Joseph de leur église. On y réserva pour le compagnon survivant une autre place. « D'ailleurs, disait à un ami M. Rambaud, avec le calme et la sérénité du chrétien : « Lorsque nous avons commencé la Cité, nous avions nos deux lits côte à côte ; j'espère que nos tombes seront également réunies (2). »

(1) Cité par M. Pérat dans le *Salut Public*, 17 février 1894 : *L'abbé Rambaud. L'homme et l'œuvre.*

(2) *Express*, 6 janvier 1898. Article non signé, mais très probablement de M. Emmanuel Vingtrinier.

XXIII

Ce que nous ne saurions et ne pourrions écrire, c'est l'activité toute intérieure de ces dernières années, de 1898 à 1902. Cette page est réservée, et ce ne sera pas une des moins intéressantes, à un futur historien de M. Rambaud. On ne comprendra bien son influence que, lorsqu'elles sortiront des portefeuilles où on les garde précieusement, les centaines de lettres dictées par cet aveugle si clairvoyant, à la pensée active, à la foi ardente, au libéralisme impénitent qui, rude pour lui, fut doux et clément pour tous les autres (1).

(1) L'Académie de Lyon, après avoir couronné deux fois M. Rambaud, avait eu la délicate pensée de l'élire membre résidant. Mais il craignit que sa cécité ne lui permît pas de remplir convenablement cette charge et, après avoir remercié les Académiciens, il les pria de renoncer à leur projet. C'est pourquoi, le 6 juin 1899, il fut élu par 38 voix sur 40 votants membre associé, quoique son domicile fût à Lyon. Il prit séance le 20 juin 1899. M. Gilardin, président, prononça une touchante allocution qui fut, me dit un des auditeurs, remarquable par l'élévation de la

A peine se consolait-il de ce deuil cruel qu'il tremblait pour la vie de la collaboratrice, la première et la plus dévouée à son œuvre, la sœur Jeanne. L'émotion, la fatigue, l'âge avaient amené une rechute. Les jambes à demi-paralysées, tenaillée par le rhumatisme articulaire, angoissée par une maladie de cœur, son âme triomphait de la douleur et commandait souverainement à son pauvre corps. Elle se traînait ou se faisait à demi porter jusqu'à sa classe pour continuer son enseignement philosophique. Sans une plainte, toujours souriante, elle remplissait ses devoirs de directrice avec une douceur et une fermeté qui, jamais, même au milieu des souffrances les plus aiguës, ne se démentit. A la fin de janvier 1898, une crise survint. Alors qu'on la croyait perdue, la maladie évolua dans un sens imprévu non pour les médecins, j'en suis persuadé, qui avaient soupçonné, avec raison, un cancer de l'estomac, mais pour son entourage. Sœur Jeanne sembla revenir à une meilleure santé. Elle eut même le courage de se laisser fêter, le 24 juin, suivant la tradition, par « ses bruyants garçons (1). »

pensée, la pureté et la beauté de la langue. Malheureusement elle n'a pas été transcrite au procès-verbal. On n'en trouve qu'une brève analyse dans le *Rapport* présenté à l'occasion du deuxième centenaire de l'Académie de Lyon (classe des Lettres), par M. Paul Rougier, pp. 52-53. Je dois bon nombre de ces renseignements à l'obligeante recherche et communication de M. Garcin, bibliothécaire-adjoint à la Bibliothèque du Palais Saint-Pierre.

(1) M. Rambaud écrit à M. F. Mangini le 24 juin 1898 :

Au milieu de ces tristesses, M. Rambaud éprouva, par l'amitié de Félix Mangini, une de ses plus grandes joies. Nous savons que la construction de l'église de la Cité avait été le tourment du bon Frère Paul et de son compagnon. Bien qu'aveugle, M. Rambaud la voyait, dans son imagination, dresser au-dessus des maisons de la Cité sa flèche encore absente surmontée d'une croix dorée. A la suite d'une conversation avec un de ses amis, M. Pillet, qui offrait une partie de la somme nécessaire, il en parla timidement à Félix Mangini. C'était propos en l'air qui ne fut pas relevé. Il y avait d'ailleurs tant de dettes à payer que cette dépense somptuaire pouvait paraître singulièrement inopportune. M. Rambaud était déjà désolé de son souhait imprudent.

Mais l'infinie tendresse de cœur de son ami avait été émue de cette prière et il avait vu, lui aussi, se profiler par dessus les maisons la fine aiguille du clocher qui donnerait la vie et l'élan au vaisseau de l'église et achèverait son ascension vers le ciel. Sans rien dire, F. Mangini avait prié un architecte de talent, M. Gaillard, de dresser un avant-projet. Ce fut aux premiers jours de juillet qu'il laissa pressentir ses intentions à M. Rambaud. Le 27 du même mois, il lui écrivait de la Pérollière : « J'ai eu dimanche la visite de notre cher Gaillard

« Merci... surtout de votre visite à sœur Jeanne qui, malgré son état, a dû se laisser fêter par ses bruyants garçons. »

aussi heureux que vous et moi de l'aimable folie que nous allons accomplir en commun. Il m'a montré un petit dessin d'ensemble de la chapelle qui facilitera beaucoup notre projet. »

Nous n'avons pas la réponse de M. Rambaud. Il est probable que ce fut l'aveu de sa confusion et aussi un peu de son remords. Nous le devinons aux paroles de F. Mangini, qui proteste contre le jugement implicite de son ami : « Vous aviez cru qu'avec une vie si occupée, si terre à terre parfois, j'étais seulement capable de me nourrir de pain et de vin et jamais du pur idéal nécessaire à l'existence... Avant la fin du mois, nous serons donc à la Pérollière (1), et, dès mon arrivée, je me repaîtrai la vue du joli clocher préparé par Gaillard et j'espère que de nombreuses semaines ne se passeront pas avant que l'on entende crier l'outil des ravaleurs. Ce bruit sera doux pour vos oreilles... Ce sera la voix qui vous dira que... votre belle œuvre s'achève et qu'elle ne subira jamais, pendant bien longtemps du moins, les injures du marteau démolisseur. » Cette réserve, ce *du moins*, est une des caractéristiques de l'esprit de Félix Mangini. Cet organisateur, dont M. Ed. Aynard (2) a tracé l'inoubliable portrait, n'a cessé de sentir ce qu'il y avait d'éphé-

(1) La lettre est écrite de Suisse, la Tour-de-Trême, 11 août 1898.

(2) *La vie et les œuvres de Félix Mangini* (Conférence faite à la Société des Amis de l'Université, le 13 décembre 1902), A. Storck et Cie, Lyon, 1903.

mère, d'accidentel et de provisoire dans toutes les
œuvres humaines. M. Rambaud, sur la fin de sa
vie, ne pensait pas autrement. Il en souffrait. Sa
puissante personnalité se révoltait contre cette loi
d'inévitable destruction au moment même où il
proclamait, et avec quelle puissance d'expression,
l'inanité de nos efforts. Il avait cru pouvoir transformer le monde et il mourait au milieu d'une cité
de quelques centaines de vieillards ; théoricien in-
compris, il laissait une méthode d'enseignement
philosophique sans bientôt personne pour l'appliquer ; théologien un peu improvisé, sa foi profonde, née de son cœur, source d'une incomparable
charité, ne lui avait valu que des critiques. Mais
ces cruelles paroles, avec lesquelles il se désespé-
rait, n'enlevaient rien à son activité et à son ardeur
d'entreprises. Il semble même que la maladie, la
cécité et l'approche de la mort ne fussent que des
raisons nouvelles d'oser.

Sans illusion ni crainte, il écrit à son ami Félix
Mangini, le 16 mars 1900, ce net exposé de l'état
de la maison : « Tout autour de moi continue à
marcher en dépit des maladies et des faiblesses
qu'amène fatalement l'âge... l'âge ! Quand je pense
que demain 17, j'entre dans ma soixante-dix-neu-
vième année et sœur Jeanne dans sa soixante-
dixième ! Ces chiffres ne sont plus guère loin du
dernier. » Il avait raison. L'année ne s'achevait
pas sans que la maladie ne s'abattît violente, tenace, douloureuse sur ce corps épuisé par d'aus-

tères privations. Aucun aliment solide n'était to-
léré. Il fallut mettre au lait un homme qui en avait
l'horreur. Il disait plaisamment que c'était un aliment de bébé et qu'on se moquait, à son âge, de
le réduire au biberon. Pourquoi ne pas lui donner
aussi une bavette ? Ce fut par obéissance et grande
humilité qu'il consentit à suivre, plutôt mal que
bien, un traitement. Sans être un grand lecteur de
Molière, il avait en médecine la même doctrine. Il
croyait peu aux remèdes et le disait gaillardement
à MM. les D** Rougier, Bérard et Chatin. D'ailleurs, ajoutait-il, je ne suis plus qu'une ruine ; on
ne répare pas ce qui est usé jusqu'à la corde ; y
mettre une pièce, c'est agrandir le trou. Les mois de
juin et juillet furent terribles. M. Rambaud se sentait entraîné par une force invincible vers la mort.

Alors, une très grande angoisse le prit ; des
scrupules le tourmentèrent. Il repassait dans sa
mémoire les jours écoulés, se demandant avec
inquiétude s'il avait fait tout son devoir, s'il
n'avait pas trahi les grâces innombrables que Dieu
lui avait accordées, si, dans le fond de son cœur,
il avait complètement cru ce qu'il avait enseigné.
Vers le milieu de juillet le calme revint ; il allait
à Dieu en grand espoir et en foi profonde. Mais
l'heure n'était pas sonnée. Septembre, puis octobre apportèrent une réelle amélioration et il pouvait écrire, le 4 novembre 1901, à Félix Mangini : « Je me reprends péniblement à la vie. J'ai
vu la mort de si près, j'en ai eu un si profond sen-

timent que je ne suis pas encore très certain d'être revenu à la vie. »

Mais de son lit de souffrance, une planche et un mince matelas, cet homme qui se mourait de faim, se tenait au courant de tout ce qui intéressait le monde, l'Etat, ses amis, sa maison. M. Ed. Gillet lui envoie du Japon les renseignements les plus précis sur l'avenir industriel et les ambitions des Japonais. M. Auguste Isaac, qui lui rend visite deux ou trois fois par semaine, ne lui laisse rien ignorer des conditions économiques des grands marchés de Londres, Milan et Lyon. C'est avec une lucidité merveilleuse, l'ardeur et l'entrain de la jeunesse qu'il conseillait à tous ceux qui le visitaient d'espérer, de travailler, de se dévouer. Lui-même leur en montrait l'exemple. Il concevait pour la Cité des projets comme s'il avait eu devant lui cent ans de vie. Pendant que M. Gaillard achevait le clocher qui, par ses heureuses proportions, donnait à tout l'ensemble je ne sais quelle vie aérienne faite de grâce et de légèreté, il rêvait, avec F. Mangini, de sortir l'église de « sa gangue (1) », de payer tout ou partie des dettes de la Cité, et enfin de l'agrandir avec les maisons données provisoirement en location faute de ressources et pour gager un emprunt libéralement consenti par la Caisse d'Epargne de Lyon. Ce n'étaient plus des maisons minces avec un balcon extérieur donnant accès aux appartements, mais des maisons de seize mètres

(1) Cette heureuse expression est de F. Mangini.

d'épaisseur avec un immense couloir intérieur éclairé aux deux extrémités par de grandes baies. Un concours financier, sur lequel M. Rambaud avait compté, lui fit défaut. Il lui fallut rembourser dans des conditions onéreuses une grosse somme d'argent à la suite d'une scène violente. Son émotion et la douleur de voir se rompre si brutalement une tendre amitié ne furent peut-être pas étrangers à sa première attaque. Quoi qu'il en soit, il dut transformer en maisons de rapport les maisons bâties pour les vieillards, construire au levant un raccord destiné à fermer la Cité proprement dite et à l'isoler de la partie louée. C'était un véritable crève-cœur, le chagrin constant de ses dernières années, le regret qui empoisonnait sa vie.

Aussi, combien fut grande sa joie lorsque Félix Mangini, devenu, avec M. Émile Loubet, président de la République, et M. Hermann Sabran, président de nos Hospices, un des trois exécuteurs testamentaires de Mme Michel Perret (1), plaida énergiquement auprès de ses collègues les causes du sanatorium d'Hauteville et de la Cité de l'Enfant-Jésus. A la veille de les gagner toutes deux, il écrit à son ami ce véritable bulletin de victoire. La lettre est datée de la Tour-de-Trême, canton

____

(1) Voir dans la conférence de M. Edouard Aynard (*La vie et les œuvres de Félix Mangini*, pp. 22-23) les détails essentiels sur cette donation et le rôle de Félix Mangini. M. Loubet, président de la République, était le premier exécuteur.

de Fribourg, 7 août 1901 : « Hauteville surtout me préoccupe et me préoccupera tant que nous n'aurons pas fait la répartition du grand héritage. Mais cette répartition arrivera, et vous la verrez, et tous les habitants de la Cité tressailleront d'aise et de bonheur, car ce sera un beau jour pour elle.

« Nous commencerons par achever cette belle église, ce bijou qu'il eût été criminel de laisser dans sa gangue ; puis nous ferons retentir le marteau du démolisseur pour donner de l'air dans le fond (1) ; enfin, nous chasserons les vendeurs du temple, c'est-à-dire les locataires de vos maisons, qui s'ouvriront toutes belles et toutes grandes à votre œuvre admirable. »

Puis, avec une fine ironie, tempérée d'une affectueuse admiration, il ajoute : « Et pendant ce temps-là, nous rembourserons tous vos créanciers, pour en faire de nouveaux, car vous ne mourriez pas tranquille, si vous mouriez sans devoir à quelqu'un ainsi que cela a eu lieu pendant toute votre vie. »

M. Rambaud n'eut pas le temps de voir payer ses dettes, ni d'ailleurs d'en faire d'autres. Dès le mois de septembre 1901 la légère amélioration survenue dans son état faisait place à des symptômes alarmants. De son côté, F. Mangini était retenu à la Pérollière par une cruelle maladie. Les deux

---

(1) Il s'agissait d'ouvrir un large passage dans le raccord qui ferme au levant la Cité proprement dite.

amis ne pouvaient communiquer entre eux que par des lettres dont tout serait à citer.

Mais le cœur si tendre de M. Rambaud ne pouvait supporter cet éloignement et il écrit à son ami, le 18 octobre 1901, ce billet touchant : « Figurez-vous que je m'étais mis dans la tête d'aller vous surprendre à la Pérollière, aujourd'hui même ou tout au moins demain, car le temps me dure beaucoup, je ne dis pas de vous voir de mes yeux, puisque je n'en ai point, mais au moins de vous toucher de mes mains et de ne plus me contenter de simples ouï-dire sur votre santé. Mais je suis forcé de renoncer à mon escapade, je n'ai pas plus de force qu'un petit poulet : je resterais en route. »

Nos deux amis ne devaient pas se revoir (1). Un accident cardiaque survenu en novembre contraignit le Dr Léon Bérard à condamner F. Mangini à une réclusion absolue jusqu'à son départ pour Cannes. C'était une grande déception pour M. Rambaud. « Adieu, dit-il, les beaux projets. *Pius Aeneas* tirait déjà ses plans, mais il faut tout remettre dans le carton (2). » Le mot *adieu* était juste. Une chute survenue dans les escaliers de la Cité de l'Industrie, le 4 septembre 1901, avait donné une secousse fatale à cet organisme débilité. Le seul défaut peut-être que ce chrétien n'eût pas vaincu

(1) Mais Mme F. Mangini, son fils Marc, son gendre M. le Dr Bérard, se relayaient pour prendre de ses nouvelles presque tous les jours.

(2) Lettre de M. Rambaud à F. Mangini, 4 novembre 1901.

en lui était l'impétuosité et l'irascible. Vainement il se repentait, se châtiait, s'humiliait, soudain il se cabrait, disait-il lui-même, comme un cheval de sang. Impatienté, certain matin, d'avoir appelé plusieurs fois, il s'engagea tout seul dans un corridor et, distraction ou maladresse, se précipita la tête en avant, au travers d'un escalier fort rapide qui descend au rez-de-chaussée. On le releva saignant et meurtri (1).

Brusquement, M. Rambaud s'affaiblit. Ses forces allaient déclinant de jour en jour avec une régularité qui ne laissait que peu d'espoir à ceux qui l'entouraient. Lui seul espérait contre toute espérance. Sa robuste confiance ne fléchit qu'aux premiers jours de février. Cependant, il voudrait encore, le 1ᵉʳ, se rendre à la Pérollière. Il n'y renonce qu'à cause des escaliers. « Aujourd'hui je ne pourrais pas en monter un seul, mes pauvres jambes, qui m'ont rendu tant de services, sont absolument sans force : c'est bien ce qu'il y a de plus pénible au monde », ajoute cet homme dévoré du désir d'agir et qui souffrait, plus que je ne le saurais dire, d'être obligé d'accepter mille soins des domestiques et des Sœurs. Il termine par ces paroles qu'il prononce pour la première fois : « Mais peu

(1) Il écrit, le 5 septembre 1900, au Dʳ L. Rougier qui était dans les Alpes : « Prenez bien vos précautions, il ne faut qu'un faux pas, comme je l'ai vu hier pour moi-même, qui ai roulé tout à coup par nos escaliers ; je ne me suis rien cassé, mais je souffra beaucoup dans la poitrine et suis réduit à l'immobilité. »

importe, s'il faut chanter le *Dimittis*, on le chantera. Tout ce que je désire, c'est que vous trouviez assez de force pour... jeter au moins les grandes lignes des œuvres que vous rêvez encore (1). »

Le dernier billet que nous avons est du 7 février, c'est la réponse à une longue lettre de F. Mangini écrite au crayon. « Je voulais, dit-il, vous répondre *propria manu*, mais mon pauvre corps refuse décidément tout service, un simple crayon est pour lui un fardeau intolérable... Mon Dieu ! Que je suis donc malheureux ! je m'épuise vite rien qu'à dicter, moi qui aimerais tant causer avec vous, la main dans la main, et il faut vous laisser là, au moins pour aujourd'hui... » Sa signature, presque illisible, est pour la dernière fois précédée du mot *Adieu*, non plus dicté, mais écrit de sa main tremblante.

Ce fut du 7 au 13 février une longue agonie lucide, sans une seule défaillance de la volonté. Trois jours avant sa mort, le 9 au soir, vers huit heures, il se fit envelopper le cou, les oreilles, le haut de la tête avec un fichu de soie noire et enfoncer enfin sa barrette sur son fichu. Les sœurs un peu étonnées et inquiètes, lui obéissaient sans oser l'interroger. C'était, leur semblait-il, caprice de mourant. Quand ces préparatifs furent achevés, il leur demanda : « Pourrez-vous me porter à l'église ; je veux assister à la prière. — Mon père, lui répondit une d'elles, vous pesez si peu que ce ne sera pas

(1) M. Rambaud à F. Mangini, 1ᵉʳ février 1902.

un grand fardeau pour nous. » Sa chaise de malade était pouvue de deux bâtons. Il leur fut donc facile de le conduire dans le chœur. Mais là il fit signe aux hommes et leur enjoignit de le transporter tout contre l'autel. Au milieu des sanglots, puis d'un silence de mort, on le vit apparaître plus jaune que la cire des cierges ; son pâle visage encadré du foulard noir était effrayant de maigreur ; sa tête, trop lourde pour son cou, s'inclinait à droite et à gauche et retombait sur sa poitrine. Mais par un prodige de volonté, ses lèvres s'entr'ouvrirent. Il disait, d'une voix d'abord cassée et sourde, enfin distincte et volontaire, dans quel rêve d'amour et de charité il avait fondé l'œuvre des vieillards ; il avait voulu leur donner, à eux pauvres et malheureux, ces quelques années de repos, de calme et de soleil pour qu'ils pussent penser à Dieu. « Je n'ai, dit-il, et il le leur répéta plusieurs fois avec une force croissante, je n'ai bâti la Cité que pour vos âmes. »

Sa tête qui s'était un peu redressée, retomba. Il ne pouvait plus parler. Il avait d'ailleurs dit toute sa pensée. On le ramena plus mort que vif dans sa pauvre cellule. Néanmoins il voulut encore, le lendemain, recevoir tous ses amis. Il leur prenait la main, ce qui, depuis qu'il était aveugle, était son geste habituel ; puis, avec une énergie surhumaine, il les entretenait de la vie, lui mourant, les incitait à l'amour des idées, à la pratique des grandes affaires, à la recherche passionnée de l'idéal et du bien. Quand l'étouffement le prenait, il criait de sa voix déjà rauque : « A boire ! ». On approchait un verre d'eau de ses lèvres desséchées ; il en buvait une goutte et reprenait avec un feu nouveau sa démonstration interrompue. Il est mort comme il avait vécu, debout et enseignant, le 13 février 1902, à 4 heures du matin.

Un rédacteur du *Bulletin de l'Action morale* (1) avait prétendu que la foi chrétienne ne donnait pas le calme devant la mort. Il peignait, sous des traits transparents, l'épouvante d'un fondateur d'œuvres, dont la vie n'était qu'un tissu de bonnes actions et qui, à cette heure terrible, arrivait dans ses terreurs et ses scrupules jusqu'au désespoir. F. Mangini, qui avait déjà protesté vainement contre ces inexactitudes flagrantes, écrivit de Lyon, le 13 février, à M. Desjardins, directeur du *Bulletin*, cette lettre qui est un document irrécusable :

« Monsieur le Directeur,

« Le saint abbé Rambaud est mort cette nuit, à 4 heures, avec la tranquillité d'âme qui ne l'a pas quitté depuis bien des semaines. Jusqu'à son dernier soupir, il a conservé ses brillantes facultés, s'occupant uniquement de ses amis, remerciant Dieu et lui confiant sa belle œuvre. En un mot, Monsieur le Directeur, jamais mort n'a été plus douce, plus belle, plus réconfortante, plus différente surtout de celle que vous avez décrite (2).

(1) *Bulletin de l'Action morale*, du 15 janvier 1901.
(2) Ce témoignage de M. Félix Mangini, malade et retenu

« Je ne vous en parlerais plus si je n'avais appris avec une profonde tristesse le chagrin que vous avez causé aux dignes religieuses collaboratrices de sa belle œuvre.

« L'une d'elles a ouvert votre brochure et n'a pas tardé à voir qu'il s'agissait du saint abbé Rambaud, en se rappelant la visite dont vous parlez. La douleur de ces pauvres femmes a été très vive.

« Je laisse à votre loyauté le soin de juger s'il

à la Pérollière, loin de son ami, s'appuie sur les visites presque quotidiennes de son fils, M. Marc Mangini ou de Mme Félix Mangini, qui se relayaient et lui envoyaient plusieurs fois par semaine des nouvelles de M. Rambaud. Il est encore corroboré par cette touchante et décisive affirmation de M. le pasteur Æschimann : « Donc, je dis que, dans les instants où il a traversé les plus effroyables crises, il n'est point allé jusqu'au « silence farou-« che », ainsi qu'on l'a prétendu faussement, jusqu'au découragement, au désespoir. *J'affirme de la façon la plus positive* que sans doute parfois sa chair criait, qu'il gémissait — Jésus lui-même n'a-t-il pas gémi ! — mais qu'il édifiait tous ceux qui l'approchaient par sa foi triomphante et par l'expression lumineuse, vraiment céleste de son visage ravagé par la maladie et la souffrance, et cependant toujours plus beau. Je crois avoir le droit de parler avec plus de compétence que celui qui l'a vu un jour seulement, moi qui ai eu le privilège de le visiter à maintes reprises pendant sa longue maladie, moi qui puis m'appuyer sur le témoignage unanime des docteurs qui l'ont soigné, de ses amis les plus intimes, de toutes ses sœurs et spécialement de la sœur Jeanne qui ne l'a pas quitté pour ainsi dire une minute. J'affirme enfin qu'il est mort en pleine sérénité, en pleine paix, remettant avec une confiance filiale son âme entre les mains de Dieu, et que sa fin a été — ce qui n'est pas peu dire — le digne couronnement de sa vie. » *Une grande figure de prêtre social, l'abbé Rambaud,* pp. 24-25.

y a lieu de rectifier les conclusions qu'ont pu tirer vos lecteurs de faits complètement erronés. »

La seule rectification fut dans quelques mots aimables de M. Desjardins insérés par les *Débats* (31 août 1902), à l'occasion de la mort de Félix Mangini.

XXIV

Les Obsèques. — Un article de Sébastien Faure. — Conclusion.

Lorsque la mort eut achevé son œuvre et mis sur ces grands traits émaciés le calme, le repos, et une majesté presque surhumaines, des mains pieuses le déposèrent sur un lit funèbre dressé dans la sacristie. Pendant trois jours, pauvres et riches, amis connus et inconnus ne cessèrent d'emplir la vaste salle pour prier ou pour contempler une dernière fois à la lueur jaune des cierges, ce pauvre vieillard au front si large et si haut qu'il fallait faire effort pour en détacher ses regards. C'était le trait dominateur de ce visage au nez droit et fort, aux lèvres fines, cerclées par deux profonds sillons, qui rejoignaient le menton impérieux. La pensée ardente, le rêve parfois utopique, mais toujours généreux, la logique du cœur qui commande et impose les suprêmes sacrifices, l'imagination créatrice, avaient illuminé ces yeux, dressé cette tête frémissante, ouvert ces lèvres pour l'infatigable enseignement du dévouement et de la charité. Maintenant, c'en était fait pour toujours, et longuement les amis, les bienfaiteurs de la Cité, les vieillards s'arrêtaient méditant, émus de pitié, de tendresse, de reconnaissance et de vénération, l'enveloppant d'un long regard mouillé de larmes.

Lyon, si lent à s'émouvoir, oubliait un instant le tracas des affaires, l'âpre labeur, la poursuite de l'or et communiait, dans une admiration sincère pour cet homme qui, après avoir été un audacieux et habile fabricant heureux dans ses entreprises, avait renoncé à la fortune non point par mépris, ce qui est trop facile, mais en sachant ce qu'elle vaut, en l'estimant utile, en encourageant même ses amis à la rechercher, parce qu'elle est un puissant mobile d'action et une des conditions nécessaires de la civilisation et du progrès. La presse se fit l'écho unanime de ces sentiments de regrets et de vénération (1).

Mais le jour fixé pour les obsèques était venu (2). Les amis les plus intimes avaient tenu à le veiller pendant cette dernière nuit du vendredi au samedi. Il avait fallu user d'une douce contrainte pour obliger les vieillards de la Cité à rentrer chez eux prendre un peu de repos. Dès l'aube, la Cité était en émoi et ce grand quartier populeux et ouvrier interrompait spontanément son labeur pour assister aux funérailles de l'abbé Rambaud. Les rues avoisi-

(1) Nous ne mentionnerons ici que l'article de M. Pierre Jay (*Salut Public*, 13 février 1902), car c'est l'hommage ému, pénétrant et judicieux d'un ami qui a longuement pratiqué M. Rambaud.

(2) Samedi 15 février, à 10 heures.

nantes, la Cité elle-même, son église étaient en-
vahies par une foule si dense, qu'à grand'peine
le cortège pouvait s'y frayer un chemin. Son Eminence le cardinal Coullié présidait à la levée du
corps faite par un vicaire général, M. Déchelette,
assisté de ses collègues, MM. Vindry et Bonnar-
det. Le deuil était conduit par la vénérable sœur
Jeanne, entourée des religieuses de la Cité, et par
les membres de la Société civile, MM. Joseph et
Edmond Gillet, M. Francisque Aynard, représentant en même temps son père, M. Edouard Aynard,
retenu au Palais-Bourbon ; M. Marc Mangini, représentant également son père malade, M. Félix
Mangini ; M. Auguste Isaac, président de la Chambre de commerce ; M. Henri Balaÿ, M. Garnier,
M. le docteur Rougier et M. le docteur Chatin.

Venaient ensuite les délégations des Sociétés
dont M. Rambaud faisait partie ou qu'il patronnait:
l'Académie de Lyon, représentée par M. Perrin, la
Société d'Assistance par le travail, représentée
par M. le pasteur J. Æschimann, la Société pro-
tectrice de l'Enfance, l'OEuvre du Dispensaire, la
Société Valentin Haüy pour le bien des aveugles,
l'OEuvre du nourrissage maternel à laquelle il té-
moigna toujours une particulière affection, les
Sociétés de secours mutuels des tullistes, des blan-
chisseuses, etc., etc.

Nous renonçons à citer les noms des amis, des
élèves, des personnalités éminentes du monde et
du commerce lyonnais fraternellement confondus

et mêlés avec les humbles et les petits, dans la communauté de l'admiration, du respect et de la vénération. Aucune oraison funèbre ne fut prononcée. D'ailleurs, quelle parole eût égalé l'éloquence de ce cortège populaire silencieux, ému, où l'on sentait percer les larmes. La messe fut dite par M. Bridet, curé de la paroisse du Saint-Sacrement, dans laquelle était située la Cité. S. E. le cardinal Coullié donna l'absoute et le corps de M. Rambaud fut déposé provisoirement dans la chapelle de Saint-Joseph, en attendant d'être inhumé à côté de Paul du Bourg, dans le caveau de l'église de la Cité, grâce à une autorisation accordée courtoisement par M. Victor Augagneur, maire de Lyon.

Trois jours plus tard, le mardi 18 février, paraissait, en première page, dans *le Quotidien*, journal révolutionnaire et anarchiste aujourd'hui disparu, un article de Sébastien Faure, sous ce titre : « *Un grand Cœur.* Je voudrais pouvoir le citer entièrement. Il le mérite par la justesse de l'éloge et la précision avec laquelle il pose le problème social. Sébastien Faure connaissait-il personnellement M. Rambaud et avait-il causé avec lui ? Je ne le crois pas. Le fait certain est qu'il a vu, avec beaucoup de pénétration, dans la révolution de 1848, la cause qui a gagné pour toujours au peuple cette âme ardente : « Que de tristesses autour de lui ! que d'amertumes, que d'iniquités, que de misères ! Son cœur accessible à toutes les pitiés fut profondément troublé, son esprit violemment bouleversé. » D'autres, pour oublier cette vision tragique « se fussent jetés dans le tourbillon des affaires et du plaisir.

« Lui point...

« Agir lui parut une nécessité, soulager un devoir. »

Mais quelle route suivre ? Aller à la révolution ou à la charité ? « S'enrôler dans l'immortelle phalange de ceux qui, à cette inoubliable époque, songèrent et s'efforcèrent à déchirer le pacte d'infamie sociale, et à lui substituer un contrat plus juste, plus rationnel, plus humain... » Sébastien Faure croit, et nous sommes de son avis, qu'il fut retenu par son sens de la réalité et la connaissance pratique des affaires : « Peut-être considéra-t-il que les conceptions de cette pléiade — pour si généreuses qu'elles fussent — relevaient de l'exclusive utopie. » Cette raison suffit. Car tel que nous le connaissons, il n'eût pas reculé devant l'« effort gigantesque » d'une révolution sociale à tenter s'il avait été persuadé que le bonheur des hommes fût à ce prix.

Aussi, Sébastien Faure estime à tort, tous les faits me semblent le démontrer, que M. Rambaud ne fut pas un révolutionnaire parce qu' « il était chrétien ». La vérité est qu'il ne l'était pas encore, qu'il fut un moment tenté par la révolution et ne devint chrétien que par pitié grande et compassion infinie pour les malheureux. Sa conviction, sa foi, ses espérances sont le fruit de ses méditations et de ses études sociales. Je ne dirai donc pas, comme l'orateur libertaire : « Messieurs, saluez ce chrétien-là ; il est un des derniers de son espèce », mais bien plus justement : il est un des premiers de son genre, un promoteur, un initiateur qui a ouvert la voie nouvelle, où de nobles cœurs le suivront en s'efforçant de réaliser en eux-mêmes les traits du beau portrait que Sébastien Faure a tracé de M. Rambaud : « Dur et sévère pour lui-même, doux et indulgent à autrui, tolérant et bon, affectueux et tendre, se dépouillant pour secourir, ne donnant pas ses conseils, son appui, ses subsides pour en avoir bénéfice et influence ici-bas, récompense dans l'éternité (1). »

Volontiers je lui emprunterai encore ce résumé de son activité sociale, cet éloge de ses admirables vertus : « Des affligés qu'il a consolés, des abattus auxquels il a rendu l'espérance, des déchus qu'il a relevés, des vaincus qu'il a réconfortés, des affa-

(1) Ce dernier trait lui-même est exact. Nous lisons, en effet, dans l'article si touchant et si pénétrant que M. le pasteur Monod lui a consacré (*le Lien*, 15 février 1902) : « Un jour il me parlait du peu que nous faisons pour Dieu, du caractère chétif de nos meilleurs efforts au regard de l'immensité de l'amour divin — ce sont ceux qui font tout qui se jugent ainsi — ; « et encore, ajouta-t-il, le peu que nous faisons, nous le faisons avec la perspective d'une récompense, *propter retributionem* — telle est dans la Vulgate latine, la leçon du v. 112 du Ps. 119 — à cause de la rétribution. » Puis avec un élan magnifique : « Ah ! moi, je ne dis pas cela... Oui, sans doute, je le dis, le texte est là, et je ne peux le changer. Mais mon cœur dit le contraire : NON *propter retributionem*. »

més auxquels il a donné du pain, des sans-abri qu'il a recueillis, des orphelins dont il a été le père, je ne dirai rien.

« Durant cinquante ans, il sema d'un geste si large et si affectueux, qu'il serait trop long de dénombrer la récolte.

« Il était né dans l'aisance, il aurait pu vivre dans le luxe ; il a vécu dans la simplicité ; il y est mort. »

Mais c'est en vain que la mort a glacé ce cœur brûlant et couché le grand semeur à côté de son fidèle et modeste compagnon Paul du Bourg, trois œuvres lui survivront, continuant et accroissant sans cesse leurs bienfaits : la Société mutuelle des Tisseurs, la Cité des Vieillards, l'École primaire fondée sur la philosophie.

Un jour, je l'espère, la reconnaissance publique fera sculpter en bas-relief dans le marbre, ou mieux peindre en une large fresque, l'abbé Rambaud. Droit, mince, flottant dans une large soutane, le visage pâle et maigre creusé de mille plis, les yeux ardents et profonds, le front immense barré d'une ride accentuée, il s'avancerait, soutenant d'une main un vieillard au pas chancelant et, de l'autre, guidant un jeune enfant. D'un côté, se dresserait la Cité aux maisons à longs balcons, ombragées par des platanes et, sur sa porte, on lirait le mot : *Liberté*. D'un autre côté, s'ouvrirait l'école primaire, claire et riante, ornée des bustes de Socrate, de Platon et de Thomas d'Aquin. Sur

son fronton serait gravé le mot : *Philosophie*.
L'école s'adosserait à une haute colline, sillonnée
de ruisseaux, couronnée d'un bois d'oliviers où les
Muses siégeraient souriantes et semblant appeler à
elles d'un geste gracieux ce jeune enfant, pour
montrer que toutes les connaissances sont intelligibles et accessibles à celui qui, dès ses premières
années, a étudié la philosophie. La lumière d'un
beau soir d'automne se jouerait dans les grands
arbres de la libre cité des vieillards, tandis qu'un
rayon de soleil levant dorerait doucement la mon-
tagne des Muses et le faîte de cette école primaire
où l'on enseigne la philosophie.

APPENDICE

Sœur JEANNE PICOLET

(17 mars 1831 — 13 novembre 1904)

La mort de M. Rambaud allait placer au premier rang, en pleine lumière, la bonne sœur Jeanne
qui avait vécu trente-six années dans l'ombre et le
silence, poursuivant sans un instant de découragement ni de défaillance son œuvre d'éducatrice. Si
M. du Bourg avait contraint M. Rambaud à persévérer dans l'œuvre des vieillards, sœur Jeanne
l'avait maintenu dans sa fonction d'éducateur. Avec
cette ténacité féminine faite de tendresse, et ce
sens de la tradition qui n'est peut-être que de
l'amour, elle ne l'avait pas laissé s'abandonner à
tous les caprices de sa riche imagination et à
son impatience de créateur. Son intelligence toute
virile savait que le mieux était trop souvent l'ennemi du bien, et que le changement ne vaut pas la
persistance raisonnable dans une entreprise que l'ad-
versité n'a pas détruite, et où le bien se fait difficilement mais évidemment. Elle incarne l'enseignement philosophique rêvé par le maître, lui donne
son caractère pratique, l'approprie aux besoins de

ses enfants, le défend contre tout excès de zèle, de
même que contre tout relâchement. Mesure, grâce,
netteté d'esprit, prévoyance, fermeté, activité, sans
hâte brouillonne ni caprice, voilà ce qui me
semble caractériser l'âme harmonieuse de sœur
Jeanne. De là, une bonté toute en acte, où il n'y
avait ni mièvrerie ni effusion. Les garçons la com-
prenaient mieux et la sentaient plus vivement que
leurs sœurs. Sa piété, très simple, toute droite,
raisonnable, allant toujours à l'essentiel, qui est
de sortir de notre égoïsme pour aimer les faibles
et les petits, n'avait rien d'artificiel, ni de voulu.
Dieu éclairait son esprit comme le soleil éclairait
ses yeux. Sans un seul instant de doute et dans
une foi paisible et totale, elle a vécu pour lui et
pour rendre ses élèves capables de le comprendre
et de l'aimer.

Ses deux dernières années ne furent qu'une
longue maladie. Elle avait trouvé la force de suivre
sans défaillance le convoi de M. Rambaud. Dès
le lendemain, elle ne quitta plus que difficilement
son fauteuil et bientôt fut prisonnière dans sa
chambre. Je ne saurais mieux faire que de transcrire presque littéralement les notes prises au jour
le jour par une de ses compagnes.

Le lundi 17 février 1902, deux jours après les
obsèques, elle résume devant les sœurs la vie de
M. Rambaud et leur donne lecture d'une lettre qui
contient ses suprêmes recommandations. Sur le
conseil des amis de la Cité, l'École est licenciée vo-

SŒUR JEANNE PICOLET A 64 ANS
(1895)

lontairement, le 17 juillet 1902, et les prix sont distribués, le jeudi suivant, dans la chambre de sœur
Jeanne. Mais ce n'est pas une vie oisive qui doit
succéder au dur travail du professeur. Les sœurs
sont divisées en plusieurs groupes qui auront le
devoir de visiter souvent les malades de la Cité
et de leur procurer tous les soins nécessaires. De
plus, à côté des catéchismes de Villeurbanne et
de l'Industrie, les sœurs décident d'en créer un à la
Cité de l'Enfant-Jésus ; la porte sera ouverte tous
les soirs, de 5 heures à 7 heures, aux jeunes filles
et garçons du quartier qui auraient le désir de
recevoir un enseignement religieux et philosophique purement oral, sans qu'on tienne aucun registre de présence. Y viendra qui voudra et quand
bon lui plaira.

Sœur Jeanne se mit avec une joie très vive à cette
œuvre nouvelle, si opportune, et bientôt couronnée
d'un plein succès. Le nombre des enfants ainsi instruits dépassait de beaucoup le nombre des anciens élèves de la Cité, et, de plus, ces enfants,
quelle que fût leur origine, acceptaient avec beaucoup plus de joie un enseignement débarrassé de
la partie ennuyeuse et pénible : écriture, lecture,
grammaire, arithmétique. Le bien moral, plus complet et plus grand, montre combien les prêtres ont
tort de s'obstiner à ne pas aller droit à leur mission essentielle qui est l'enseignement de la religion.

Malheureusement, le 3 février 1903, sœur Jeanne

tomba dans les escaliers. Non seulement cette chute l'empêcha de marcher pendant quinze jours, mais elle secoua si rudement ce pauvre corps qu'elle réveilla une insidieuse et implacable maladie. Le 24 juin, elle se manifesta par un érysipèle, puis le lendemain, MM. les Drs Rougier et Chatin constataient, symptôme autrement grave, des glandes cancéreuses au sein droit. La pauvre sœur voulut néanmoins se rendre à leur maison de l'Industrie, pour la préparation des enfants à la première communion. Elle ne put y rester que peu de jours. Il lui fallut en revenir, le 2 juillet, avec un point sur le cœur.

Désormais, c'est la claustration la plus absolue. Elle se fait transporter plus qu'elle ne descend dans la grande salle du premier étage. Et là, souriante, gaie, admirable d'énergie, de mémoire et de présence d'esprit, elle continue ses catéchismes et reçoit tous ceux qui, enfants, vieillards, bienfaiteurs et amis, s'intéressent à la Cité. Malgré d'horribles souffrances qui la tiennent pelotonnée, à demi courbée sur la table, incapable bientôt de faire sans aide le moindre mouvement, elle conserve une inaltérable sérénité. Elle va sans illusions ni inquiétudes, mais d'un cœur joyeux vers le moment attendu, désiré, qui la réunira au maître aimé dont elle parle avec la plus grande vénération et le plus touchant enthousiasme. En elle il revit. Par sa voix, il continue son noble et généreux enseignement.

L'hiver se passa mieux qu'on ne pouvait l'espérer. Il semblait même avoir apporté une légère amélioration. Ce n'était qu'une apparence. Le 4 février 1904, M. le Dr Bernay constate que le cœur est en travail d'attaque. Le 5 du même mois, les Drs Rougier et Chatin, tout en reconnaissant le danger, ne croient pas à son imminence. On alla ainsi avec des alternatives d'espoir et d'inquiétudes jusqu'en août. Dès lors, le cancer fait son œuvre. Il faut donner à sœur Jeanne du chloral pour la faire dormir (7 août) ; trois semaines plus tard (10 septembre), survient une crise grave d'étouffement contre laquelle M. Chatin lutte avec un ballon d'oxygène. La fièvre, les maux de cœur, bientôt même des vomissements la réduisent à une faiblesse extrême. Le 15 septembre, elle sait que ce n'est plus qu'une question de jours et de mois. Apprenant (1er novembre) du Dr Chatin, qui la comble de soins affectueux, que l'heure n'était pas encore venue, elle répond avec un bon sourire : « Tant pis ! J'ai peur de perdre ma patience. » En effet, une toux fréquente, rauque, lui déchire la poitrine. Elle a l'impression que ses poumons sont pleins, et ne peuvent plus se contracter. Bientôt, elle crache un peu de sang, mais sans qu'elle éprouve aucun soulagement. Dès le 7 du même mois, elle entre dans une espèce de torpeur ; elle dort davantage tout en se plaignant et en toussant beaucoup. Ses pauvres bras se contractent, il faut les étendre de force. A chaque fois, elle dit à ses compagnes : « Merci ! » Trois jours plus tard, elle ne parle plus que par monosyllabes ; la voix lui manque. Néanmoins, elle trouve dans son énergie la force de recevoir et de remercier avec une bonne grâce exquise M. Joseph Gillet au nom des vieillards et des sœurs. C'est les larmes aux yeux que M. Joseph Gillet la quitte en lui disant ce que tous pensent : « Vous êtes dévouée jusqu'à la fin ! Vous êtes la continuation de l'abbé Rambaud. »

Le 11 novembre, M. le D' Chatin reconnaît son impuissance. Sœur Jeanne a pris une attaque du côté gauche. On ne peut plus espérer qu'un ou deux jours de vie. Cependant, elle veut, le vendredi 12 novembre, s'entretenir un instant avec M. Edmond Gillet. A son départ, elle s'efforce encore d'égayer les sœurs. Mais on devine ses paroles aimables plus qu'on ne les entend.

Enfin, dans la nuit du samedi au dimanche 13, elle demande qu'on lui lise à voix plus haute les prières des agonisants, car elle ne les entend pas « ces jolies prières » ; puis, vers 1 heure du matin, ses mains sont froides et mouillées ; à 2 heures, son souffle devient plus court, elle porte sa main à la gorge comme pour arrêter l'étouffement, enfin, elle baise son crucifix. Alors, une des sœurs soulève sa tête et, après quelques minutes de contractions douloureuses, elle rend l'âme sans une plainte, vers 3 heures du matin.

Lorsque sa toilette funèbre fut achevée, on la

descendit dans la salle d'étude où elle avait passé
la plus grande partie de sa vie. Une chapelle
ardente fut dressée où on l'exposa à la vénération
des vieillards, des enfants, des amis, qui, pendant
deux jours, se succédèrent en flots pressés, émus
et respectueux. Préalablement, M. le Dr Chatin
lui avait, pour accomplir sa promesse, brûlé l'ex-
trémité d'un doigt de pied, car sœur Jeanne, depuis une attaque du mois de juin 1900 qui l'avait
plongée toute une journée (I) dans un sommeil lé-
thargique dont rien n'avait pu la tirer, craignait
d'être enterrée vivante.

Le 15 novembre 1904, à 8 heures, M. Vignon,
curé du Saint-Sacrement, célébra, dans l'église de
la Cité, trop petite pour contenir la foule accourue,
une messe solennelle pour les funérailles de sœur
Jeanne. Les anciens élèves avaient tenu à la porter sur leurs épaules autour de l'église. M. Garnier, recteur de Fourvière, donna l'absoute. L'in-
humation eut ensuite lieu, par une matinée de
brouillard humide et glacial, au cimetière de
Cusset, près Villeurbanne.

(1) 28 juin 1900.

TABLE DES GRAVURES

TABLE DES MATIÈRES

Lyon. — Imp. A. Rey, 4, rue Gentil. 40540